OBERBILK
UNTERBILK
FRIEDRICHSTADT
KARLSTADT
BILK
HAMM
STOFFELN
FLEHE
VOLMERSWERTH
HAFEN
RHEIN
Volksgarten
Friedhof Stoffeln
Schloßpark
Städt. Häfen
Kläranlage Düsseldorf Süd

Endmann · Düsseldorf und seine Eisenbahnen

Karl Endmann

Düsseldorf und seine Eisenbahnen

in Vergangenheit und Gegenwart

Motorbuch Verlag Stuttgart

Einband und Schutzumschlag: Siegfried Horn

2. Auflage 1987.

Eine Abteilung des Buch und Verlagshauses Paul Pietsch GmbH & Co KG.

Satz und Druck: Maisch + Queck, 7016 Gerlingen.
Bindung: Wilhelm Röck, 7102 Weinsberg.
Printed in Germany.

Inhalt

Vorwort

Meine Tätigkeit als Eisenbahnbauingenieur im Bereich der Landeshauptstadt Düsseldorf führte mich nicht nur mit vielen Menschen zusammen, sondern zeigte mir auch die reichhaltige Vergangenheit und vielseitige Gegenwart der Eisenbahnanlagen. Es lohnte sich, ihre Geschichte und Entwicklung aufzuspüren, die Ergebnisse der eigenen Tätigkeit dadurch abzurunden und das Wissenswerte weiterzugeben. Die Fülle des Materials zwang bald zur Konzentration auf wesentliche Entwicklungslinien, um den Bogen von der Vergangenheit zur Gegenwart nicht zu überspannen.

Ich danke allen, die mich mit Material, Fachwissen und Hinweisen unterstützt haben. Mein Dank gilt den Ingenieurbüros Schlegel-Dr.-Ing. Spiekermann und Schüssler, beide in Düsseldorf, den Herren Brandt, Jacob und Siegel, Bundesbahndirektoren in Köln, den Herren Nießen und Steffens in Düsseldorf, und insbesondere Frau Neuendorf und Herrn Bresgen, Bundesbahndirektion Köln, für die zahlreichen Hinweise zur Beschaffung und Ausgestaltung der graphischen Unterlagen und Bilddokumentation. Dem Motorbuch Verlag und seinen Mitarbeitern gilt mein Dank für die Entgegennahme des nicht alltäglichen Materials und meine Anerkennung für die hervorragende Gestaltung des Buches.

Karl Endmann

I. Düsseldorf – die moderne Landeshauptstadt am Rhein

Die Rheinmetropole in zentraler Verkehrslage

»Düsseldorf liegt mitten in Europa«, heißt es in einem Werbeprospekt der Stadt am Rhein. Die Rheinmetropole ist auf dem Schienenwege zum Beispiel 535 Kilometer von Berlin, 387 von Hamburg, 557 von Leipzig, 643 von München, 226 von Amsterdam, 250 von Brüssel, 517 von Paris, 648 von Zürich und 1016 von Wien entfernt.
Im engeren Verkehrsraum Düsseldorf leben 1,5 Millionen Einwohner und im Umkreis von 50 Kilometer 8 Millionen. Der Zirkelschlag umfaßt unter anderem das gesamte Ruhrgebiet, den größten industriellen Ballungsraum Europas, der 20 Kilometer nördlich der Stadt beginnt. Er schließt teilweise den südlich gelegenen Verdichtungsraum Rhein-Sieg mit der 40 Kilometer entfernten Großstadt Köln mit ein. Innerhalb der kommunalen Grenzen von Düsseldorf leben heute in 52 Stadtteilen rund 575800 Menschen; im Jahre 1939 betrug die Einwohnerzahl 541600, 1975 stieg sie auf 664300 an. Auf der heute 217 Quadratkilometer umfassenden Stadtfläche wohnen im Durchschnitt 2653 Einwohner je Quadratkilometer. Vergleichsweise leben in Essen rund 3200, in Köln 2300, im Ruhrgebiet zwischen Duisburg und Dortmund 1200, im Land Nordrhein-Westfalen 500 und im gesamten Bundesgebiet 248 Einwohner auf einem Quadratkilometer. Gemessen an der Einwohnerzahl nimmt Düsseldorf den achten Platz der Städte in der Bundesrepublik Deutschland einschließlich Westberlin ein.

Ein Knotenpunkt im Eisenbahnnetz

Düsseldorf ist ein bedeutender Eisenbahnknotenpunkt im nationalen und internationalen Eisenbahnnetz. Mit über 152 Kilometer Länge, davon 45 Kilometer S-Bahn, ziehen sich die Eisenbahnstrecken heute durch das Stadtgebiet von Düsseldorf, hauptsächlich in Nord-Süd- und Ost-West-Richtung. Elf Personenzugstrecken führen strahlenförmig in die Stadt und vereinigen sich im Hauptbahnhof. Im deutschen Personenfernverkehrsnetz berühren heute zwei der fünf Intercity-Linien den Hauptbahnhof. Von mindestens dreißig deutschen Großstädten aus ist Düsseldorf in einer Tagesreise hin und zurück im Intercity-Zug für kurze geschäftliche Tätigkeit erreichbar. Über die Hälfte der 1000 ein- und ausfahrenden Züge sorgen im Bezirks- und Nahverkehr auf der Schiene für eine enge Anbindung benachbarter Städte und des Ruhrgebiets an die Rheinmetropole. Der tägliche Pendlerstrom in und aus Richtung Düsseldorf wird heute unter anderem auf drei, voraussichtlich ab 1988 auf fünf S-Bahn-Linien mit dichter Zugfolge im Taktverkehr bewältigt, ergänzt durch weitere Nahverkehrslinien. 21 Personenbahnhöfe und Haltepunkte sowie neun Güterbahnhöfe sind über das Stadtgebiet verteilt. Hauptsammelpunkt für den Güterverkehr ist der Bahnhof Derendorf. Im »Nachtsprung« erreichen die schnellen InterCargo-Güterzüge aus elf deutschen Wirtschaftsräumen das Gebiet um Düsseldorf. Von Süden und Norden fließen die Güterströme über Derendorf zu den zahlreichen Gleisanschlüssen und Ladestellen im Stadtgebiet. Mit den internationalen Güterzügen »TEEM« gelangen Waren und Güter vom Ausland in etwa 24 Stunden nach Düsseldorf oder umgekehrt. Der Schienenverkehr befindet sich in einem harten Wettbewerb mit dem Straßenverkehr auf den gut ausgebauten Fernstraßen von und nach Düsseldorf und dem regen Schiffsverkehr auf dem Rhein.

Im Vordergrund stehen Wirtschaft und Handel

Unter den deutschen Großstädten beruht der Rang Düsseldorfs weniger auf eindrucksvoller historischer Entwicklung, wie es zum Beispiel bei der nahegelegenen Domstadt Köln der Fall ist, als vielmehr auf seiner wirtschaftlichen Ausstrahlung. In den fünfziger Jahren erwarb Düsseldorf den Ruf vom »Schreibtisch des Ruhrgebietes«. Heute ist das »Wirtschaftszentrum Düsseldorf« ein Begriff; in alle Erdteile reichen die Wirtschaftsbeziehungen. Düsseldorf hat sich zum Außenhandelszentrum der Bundesrepublik Deutschland, der drittstärksten Industrienation der Welt und dem bedeutendsten Industriestaat Europas, emporgearbeitet. Als Handelsmetropole werden in Düsseldorf fast 15 Prozent der gesamten deutschen Exporte abgewickelt. Handel und Dienstleistungen sind hier in wenigen Jahrzehnten stürmisch gewachsen. 3000 ausländische Unternehmen haben einen Sitz in Düsseldorf, davon 260 aus Japan, 350 aus USA, 250 aus Großbritannien, 400 aus den Niederlanden und 150 aus Frankreich. Von 94 in Deutschland tätigen multinationalen Unternehmungen besitzen allein 54 eine Vertretung in Düsseldorf. Auch osteuropäische Staaten sind vertreten.

Für die Krisenfestigkeit des Industrie-Standorts Düsseldorf spricht die Branchenvielfalt. Innerhalb des Stadtgebiets bestehen 380 000 Arbeitsplätze als Grundlage des Erwerbslebens. Maschinenbau, Chemie, eisenschaffende Industrie und Stahlbau dominieren. Die Stadt wirbt mit Firmennamen wie VEBA, Mannesmann, Henkel, Daimler-Benz, Thyssen-Handelsunion, Krupp-Handel, Rheinmetall Ehrenreich, Feldmühle, Gerresheimer Glas oder Stahlbau Hein, Lehmann. Alle großen deutschen Baufirmen besitzen Niederlassungen in Düsseldorf. Für Handel wie für Industrie sind die zahlreichen Banken in der Stadt ein unentbehrliches Rückgrat. Nach Frankfurt (Main) ist Düsseldorf mit 136 deutschen und 30 ausländischen Banken, davon sieben japanischen, sowie der Rheinisch-Westfälischen Börse der zweitgrößte Banken- und Börsenplatz in der Bundesrepublik. Das Bruttoinlandsozialprodukt als Gradmesser der wirtschaftlichen Prosperität einer Stadt ist in Düsseldorf doppelt so hoch wie durchschnittlich in der Bundesrepublik. Rund 200 Werbeagenturen und 350 Beratungsfirmen sind hier ansässig. Einflußreiche Verbände, wie der Deutsche Gewerkschaftsbund, der Verein Deutscher Ingenieure (VDI) und der Verein Deutscher Eisenhüttenleute (VDEH) sitzen in Düsseldorf. Zahlreiche Messeveranstaltungen auf dem 1971 neu errichteten Messegelände im Norden der Stadt mit 13 Ausstellungshallen und 130 000 Quadratmeter Nutzfläche sowie einem angeschlossenen dreiteiligen Kongreßzentrum ziehen während mehr als 120 Messetagen jedes Jahr zahlreiche Besucher aus Nah und Fern in die Stadt. Die Düsseldorfer Messen besitzen Tradi-

tion. Bereits 1852 wurde die erste große Gewerbeausstellung veranstaltet. Für die Unterbringung der in- und ausländischen Gäste stehen heute 9000 Hotelbetten im Stadtgebiet zur Verfügung. Eine der jüngsten Beherbergungsstätten ist das Intercity-Hotel »Ibis« im Hauptbahnhof.
Die Düsseldorfer hören es gern, wenn man die Rheinmetropole als »Kunst- und Gartenstadt« bezeichnet und damit einen historischen Bezug zur Stadtentwicklung herstellt. Auch die Wissenschaft hat ihren festen Platz eingenommen, denn Düsseldorf ist seit 1965 Universitätsstadt.

Verkehrsprobleme harren ihrer Lösung

Aus 166 Meter Höhe kann jeder Besucher des »Rheinturms«, der als Fernmeldeturm mit 234,20 Meter über dem Gelände am Rhein herausragt, die Verkehrsdichte auf den Straßen der Stadt und den oft zähflüssigen innerstädtischen Verkehr, besonders in den Hauptverkehrszeiten morgens und am späten Nachmittag, beobachten. Eine solche Großstadt wie Düsseldorf mit ihren schätzungsweise 180000 Ein- und 35000 Auspendlern zwischen 6 Uhr und 10 Uhr, fast überschäumenden wirtschaftlichen Aktivitäten und einem kaum vermehrbaren Verkehrsraum im Oberflächenverkehr versucht bei der Lösung der Verkehrsprobleme den schienengebundenen öffentlichen Personennahverkehr (ÖPNV) mit Vernunft und Beharrlichkeit auszubauen und zu stärken. Die zukunftsweisenden Wege liegen im Stadtbahn-(U-Bahn-) und Stadtschnellbahn-(S-Bahn-)Bau und in der Erschließung unterirdischer Verkehrsebenen. Auch die Deutsche Bundesbahn hilft mit, die großstädtischen Verkehrsprobleme zu lösen. Sie baut mit finanziellen Zuwendungen des Bundes und des Landes Nordrhein-Westfalen ihr Schienennetz für den S-Bahn-Verkehr weiter aus, denn die S-Bahn stellt das Rückgrat des öffentlichen Personennahverkehrs zwischen Stadt und Region dar. Das Gegenstück zum Ausbau des Schienennetzes wären Abbruch von Bausubstanz, Verbreitern oder Neubau von Straßen und Plätzen. Die städtebaulichen Folgen wären für die Rheinmetropole mit ihren Prachtstraßen, wie die »Königsallee«, ihrer liebenswerten Altstadt, den zwar wenigen, trotzdem sehenswerten historischen Gebäuden und den liebevoll in das Stadtbild eingebetteten grünen Inseln und kleinen Gewässern kaum auszudenken.
Von den Großstädten am Rhein ist die Stadt Düsseldorf, die ihre Geschichte bis 1189 zurückverfolgen kann und 1288 Stadtrechte erhielt, eine der jüngsten. *»Düsseldorf ist nicht so alt wie das benachbarte Neuss, und es kann schon gar nicht mit den Zeugen einer zweitausendjährigen römisch-germanischen Geschichte konkurrieren, auf die Köln, die ewige Rivalin Düsseldorfs, so stolz ist«*, schreibt Ivo Frenzel. Weiter heißt es: *»Doch eine wirklich große Stadtgeschichte hat Düsseldorf nicht ... Düsseldorf war seit Anfang des 16. Jahrhunderts eine unbedeutende Residenzstadt ... Aber nur einmal erwachte diese Residenz für wenige Jahrzehnte zu wirklichem Leben, als Kurfürst Johann-Wilhelm (1679–1716) hier regierte ... Deshalb verbindet sich für jeden Einheimischen mit der Figur Johann-Wilhelms, den der Volksmund später liebevoll im niederrheinischen Dialekt ›Jan Wellem‹ nannte, der Inbegriff des historischen Düsseldorf.«*
Erst mit Beginn der industriellen Revolution im 19. Jahrhundert fand Düsseldorf den Ansatz zu einer Großstadt. In den Gründerjahren stieg die Einwohnerzahl rasch an und überschritt an der Wende zum 20. Jahrhundert die Zahl von 213700. Zu dieser Zeit überzog bereits ein dichtes Netz von Eisenbahnlinien die sich immer weiter ausdehnende Stadtfläche. Bereits drei Jahre nach Eröffnung der ersten deutschen Eisenbahn am 7. Dezember 1835 von Nürnberg nach Fürth

dampften auch Züge auf der ersten westlichen Eisenbahnstrecke von Düsseldorf nach Erkrath. Die neuere deutsche Geschichte bescherte der Stadt am Rhein nach Gründung des Bundeslandes Nordrhein-Westfalen 1946 den Sitz des Landtages und des Ministerpräsidenten. Seitdem kann sich Düsseldorf mit dem Prädikat »Landeshauptstadt« schmücken.

2. Alte Karten erzählen

Die Eisenbahn-Idee wächst heran

Manche Eisenbahnspuren sind verweht, andere haben sich inzwischen tief in das Stadtbild der Landeshauptstadt eingegraben. Düsseldorf hat seinen Aufstieg zu einem bedeutenden Industrie- und Handelszentrum nicht zuletzt der Eisenbahn zu verdanken. Der Impuls, Eisenbahnen zu bauen, kam aus dem damaligen Zentrum der Industrie, dem »Bergisch-Märkischen Lande«. In den Flußtälern dieser Gegend entstanden eisen- und textilverarbeitende Betriebe. Ihnen stand zwar in der Wasserkraft eine billige Energiequelle zur Verfügung, aber sie mußten die erforderlichen Rohstoffe über große Entfernungen heranführen und ihre Erzeugnisse in weit entfernte Gebiete abtransportieren. Unzureichende Verkehrsverhältnisse, seit der Römerzeit kaum fortentwickelt, hemmten das Wirtschaftswachstum. Deshalb fanden sich gerade im Bergisch-Märkischen Lande Männer bereit, die unter Hinweis auf die Entwicklung in England die Idee einer Dampfkraft betriebenen Schienenbahn – einer »Dampfschienenbahn« – aufgriffen und mit Nachdruck verfolgten.

Schon im Jahre 1825, also zur Zeit der ersten englischen Eisenbahn, setzte sich der Industrielle Friedrich Harkort (1793–1880) in einem Artikel »Eisenbahnen (railroads)«, den er am 30. März in Schwelm in der Zeitschrift »Hermann« veröffentlichte, für den Bau einer Eisenbahn ein. Er führte dabei in wahrhaft weiser Voraussicht aus: *»Die Eisenbahnen werden manche Revolutionen in der Handelswelt hervorbringen. Man verbinde Elberfeld, Köln und Duisburg mit Bremen oder Emden und Hollands Zölle sind nicht mehr ... Wie glänzend würde das Gewerbe von Rheinland-Westfalen bei einer solchen Verbindung mit dem Meere sich gestalten! ... Mit Hilfe der Eisenbahnen würden 1000 Zentner in 2½ Stunden von einem Ort zum anderen geschafft werden mit einem Kostenaufwand von fünf Scheffel für die Reise...«* Sein Aufruf endete mit den pathetischen Worten: *»Möge auch im Vaterlande bald die Zeit kommen, wo der Triumpfwagen des Gewerbefleißes mit rauchenden Kolossen bespannt ist und dem Gemeinsinn die Wege ebnet.«*

Der Aufruf erschien in einer Zeit, als die Niederländer auf dem Rhein an ihren Grenzen immer noch hohe Zölle forderten, obschon im Wiener Kongreß der Rhein als internationale Wasserstraße deklariert worden war. Erst 1831 unterzeichneten die Niederländer die Rheinschiffahrtsakte und ermöglichten damit den freien Zugang durch ihr Land zur Nordsee, ohne daß noch Zölle zu entrichten waren. Um seinen Worten durch die Tat Nachdruck zu verleihen, erbaute Harkort in seiner Maschinenfabrik zu Wetter eine Probebahn nach dem System des englischen Ingenieurs Palver und stellte sie im Jahre 1826 im

Friedrich Harkort – Pionier des rheinisch-westfälischen Eisenbahnnetzes

Garten der Museumsgesellschaft zu Elberfeld auf. Allerdings war sie als Schwebebahn, ähnlich der heutigen Wuppertaler Schwebebahn, konstruiert und nur für Gütertransporte vorgesehen. Kurze Zeit später wurde auf dem Elberfelder Engelnberg die erste deutsche Probeeisenbahn mit einer Länge von 113 Meter erbaut. Auf dieser Bahn zogen Pferde zwei von der Sterkrader Gutehoffnungshütte gelieferte Wagen. Der Bahnbau soll je Ruthe fünf Taler und 8 Silbergroschen gekostet haben.
Harkort's Schriften sind hinsichtlich ihrer überlokalen Wirkung durchaus mit denen von Friedrich List (1789–1846) zu vergleichen. Als ehemaliger Professor der Nationalökonomie und späterer amerikanischer Konsul in Leipzig erkannte List, daß eine ausgezeichnete Verkehrsinfrastruktur Sprungbrett und Katalysator einer aufstrebenden industriellen Entwicklung sein wird. Er hatte seine Erfahrungen in Nordamerika gesammelt. In seiner 1833 erschienenen Broschüre »Über ein sächsisches Eisenbahnsystem als Grundlage eines allgemeinen deutschen Eisenbahnsystems« schlägt er weit vorausschauend unter anderem eine Schienenverbindung zwischen Köln und Minden vor, ohne sich über Einzelheiten der Linienführung auszulassen.
Bis zum ersten Spatenstich für eine Eisenbahn im Westen unseres Landes sollten allerdings noch Jahre der Mühen und Enttäuschungen vergehen, obwohl sich namhafte Vertreter aus Wissenschaft, Wirtschaft und Verwaltung, wie zum Beispiel der Elberfelder Bankier August von der Heydt, unermüdlich für Harkort's Ideen einsetzten. Widerstände verschiedener Seiten, sowohl von der damals noch ausgesprochen ablehnend eingestellten Preußischen Regierung als auch im eigenen Lande, mußten in mühevollen und langwierigen Verhandlungen ausgeräumt werden. Besonders unnachgiebig zeigten sich die sehr einflußreichen und um ihre Existenz besorgten Fuhrleute. Doch konnten sie nicht leugnen, daß ein Pferdefuhrwerk auf Schienen wegen der verminderten Radreibung erheblich mehr Wagen mit höherer Nutzlast transportieren kann als auf Landstraßen. Bezeichnend für die ablehnende Haltung der Fuhrwerksleute war, daß die in den Jahren 1828/29 erbaute schmalspurige, etwa 7,3 Kilometer lange Kohlenförderbahn im Deilbachtal zwischen dem Himmelfürster Stollen bei Steele und Nierenhof statt auf Dampfbetrieb auf Pferdezug eingerichtet worden war. 1839 gab es immer noch Menschen, die nicht begreifen konnten, daß die Dampflokomotive von Dampfkraft getrieben wurde und nicht von Pferden, wie es in einer Karikatur heißt: *»Jo, Herr Pastor, avver Ehr könnt sage, wat Ehr wellt, e Pähd setzt doch dren!«*
In Deutschland fehlte es an günstigen Landver-

bindungen von Ost nach West. Die Flußschiffahrt konnte die in Nord-Süd-Richtung verlaufenden Wasserläufe vorteilhaft nutzen. Preußen drängte seit 1815, nachdem es die Rheinprovinz einverleibt hatte, auf eine gute Verkehrsverbindung von Berlin zum Rhein. Mit Pferdekutschen, den damaligen Landverkehrsmitteln, benötigte ein Frachttransport von Düsseldorf nach Berlin mit über 80 Meilen Entfernung etwa 21 Tage und kostete 2⅔ Taler die Einheit. Neuen Auftrieb erhielt die Eisenbahnidee, als sich verschiedene Komitees – heute würde von »Bürgerinitiativen« die Rede sein – um den Trassenverlauf einer Eisenbahn von Minden, der preußischen Garnisons- und Hafenstadt an der Weser, zum Rhein stritten. Offen war auch der Endpunkt der Trasse: entweder in Deutz, gegenüber der Domstadt Köln, oder in Düsseldorf. Für Düsseldorf als Endpunkt setzte sich die Stadt Barmen ein, denn sie fürchtete die Abwanderung von Industrie, wenn Köln an die Bahn angeschlossen würde. Dagegen kämpfte der Raum Solingen in der Hoffnung auf wirtschaftliche Entwicklung für Köln als Endpunkt der Bahn. Wenn man die Bahn in Richtung Düsseldorf lege und nur bis Sonnborn der Wupper folge, so hieß es in Solingen und Remscheid, und sich dann nach Düsseldorf wende, würden Orte wie Remscheid oder Solingen mit ihren Fabrikbezirken Cronenberg und Burg nicht berührt. Der Kampf wurde härter und schärfer, so daß in einer Barmer Denkschrift vom Frühjahr 1833 zu lesen ist: *»Da Baumwolle, Twist, Krepp, Öl, Farbholz, überhaupt die meisten Fabrikationserfordernisse über Holland und Antwerpen kommen und der Austausch zwischen hier und Düsseldorf am lebhaftesten ist, so böte Düsseldorf den gelegensten Ort.«* Die Stadt Düsseldorf nahm das Signal von der Wupper auf und richtete ihr Augenmerk auf eine Bahnverbindung nach Elberfeld. Als Sprachrohr dieser Verbindung diente das unter Vorsitz des Düsseldorfer Oberbürgermeisters Philipp Schöller zusammengetretene »Provisorische Comité der Eisenbahnanlage zwischen Düsseldorf und Elberfeld«.

Die Preußische Regierung blieb bei dem im Morgengrauen des heraufziehenden Eisenbahnzeitalters am Rhein geführten Streit in abwartender Haltung. Sie empfahl eines Tages, den Streit zu beenden und einfach »baulich den Anfang zu machen«, natürlich mit privatem Geld. In einem Schreiben an die Düsseldorfer Handelskammer sprach sich 1833 der preußische Minister des Inneren von Schuckmann für den Bau einer Bahn von Elberfeld nach Düsseldorf aus. Zur Förderung des Projekts beschlossen Elberfelder Interessenten, mit den Düsseldorfern eine Aktiengesellschaft zu gründen. Schließlich konzessionierte König Friedrich Wilhelm III. die Gesellschaft, obschon die Regierung stets das größere Projekt der Rhein-Weser-Bahn im Auge behielt. Notfalls wollte sie die Konzession für die Gesellschaft zurückziehen und nach Anlaufen von Bauarbeiten Entschädigungen zahlen. Mit der Konzessionierung verband die Regierung die Forderung, für die neuen Strecken dieselbe Spurweite zu wählen wie für die Berlin-Potsdamer Bahn, die am 29. Oktober 1838 als eine der ersten Eisenbahn-Strecken in Preußen eröffnet werden konnte. Bei der Inbetriebnahme der rund 26 Kilometer langen Strecke äußerte der für die Eisenbahn begeisterte Kronprinz und spätere König Friedrich Wilhelm IV. die oft angeführten Worte: *»Diesen Karren, der durch die Welt rollt, hält kein Menschenarm mehr auf.«*

In der Konzession für eine Eisenbahn zwischen Elberfeld und Düsseldorf wurde auch das Verhältnis von Bahn und Post im Vorgriff auf das Eisenbahngesetz von 1838 besonders geregelt. Für den Bahnbau gab die Post ihre Vorrechte auf und erlaubte der Eisenbahn, zwischen Düsseldorf und Elberfeld Personen und solche Pakete, welche nicht dem Postzwang unterworfen sind, an bestimmten Tagen und Stunden zu befördern. Die Post war ängstlich besorgt, ihre Einkünfte nicht allzu sehr zu schmälern und versuchte, die Entschädigungssumme möglichst hoch zu treiben.

Erste Eisenbahnen werden geplant und gebaut

Schwierig war für die erste westdeutsche Eisenbahn der Aufstieg vom Rheintal zum Höhenrücken an der Wupper. Die inzwischen gegründete »Düsseldorf-Elberfelder Eisenbahn-Gesellschaft« beschloß, nachdem drei verschiedene Trassen im Gespräch und bereits vermessen waren, ein Gutachten des englischen Ingenieurs Robert Stephenson, dem Sohn des weit über England hinaus angesehenen Lokomotivbauers George Stephenson, einzuholen. Er entschied sich für die kürzest mögliche Verbindung zwischen Düsseldorf und Elberfeld und den Bau einer Steilstrecke von Erkrath nach Hochdahl zur Überwindung eines Höhenunterschieds von 81,4 Meter auf nur 2442 Meter Länge mit einer Neigung von 1:30, also rund 33 Promille. Hierbei ist zu bedenken, daß die heutige Grenzneigung für Hauptbahnen bei der Deutschen Bundesbahn (mit Ausnahme von S-Bahnen) bei 12,5 Promille und für Nebenbahnen bei 40,0 Promille liegt. Da zunächst keine geeignete Lokomotive zur Überwindung der Steilstrecke zur Verfügung stand, wurde

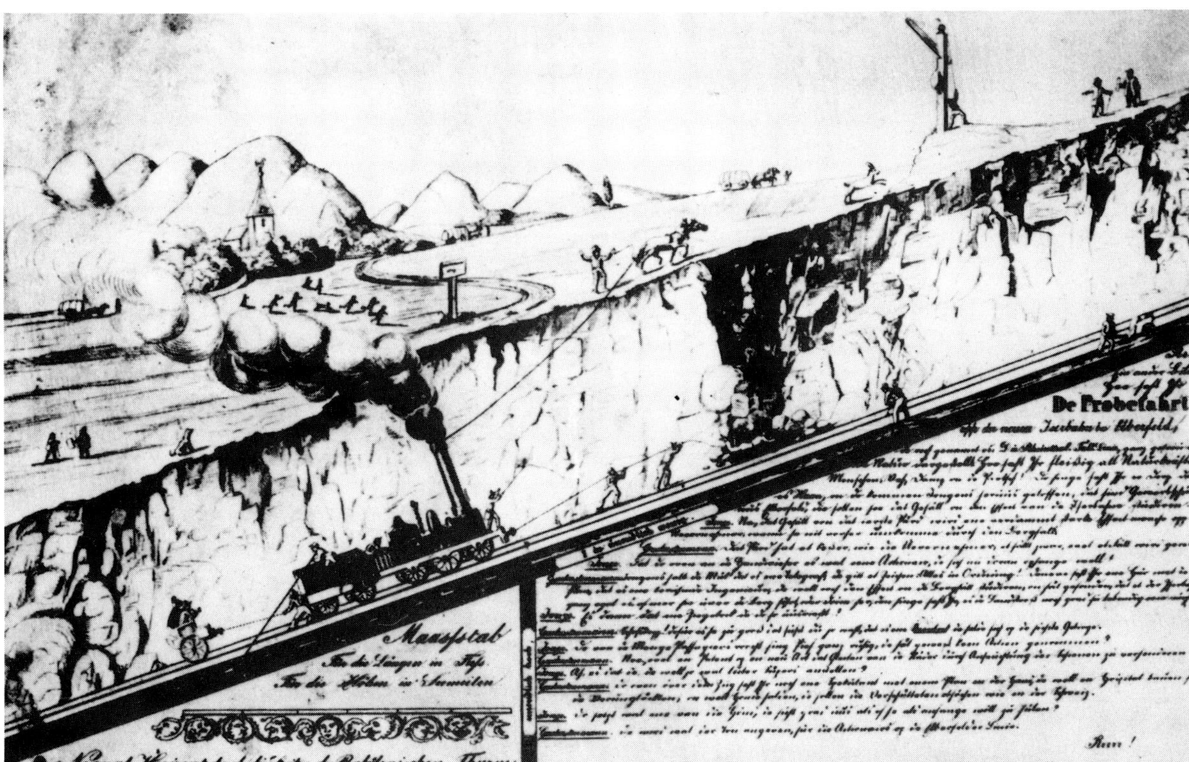

Satirische Darstellung der ersten Eisenbahnfahrt von Düsseldorf nach Elberfeld um 1840

Denkschrift
über die
Anlage einer Eisenbahn
zwischen
Düsseldorf und Elberfeld.

Mit Beifügung des veränderten Entwurfs des Statuts und anderer Actenstücke, so wie des Gutachtens des Civil-Ingenieurs Rob. Stephenson in London und mit einer Situations-Karte,
herausgegeben
vom
Verwaltungsrathe
der
Düsseldorf-Elberfelder Eisenbahn-Gesellschaft.

Düsseldorf, 1837.
In Commission in der Buchhandlung von J. H. C. Schreiner.
Gedruckt in der J. Wolf'schen Buchdruckerei.

Titelblatt der Denkschrift über die erste Eisenbahn zwischen Düsseldorf und Elberfeld

in Hochdahl eine ortsfeste Dampfmaschine vorgesehen, um die Züge an einem Seil den Berg hochzuziehen. Der Maschinist in Hochdahl sollte sich mit den Zugbegleitern in Erkrath über einen pneumatischen Rohrtelegraphen verständigen. Zum Herunterziehen des Seiles schlug Stephenson den Bau einer kleinen Lokomotive von 4 bis 5 Tonnen Gewicht vor, die sich bei der Rückfahrt an den bergwärts fahrenden Zug anhängt. Die Strecke von Düsseldorf bis Elberfeld sollte eine Länge von 7497 Ruthen – das sind 28,25 Kilometer – erreichen und eingleisig angelegt werden mit Ausnahme zwischen Erkrath und Hochdahl, wo zwei Gleise vorgesehen waren. Es wurde mit einem Verkehrsaufkommen von 60000 Personen und 67750 Tonnen Gütern jährlich gerechnet. Das Gutachten von Stephenson überzeugte die Aktionäre so sehr, daß sie ungeduldig auf den Bahnbau warteten. Nachdem im Juni 1835 die Finanzierung für das Bahnbauprojekt ausgeschrieben wurde, waren bis September 1835 bereits 690700 Taler in Aktien gezeichnet.

Welch starker Verkehr zwischen der Wupper und dem Rhein herrschte und wie lebhaft der Hafenumschlag in Düsseldorf war, belegen einige Beförderungszahlen. 12500 Personen fuhren 1836 mit der Postkutsche über die Bergische Landstraße und nahezu eine Million Stück Transportgut wurden im gleichen Zeitraum auf diesem Landweg befördert. Düsseldorf nahm bei einem durchschnittlichen Verkehrsaufkommen dieser Strecke mit 34 Personen je Tag hinter Berlin und Köln den dritten Platz im Postkutschen-Verkehr in Preußen ein.

Mit der endgültigen Konzessionierung des Bahnbaus am 23. September 1837 und dem unverzüglichen Baubeginn errangen die Bürgerkomitees einen großen Erfolg, der seine Krönung in der Eröffnung der 8,6 Kilometer langen Teilstrecke von Düsseldorf nach Erkrath am 20. Dezember 1838 fand. Zwei belgische Cockerill-Lokomotiven der Bauart A 1 aus Seraing waren als erste im Einsatz. Mit einer Leistung von 45 Pferdestärken (PS) erreichten sie eine Höchstgeschwindigkeit von 45 Kilometer je Stunde; ihr Betriebsgewicht betrug etwa sechs Tonnen, und ihr Anschaffungspreis lag vermutlich bei 4000 Taler je Fahrzeug. Sie konnten einen Personenzug von 16 Wagen mit 440 Personen bei einer Geschwindigkeit von 30 Kilometer je Stunde auf wenig geneigter Strecke befördern. Um die Annäherung der beiden Städte Düsseldorf und Elberfeld zum Ausdruck zu bringen, erhielten die ersten beiden Maschinen die Namen »Rhein« und »Wupper«. Es dauerte bis 1842, bevor leistungsfähige deutsche Lokomotiven der Firmen Borsig in Berlin und Maffei in München zum Einsatz kamen.

Düsseldorf-Elberfelder Eisenbahn.

Fahrten im Monat Juni 1839

zwischen **Düsseldorf**, Station **Gerresheim** und **Erkrath.**

Jeden Sonntag, Montag, Mittwoch und Donnerstag.

Die Abfahrtsstunden sind:
Von Düsseldorf um 8 und 11 Uhr Vormittags; 2, 4 und 6 Uhr Nachmittags,
„ Erkrath „ 9 „ 12 „ „ ; 3, 5 und 7 „ „
Zur Erleichterung des Verkehrs mit Gerresheim, Unterbach und Umgegend werden die Wagenzüge, so oft sich Passagiere zeitig einfinden, am Unterbacher Wege bei Gerresheim halten, um dieselben aufzunehmen oder auszusetzen. Die an der Station Gerresheim Einsteigenden entrichten das nachstehend bemerkte Personengeld an den Schirrmeister.

Preise der Plätze:

Von Düsseldorf nach Erkrath . im Wagen I. Klasse 10 Sgr., II. 7½ Sgr., III. 5 Sgr.
„ „ „ Station Gerresheim „ „ 6 „ „ 4½ „ „ 3 „
und eben so viel zurück.
Von Erkrath nach Düsseldorf . . „ „ 10 „ „ 7½ „ „ 5 „
„ „ „ Station Gerresheim „ „ 4 „ „ 3 „ „ 2 „
und eben so viel zurück.
Außerdem können zu Düsseldorf für hin und zurück genommen werden:
Ein ganzer Wagen I. Klasse für 18 Personen à 9 Thlr.
„ Cabinet im „ I. „ „ 9 „ à 5 „
„ ganzer Wagen II. „ „ 30 „ à 11 „
„ „ „ III. „ „ 30 „ à 7 „
jedoch muß die Anmeldung und Entrichtung des Betrages eine Stunde vor der Abfahrt geschehen und zugleich die Stunde der Rückkehr von Erkrath bestimmt angegeben werden.

Die Direktion.

Fahrplan der Strecke Düsseldorf–Erkrath aus dem Jahre 1839

DÜSSELDORF

Hotel zum PRINZEN von **PREUSSEN** I. Frau Wb. **E. Schleger.** Unmittelbar am Elberfelder u. Köln-Mindener Bahnhof mit schönem Garten u. Belvedere.

HOT. DOMHARDT I. am Carlsplatz. Im schönsten Theile der Stadt. Nähe der Post. Mitte zwischen Eisenb. und Dampfsch. Anerkannt vortrefl. Tafel und eleg. Einrichtung zu gewöhnl. Preisen.

Hotel **BREIDENBACH** I. Hr. **Disch**, an der Promenade. Für d. feinste Classe von Reisenden.

H. z. **EUROP. HOF** I. Hr. **Goetzen**, gegenüber den 2 Bahnhöfen, neu freie Lage. Schönste Aussicht.

Von **Düsseldorf** nach **Elberfeld.**
und zurück. **V. 15. April 1850.**

50 Pfd. Gepäck frei. 3½ Meilen. Fahrdauer: 1 Stunde.	Vormittags.			Nm.	Nm.	Abd.	
Düsseldorf nach Elberf. Abf.	7 8	9 30	12 15	3. 15	5 45	8. 30	—
Elbf. Döppersb. nach Düsseld. „	6 45	9	11 45	2. 45	5 15	8.	—
Elberf. Steinb. nach Düsseld. „	6 51	9 12	11 57	2. 57	5 27	8. 12	—

Reiseangebot mit Fahrplänen, Fahrpreisen und Bahnhofhotels für die erste Düsseldorfer Eisenbahn

Anläßlich des hundertjährigen Bestehens der ersten westdeutschen Eisenbahnstrecke, der zweiten in Preußen und der fünften in Deutschland überhaupt, würdigte im Jahre 1938 der damalige Reichsverkehrsminister und Generaldirektor der Deutschen Reichsbahn, Dr.-Ing. E. h. Julius Dorpmüller, ihre Bedeutung mit den Worten: *»Trotz der Weckrufe von Wirtschafts- und Verkehrspionieren wie Friedrich Harkort und anderen im Westen wurde erst gegen Ende des Jahres 1838 die erste Eisenbahn unter Überwindung schwieriger technischer Verhältnisse verwirklicht. Diese*

Erste Güter- und Personenwagen der privaten Eisenbahngesellschaften im Raume Düsseldorf

1 B-Tendermaschine, Berg.-Märk. Bahn.
Verschiedene Erbauer ab 1868.
Für stark gekrümmte Anschlußbahnen.

Dienstg. 35,9 t; Reibungsg. 27,6 t; Heizfl. 72,34 m²; Rostfl. 1,08 m²; p 8 atü; d = 379 mm; h = 508 mm; D = 1060 mm; Radst. 3061 mm; Wasser 3,5 m³; Kohlen 1,5 t; Leist. 270 PSᵢ (34 km/h).

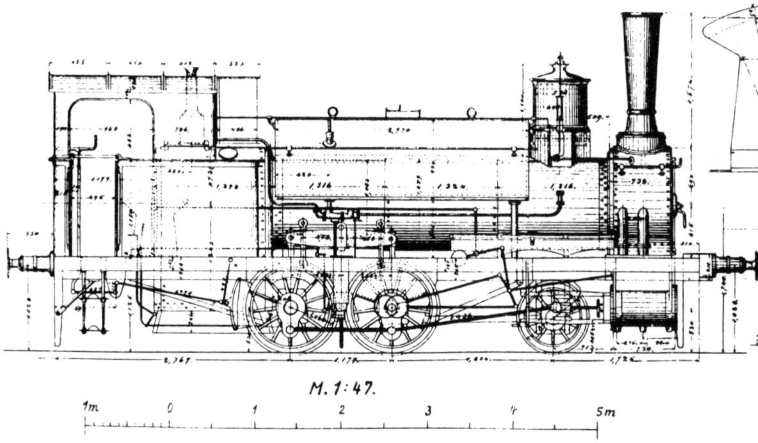

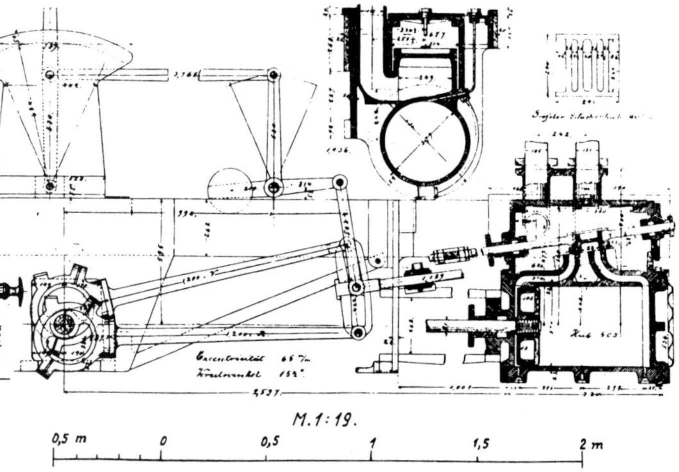

Erinnerung an erste deutsche Dampflokomotiven im Raume Düsseldorf

Gedenktafel für die erste Eisenbahn von Düsseldorf nach Erkrath, geschaffen von Bildhauer Emil Jungblut, gestiftet zum 100jährigen Streckenjubiläum

Strecke Düsseldorf – Erkrath wurde dann aber die Urzelle für das engste und intensivste Eisenbahnnetz ... Deutschlands, das durch seine Verkehrsdichte, seine Streckenbelastung, seine Leistungsfähigkeit vorbildlich ... geworden ist.«

Zu Beginn der Bauarbeiten im September 1837 hatte sich ein Aktienkapital von 1 027 800 Taler angesammelt; dies reichte jedoch nicht aus, um die Strecke bis Elberfeld zu vollenden, so daß noch weitere 362 000 Taler aufgebracht werden mußten. Als diese Summe wiederum nicht ausreichte, wurden 6000 Prioritätsaktien zu je 1000 Taler mit niedriger Verzinsung und ohne Anspruch auf Dividende ausgegeben. Dank der Vorzugsaktien konnte weitergebaut und der Eisenbahnbetrieb am 21. Mai 1841 bis Vohwinkel auf 21,1 Kilometer Länge und am 3. September 1841 bis Steinbeck auf 26,6 Kilometer Länge ausgedehnt werden. Die Reststrecke bis Elberfeld folgte kurz danach.

Bald nach Betriebseröffnung wurde die ortsfeste Dampfmaschine in Hochdahl durch eine auf dem Nachbargleis talwärts fahrende Lokomotive ersetzt. Sie zog den bergwärts fahrenden Zug über ein Seil nach oben, das über eine Umlenkrolle und zwei Seilführungsräder am Scheitelpunkt der Strecke in Hochdahl geführt wurde. In den späteren Jahren fuhr die Schlepplokomotive auf einem eigens verlegten dritten Gleis die Rampe abwärts. Dieses Verfahren wurde übrigens bis Ende 1927 beibehalten, also über 85 Jahre lang, bis Schiebelokomotiven zum Einsatz kamen. Eines der Seilführungsräder ist bis heute auf einem kleinen Sockel im Bahnhof Erkrath als Denkmal zu besichtigen.

Seilzugbetrieb auf der Steilrampe Erkrath – Hochdahl bis 1927 (oben) und Ausfahrt im Bahnhof Erkrath mit Schiebelok um 1963 (unten)

Einst Umlenkrolle für den Seilzugbetrieb auf der Steilrampe Erkrath – Hochdahl, heute technisches Denkmal am Bahnhof Erkrath

Jubiläumsschau der ehemaligen Bundesbahndirektion Wuppertal am 6. Dezember 1963 anläßlich der Eröffnung der ersten westdeutschen Eisenbahn von Düsseldorf nach Erkrath

Bahnbau im Konkurrenzkampf privater Gesellschaften

Auch im Rheinland und im Ruhrgebiet erzeugten die sogenannten »Gründerjahre« im 19. Jahrhundert einen beachtlichen Verkehrsaufschwung. Neue industrielle und gewerbliche Produktionsstätten wollten mit Roh- und Brennstoffen versorgt werden. Bestehende Fabriken dehnten sich aus und benötigten immer mehr Rohstoffe und Halbfertigerzeugnisse. Dadurch setzte eine kaum zu befriedigende Transportnachfrage ein. Kein Wunder, daß sich zahlreiche private Eisenbahngesellschaften bildeten und das große Geschäft machen wollten. In der harten Auseinandersetzung um Konzessionen kam es zum Bau von »Wettbewerbslinien«. Dieser volkswirtschaftlich ungesunde Konkurrenzkampf tobte im Rhein-Ruhr-Revier mit äußerster Schärfe. Um eigenen Strecken weitere Transporte zu sichern und damit große Gewinne einzustecken, waren die Eisenbahngesellschaften bestrebt, immer mehr Strecken anzulegen, bestehende auszubauen und fremde Strecken notfalls zu konkurrieren.

Den Preußischen Staat interessierte nach wie vor eine Eisenbahnverbindung von Berlin in seine westlichen Provinzen. Er brauchte einen günstigen Transportweg über Minden zum Rhein. Hierbei kam ihm die Initiative des Aachener Kaufmanns David Hansemann sehr gelegen, der sich mit vollem Eifer für eine Eisenbahn von Köln nach Minden einsetzte, so daß ein Anschluß der Rheinprovinz an Berlin möglich erschien. Hansemann erreichte, daß die inzwischen gegründete »Rheinische Eisenbahn-Gesellschaft« mit dem Projekt beauftragt wurde. Er ließ von dem Dürener Landrat von Egidy verschiedene Trassen untersuchen, so die Linienführung von Deutz über Elberfeld und Hagen nach Minden und ebenso über Düsseldorf, Duisburg, Dortmund und Hamm. Da ihm die Führung über Duisburg wirtschaftlicher erschien, entschied sich Hansemann für die zweite Trasse und gab seine Idee in einer Denkschrift 1842 preis. Als Vorzug der Trasse über Düsseldorf und Duisburg konnten er und seine Anhänger geltend machen, daß infolge der günstigen Linienführung durch das Flachland ein Drittel der Baukosten, etwa 18 Millionen Mark, eingespart würden und mit entsprechend niedrigeren Betriebskosten zu rechnen sei. Hansemann hatte 39 Millionen Mark für den gesamten Bahnbau veranschlagt und zunächst einen eingleisigen Fahrweg vorgesehen.

Kein Wunder, wenn nunmehr die Industriellen im Bergisch-Märkischen Raum in Bewegung gerieten. Sie gründeten 1842 das »Bergisch-Märkische-Eisenbahnkomitee« unter Adolf von der Heydt's Führung und strebten die andere Lösung über Elberfeld und Hagen an. In gleicher Weise bemühte sich eine neu gegründete »Rheinisch-Westfälische Eisenbahngesellschaft« um den Bahnbau über Elberfeld und Hagen. Schließlich entschied sich König Friedrich Wilhelm IV. am 18. Mai 1843 zugunsten der Linienführung über Düsseldorf und Duisburg, so daß der preußische Finanzminister die »Rheinische Eisenbahn-Gesellschaft« zur Verwirklichung des Projektes aufforderte. Dieser Wunsch wurde jedoch von der Generalversammlung der Gesellschaft, die bereits seit 1841 eine Eisenbahn von Köln nach Aachen betrieb, abgelehnt. Daraufhin sonderte sich eine Splittergruppe von Aktionären ab und gründete unter Führung des streitbaren Kölners Ludolf Camphausen die »Ostrheinische Eisenbahn-Gesellschaft«. Sie wollte die Bedingungen des Finanzministers annehmen. Inzwischen waren auch die Düsseldorfer aufgerüttelt, denn sie hatten in Konkurrenz zur Rheinischen Eisenbahn-Gesellschaft inzwischen auch ein Komitee gegründet. Schließlich kam es unter Mitwirkung von Hansemann am 9. Oktober 1843 zur Verständigung der Interessenten und Gründung der »Cöln-Mindener Eisenbahn-Gesellschaft«. Neuerliche Proteste aus dem Bergisch-Märkischen Land

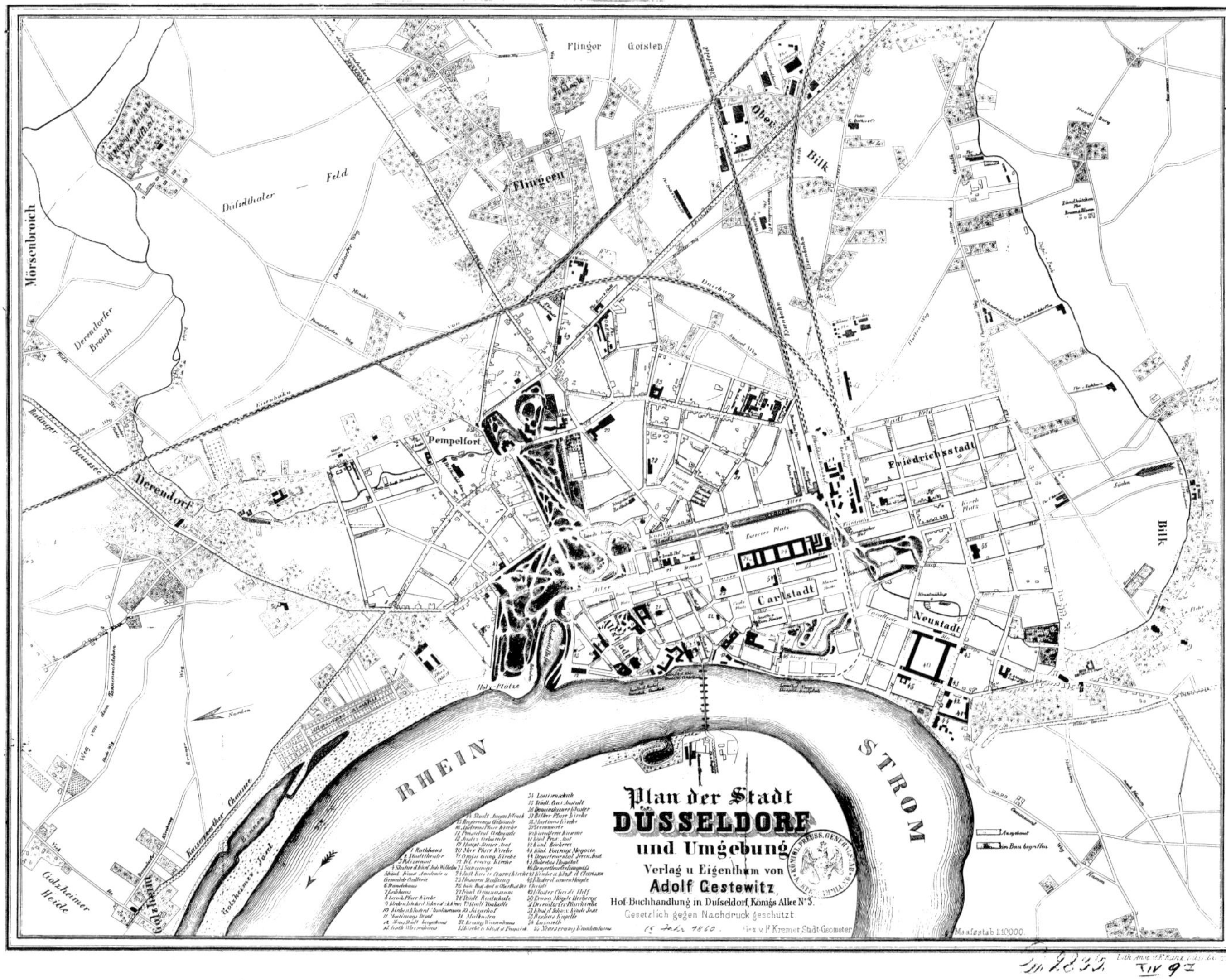

Plan der Stadt Düsseldorf von 1860 mit den Eisenbahnstrecken der Düsseldorf-Eberfelder und Cöln-Mindener Bahngesellschaften

halfen vorläufig nichts mehr, denn nach Auffassung des Preußischen Königs genügte der Anschluß der zuerst gebauten Strecke Elberfeld – Düsseldorf an die neue Köln – Mindener Strecke vollauf. Ein Jahr später gab er den Protesten dennoch nach und konzessionierte den Weiterbau der Bahn von Elberfeld über Schwelm, Hagen und Witten nach Dortmund, ohne jedoch staatliche Zinsgarantien oder Unterstützungen einzuräumen.

Der Erfolg beim Bahnbau auf der Köln – Mindener Strecke ließ nicht lange auf sich warten; denn bereits am 20. Dezember 1845 wurde das erste Teilstück zwischen Deutz und Düsseldorf eröffnet, vier Monate später der Abschnitt bis Duisburg und etwa ein Jahr danach die Strecke bis Hamm. Mit Fertigstellung der gesamten Strecke am 15. Oktober 1847 bis Minden besaß Düsseldorf nunmehr eine durchgehende Eisenbahnverbindung nach Berlin.

Spuren im Stadtplan

Rund um den Graf-Adolf-Platz, Standort des ersten Düsseldorfer Bahnhofs, deutet nichts mehr auf eine frühere Streckenführung hin; doch wer genauer in die Stadtpläne vergangener Jahrzehnte schaut, erkennt die ehemaligen Eisenbahntrassen wieder und kann die Entwicklung des heutigen Eisenbahnnetzes nachvollziehen. Ihre Entstehung ist zugleich ein Spiegelbild des harten Konkurrenzkampfes bahnbauender Gesellschaften Mitte der achtziger Jahre des vorigen Jahrhunderts. Düsseldorf ist heute noch Nutznießer dieser Entwicklung, denn es ist von allen Himmelsrichtungen aus mit der Eisenbahn sehr günstig zu erreichen.

Die Erbauer der ersten Eisenbahnen wollten bei Düsseldorf so dicht wie möglich an die Stadt heran, auch wenn es kostspielig erschien. 1838 erreichte die erste Bahnlinie die Stadt auf kürzestem Weg am Südende der Bebauung. Das war am Endpunkt der weltbekannten Prachtstraße Düsseldorfs, der Königsallee. Im Bau- und Nivellementsplan über die Erweiterung der Stadt Düsseldorf von 1854, herausgegeben durch den königlichen Regierungs-Secretair W. Werner, sind diese Bahnanlagen offiziell vermerkt. Sie liegen zwischen der heutigen Bahnstraße und der Eller Straße und bestehen aus dem Düsseldorf-Elberfelder und dem später eröffneten Köln-Mindener Bahnhof, deren Gebäude in Nord-Süd-Richtung etwa 200 m voneinander entfernt lagen.

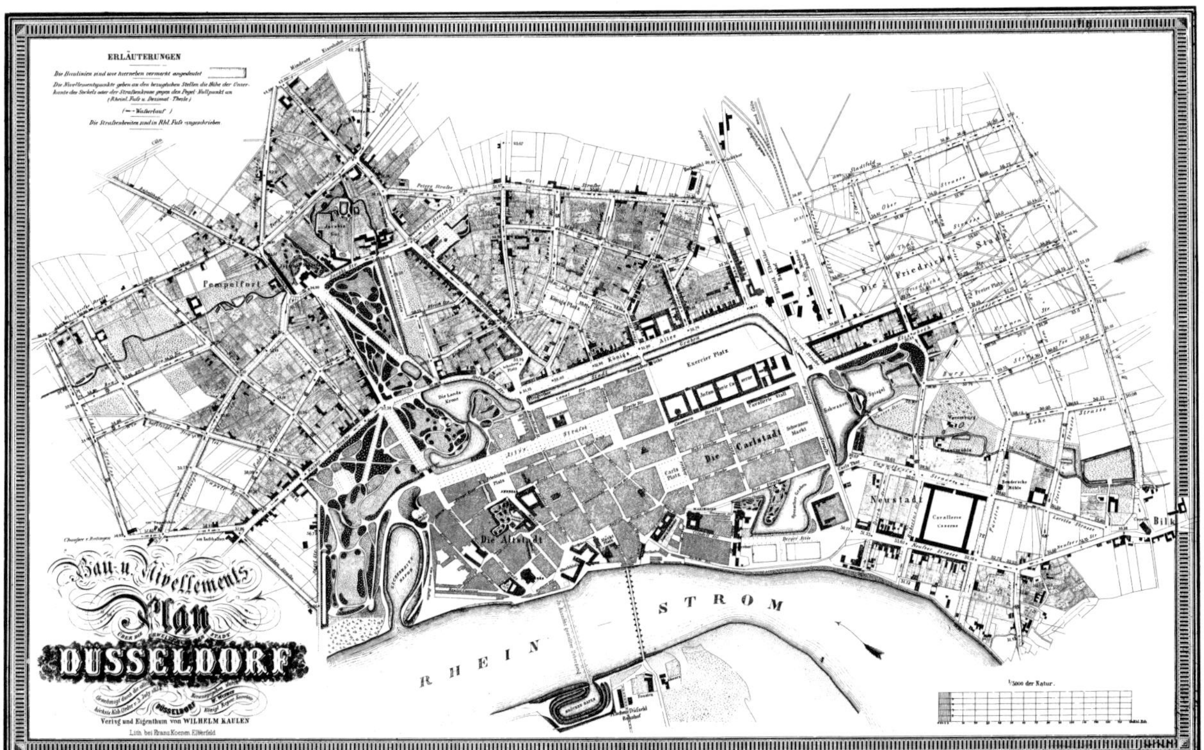

Bau- und Nivellementsplan von 1854 (»Werner-Plan«) mit den Bahnhöfen der Düsseldorf-Elberfelder und Cöln-Mindener Bahngesellschaften

Oben: Empfangsgebäude des Bergisch-Märkischen Bahnhofs am Graf-Adolf-Platz um 1880, Bahnhofsvorplatz mit Pferdedroschken und Schienen der Pferdeeisenbahn. – Rechts oben: Bergisch-Märkischer Bahnhof mit »gedecktem Perron« um 1880 (Federzeichnung)

Im Laufe der Zeit entstanden südlich der Königsallee mehrere Eisenbahnbauten und später auch das prachtvolle Empfangsgebäude des Bergisch-Märkischen Bahnhofs. In einem Bauantrag der Bergisch-Märkischen Bahngesellschaft vom 11. Mai 1871 an den Herrn Oberbürgermeister Hammers hieß es: *»Euer Hochwohlgeboren beehren wir uns in den Anlagen das Projekt eines Lokomotivschuppens für 20 Stände nebst Reparaturwerkstätte auf unserem Bahnhof Düsseldorf zur gefälligen Genehmigung in baupolizeilicher Hinsicht ganz ergebenst vorzulegen...«* Der beigefügte Übersichtsplan enthielt unter anderem eine Schiebebühne und einen Schuppen für Eilgüter. Toranlagen und Zäune sperrten das Eisenbahngelände ab, wie es bei einem Hofplatz üblich war. Daher rührt übrigens die Bezeichnung »Bahnhof«. Nordwestlich des Bergisch-Märkischen Bahnhofs befanden sich am Rande des Stadtgrabens neben der Königsallee ein Exerzierplatz und eine Infanterie-Kaserne. Selbst die neue Friedrichstadt war mit ihrem gleichmäßigen Rastersystem bereits im Plan enthalten. Aus dem Werner'schen Plan geht auch die Weiterführung der Düsseldorf-Elberfelder Bahn, der späteren Bergisch-Märkischen Eisenbahn, über die Haroldstraße zum Rhein als Anschlußgleis hervor. Auf diesem Gleis transportierten Pferdebahnen Güter

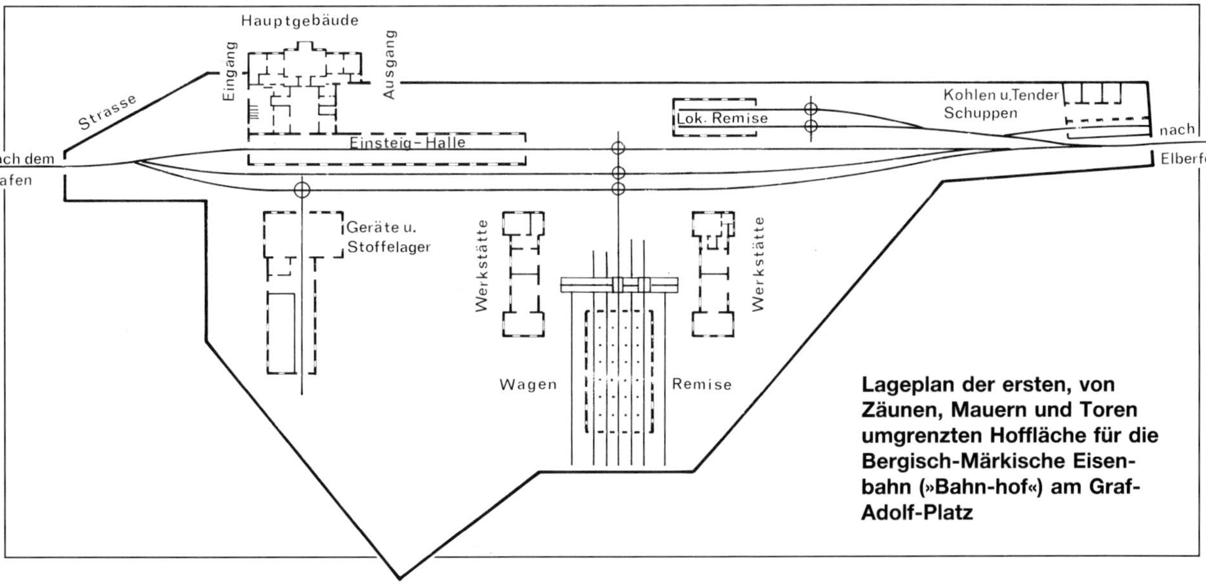

Lageplan der ersten, von Zäunen, Mauern und Toren umgrenzten Hoffläche für die Bergisch-Märkische Eisenbahn (»Bahn-hof«) am Graf-Adolf-Platz

zum alten Freihafen der Stadt Düsseldorf an der Dammstraße, nahe dem heutigen Rathausufer gelegen. Die alten Hafenanlagen wurden später aufgegeben; heute erinnert die »Hafenstraße« noch an den ehemaligen Freihafen. Übrigens wurden bei Bauarbeiten 1985 Reste der zugeschütteten Anlagen freigelegt.

Eine recht genaue Rekonstruktion der früheren Eisenbahnstrecken Düsseldorfs ist mit Hilfe des Stadtplans von Spangemacher aus dem Jahre 1874 möglich. Das im Maßstab 1:10000 herausgegebene Planwerk zeigt den städtischen Grundriß mit allen bis dahin entstandenen Eisenbahnstrecken. Auf dem Wege zum Bergisch-Märkischen Bahnhof fuhren die Züge der Düsseldorf-Elberfelder Bahn, der späteren Bergisch-Märkischen Bahn, von Gerresheim aus in gerader Richtung nach Westen, parallel zur heutigen Höherhofstraße über die Ronsdorfer und Kölner Straße, durchschnitten das ehemalige Stahlwerksgelände östlich des Hauptbahnhofs und gelangten auf der Achse der Graf-Adolf-Straße zum Graf-Adolf-Platz. Die Fahrt ging weiter auf der heutigen Haroldstraße nach Südwesten zum neuen Rheinübergang bei Düsseldorf-Hamm. Der Düsseldorfer Freihafen war nunmehr von Süden her durch ein Anschlußgleis entlang des Rheinufers erreichbar. Aus Richtung Köln näherten sich die Züge der Köln-Mindener Bahn über Benrath, Reisholz und Eller dem Stadtteil Lierenfeld an der Karl-Geusen-Straße, bogen in die Mindener Straße ein, fuhren über den Oberbilker Markt in die Eisenstraße und weiter über den Mintrop-Platz nördlich der Luisenstraße zum Köln-Mindener Bahnhof, wo heute das Hochhaus der Landesversicherungsanstalt steht. Von diesem Bahnhof aus, der sich gewissermaßen im Schatten des Bergisch-Märkischen Bahnhofs befand und ein Kopfbahnhof war, gelangten die Züge nach Kreuzen der Düsseldorf-Elberfelder Bahnstrecke in Höhe des ehemaligen Städtischen Fuhrparks am heutigen Stresemann-Platz über den Konrad-Adenauer-Platz in die Trasse der Worringer Straße und dann weiter über Derendorf, Kalkum nach Duisburg. Namen, wie »Bahnstraße« am Südende der Königsallee oder »Eisenstraße« und »Mindener Straße« im Stadtteil Oberbilk zeugen heute noch von den Eisenbahntrassen vergangener Zeiten.

Um den Kopfbahnhof der Köln-Mindener Eisenbahn zu entlasten und die zunehmende Zahl von Güterzügen fernzuhalten, entstand 1863 die heute noch befahrene Güterzugverbindungsbahn von Lierenfeld nach Derendorf. Sie zweigte damals in Oberbilk an der Mindener Straße von der Kölner Strecke ab, kreuzte in Höhe der heutigen Werdener Straße die Düsseldorf-Elberfelder Bahn und mündete in Höhe von Wehrhahn und der Grafenberger Allee in die Duisburger Strecke ein. Die Güterzugstrecke konnte ohne große Schwierigkeiten gebaut werden, denn Oberbilk, Flingern und andere östliche Stadtteile waren damals kaum besiedelt.

In Verlängerung der Zollstraße und südlich des Marktplatzes lag die 1839 errichtete Düsseldorfer Schiffsbrücke, die an der Rheinwerft (alte Bezeichnung: dem Rheinwerft) begann und den Fußgängern und Pferdefuhrwerken den Weg zum jenseitigen Ufer nach Oberkassel wies. Am jenseitigen Ufer befand sich der am 16. Oktober 1854 eröffnete »Schiffsbrückenbahnhof« Oberkassel. 900 Meter hinter dem Schiffsbrückenbahnhof stand am Belsenplatz der am 17. Januar 1853 von der Aachen-Düsseldorfer Eisenbahngesellschaft in Betrieb genommene Bahnhof »Ober-Cassel«. Er war Ausgangspunkt einer zweigleisigen Strecke, die über Heerdt Richtung Neuss führte und dort mit dem linksrheinischen Eisenbahnnetz der Aachen-Düsseldorfer Eisenbahngesellschaft und der Rheinischen Bahngesellschaft zusammenhing.

Plan der Stadt Düsseldorf von 1878 mit den Eisenbahnstrecken der Bergisch-Märkischen, Cöln-Mindener und Rheinischen Bahngesellschaften ▷

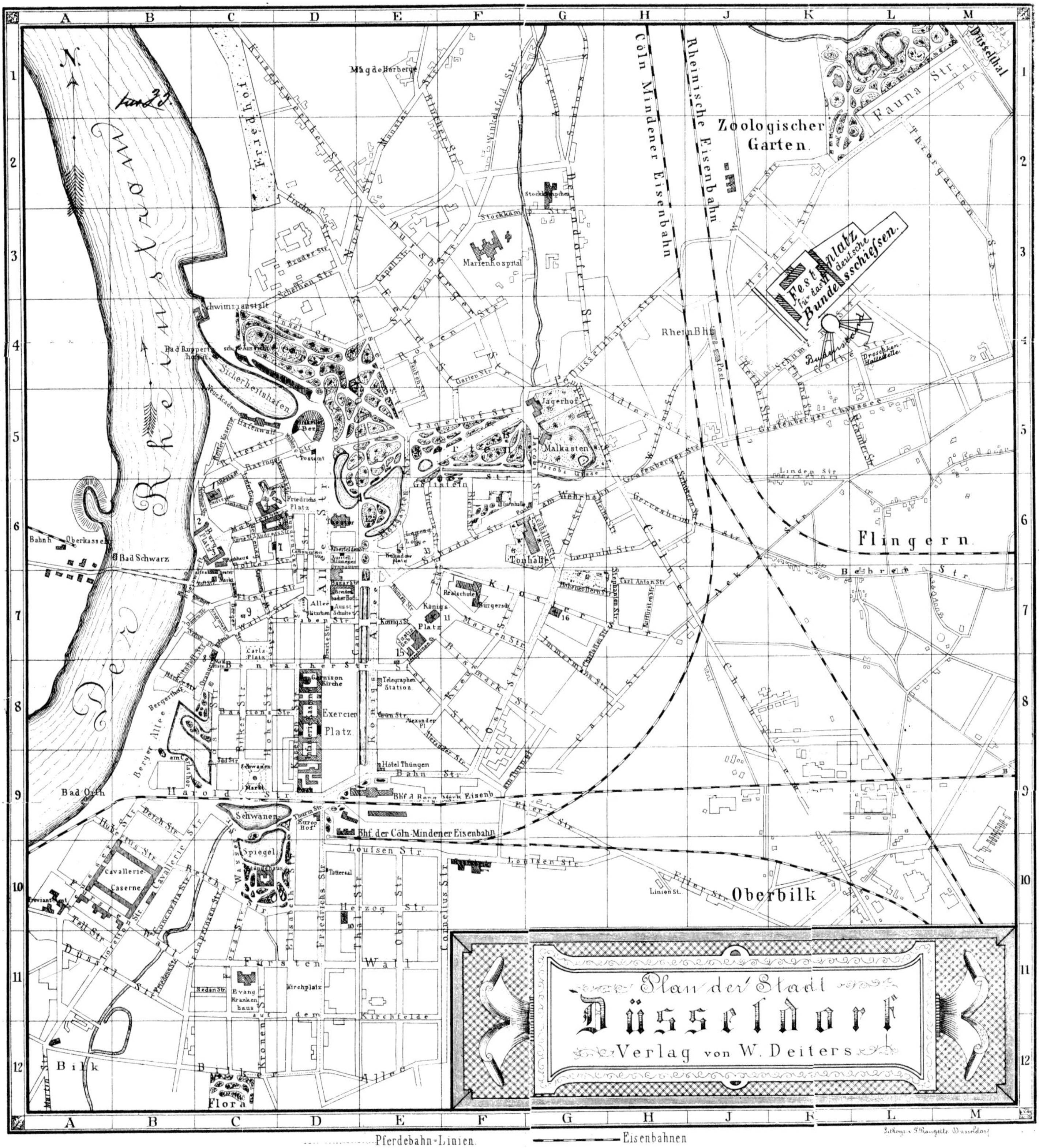
Plan der Stadt
Düsseldorf
Verlag von W. Deiters
Der Rheinstrom
N.
Zoologischer Garten
Cöln Mindener Eisenbahn
Rheinische Eisenbahn
Festplatz für das VI deutsche Bundesschiessen
Flingern
Oberbilk
Bilk
Flora
Bad Orth
Bad Schwarz
Bahnh. Oberkassel
Sicherheitshafen
Schwimmanstalt
Marienhospital
Mägdeherberge
Jägerhof
Malkasten
Tonhalle
Hofgarten
Exercier Platz
Königs Platz
Carls Platz
Friedrichs Platz
Cavallerie Caserne
Evang. Krankenhaus
Schwanen
Spiegel
Bhf der Cöln-Mindener Eisenbahn
Bhf d. Berg. Märk. Eisenb.
Hôtel Thüngen
Telegraphen Station
Garnison Kirche
Realschule
Rhein Bhf.
Fauna Str.
Düsselthal
Grafenberger Chaussee
Harold Str.
Königs Allee
Bahn Str.
Louisen Str.
Herzog Str.
Fürsten Wall
Kirchplatz
auf dem Kirchfelde
Bilker Allee
Kronen Str.
Bergerhof
Berger Allee
Cornelius Str.
Bahnhof Str.
Leopold Str.
Kloster Str.
Pempelforter Str.
Adler Str.
Linden Str.
Gerresheimer Str.
Behren Str.
Carl Anton Str.
Ellen Str.
Linien Str.
Pferdebahn-Linien
Eisenbahnen
A B C D E F G H J K L M
1 2 3 4 5 6 7 8 9 10 11 12

Die privaten Bahngesellschaften bauen ihre Netze weiter aus

Die linksrheinisch gelegene, Düsseldorf benachbarte Stadt Neuss besaß bis in die dreißiger Jahre des 19. Jahrhunderts etwa 8000 Einwohner. 1855 erhielt sie Eisenbahnanschluß aus Richtung Köln. Weitere Strecken führten 1856 bis Krefeld, 1863 bis Kleve und zwei Jahre später bis zur niederländischen Grenze bei Kranenburg. Die Stadt Neuss gewann schließlich als Kreuzungspunkt der Bergisch-Märkischen und der Rheinischen Strecken große verkehrliche Bedeutung, so daß eine Verbindung der Eisenbahnknotenpunkte Neuss und Düsseldorf mit Überbrückung des Rheins nur noch eine Frage der Zeit war. Angespornt vom ersten Brückenschlag über den Rhein am Fuße des Kölner Doms 1854, planten die Gesellschafter den Bau eines Trajekts, nachdem die Aachen-Düsseldorfer Eisenbahngesellschaft seit November 1852 zwischen Homberg und Ruhrort das erste Eisenbahntrajekt betrieb. Doch die Stadt Düsseldorf wollte von einer Eisenbahnfähre nichts wissen. Als zum Jahreswechsel 1865/66 die Aachen-Düsseldorfer Eisenbahngesellschaft von der Bergisch-Märkischen übernommen wurde, gewann die Diskussion um eine Rheinquerung wieder an Bedeutung. Schließlich kam der Rheinübergang 1870 zustande, nachdem der Strom bei Düsseldorf-Hamm überbrückt und die Aachener Strecke am Südende des heutigen Bahnhofs Neuss ostwärts verlängert worden war. Noch heute sind Reste des ehemaligen Eisenbahndammes südlich der Floßhafenstraße auf der linken Rheinseite zu erkennen. Im Stadtgebiet von Neuss darf die ehemalige Eisenbahntrasse im Bereich der Straßenzüge Rheinwallstraße und Niederwallstraße am Neumarkt vermutet werden. Nach dem Bau der Hammer Eisenbahnbrücke verlor die Strecke zum Oberkasseler Bahnhof und zum Schiffsbahnhof an Bedeutung. Dies um so mehr, als sich die Brückenbauer auf den Bau der ersten festen Düsseldorfer Straßenbrücke über den Strom vorbereiteten, die 1896/98 entstand. Mit dem Brückenbau wurde auch die Verlängerung der Eisenbahnstrecke von Oberkassel zum Rheinufer aufgegeben.

Um einen direkten Zugang zum Ruhrgebiet zu erhalten, entwickelte die Bergisch-Märkische Eisenbahngesellschaft aus Konkurrenzgründen den Plan für die »Untere Ruhrtalbahn«. Bislang besaßen nur die Köln-Mindener Bahngesellschaft rechtsrheinisch und die Rheinische Bahngesellschaft linksrheinisch gute Verbindungen zur Industrielandschaft an der Ruhr. Mit dem Bau der Unteren Ruhrtalbahn wurde kurz nach der Konzessionierung 1866 begonnen. Am 1. Februar 1872 ging der erste 28 Kilometer lange Abschnitt von Oberbilk bis Kupferdreh mit dem Bahnhof Grafenberg in Betrieb. Heute noch erinnert die »Ruhrtalstraße« in Flingern an jene Stelle, wo nahe den Düsseldorfer Stadtwerken die Ruhrtalbahn aus der Elberfelder Strecke nordwärts abzweigte. Ihre Trasse führte über die neuen Bahnhöfe Grafenberg und Rath, folgte der Provinzialstraße, der heutigen Reichswaldallee, und schwenkte in Höhe der Kalkstraße nordostwärts Richtung Ratingen Süd. 1874 konnte die Strecke bis Dahlhausen und Herdecke und 1879 durchgehend bis Hagen-Eckesey befahren werden. Bald erwuchs der Bergisch-Märkischen und der Köln-Mindener Eisenbahngesellschaft im Osten der Stadt neue Konkurrenz, denn nun fing auch die Rheinische Bahngesellschaft an, dort Strekken zu planen und zu bauen, nachdem sie westlich des Rheins große Aktivitäten im Eisenbahnbau entfaltet hatte. Sie schuf eine Süd-Nord-Verbindung von Troisdorf über Köln und Opladen, vorbei am damaligen Stadtgebiet von Düsseldorf über die späteren Stadtteile Eller, Mörsenbroich und Rath nach Ratingen West und weiter bis Speldorf. Sie kreuzte am Aaper Wald in Ratherbruch die Untere Ruhrtalbahn. Von der am 19. November 1874 eröffneten neuen Rheini-

schen Strecke sollte später noch viel die Rede sein, denn sie störte die weitere Besiedelung in Grafenberg und bereitete dem wachsenden Straßenverkehr am Staufenplatz erhebliche Schwierigkeiten.
Einige Jahre später trat die Rheinische Bahngesellschaft erneut in Aktion, diesmal mit dem Bau einer Eisenbahnstrecke von Rath nach Wehrhahn. Die neue Strecke zweigte in Rath von der Rheinischen Bahn Troisdorf-Speldorf nach Südwesten ab, benutzte etwa die heutige Trasse der Franziskus-Straße über Mörsenbroich und führte in Derendorf an der Jülicher Straße parallel zur Köln-Mindener Strecke im Abstand von schätzungsweise 100 Meter. Zwischen den heutigen S-Bahn-Stationen Zoo und Wehrhahn endete die Konkurrenzlinie im Rheinischen Bahnhof, der mit Streckeneröffnung am 1. Februar 1876 als dritter Bahnhof in Düsseldorf entstand. Bereits ein Jahr später wurde die Strecke nach Süden verlängert und in Flingern an die Rheinische Strecke Troisdorf-Speldorf angebunden. Ihre Trasse verlief etwa im Zuge der heutigen Rethel- und Birkenstraße Richtung Dorotheenstraße, führte entlang der heutigen Strecke nach Wuppertal und mündete am Höherweg / Anfang Höherhofstraße in die Strecke Richtung Troisdorf ein.
Der letzte große Streckenneubau privater Bahngesellschaften setzte kurz vor der Verstaatlichung in den siebziger Jahren des 19. Jahrhunderts ein, als wiederum die Rheinische Bahngesellschaft eine neue Konkurrenzstrecke bauen ließ. Als Antwort auf die zahlreichen Herausforderungen der mächtigen Bergisch-Märkischen Bahngesellschaft entstand eine Bahnlinie von Gerresheim über Mettmann, Wichlinghausen, Gevelsberg und Hagen nach Dortmund. Sie führte von Gerresheim bis Hagen weitgehend parallel der Bergisch-Märkischen Strecke in nur wenigen hundert Meter Abstand. In Düsseldorf, an der Ronsdorfer Straße abzweigend, verlief sie in dichtem Abstand zur Bergisch-Märkischen Strecke und führte über Gerresheim, wo ein weiterer Bahnhof entstand, Richtung Morp und weiter am Nordrand von Erkrath vorbei nach Mettmann. Nach der Konzessionierung 1873 konnte diese letzte privat-wirtschaftlich orientierte Strecke mit ihren kostspieligen Tunnelbauwerken und Kunstbauten am Nordhang von Elberfeld und Barmen am 15. September 1879 in Betrieb genommen werden.
Auf einer topographischen Karte des Stadt- und Landkreises Düsseldorf aus dem Jahre 1879, herausgegeben von dem Geometer A. Hofacker im Maßstab 1:25000, sind auch zwei Gleisanschlüsse zu erkennen, die zu den ältesten im Stadtgebiet zu rechnen sind. Südlich des damaligen Bahnhofs Grafenberg zweigt ein Anschlußgleis von der Unteren Ruhrtalbahn etwa in Höhe Granachstraße / Hellweg ab und führt in das Gelände der 1872 von den Familien Haniel, Böninger und Liebrecht an der Schlüterstraße gegründeten »Actien-Gesellschaft für Lokomotivbau Hohenzollern«. Im Wirtschaftsaufschwung nach dem deutsch-französischen Krieg von 1870/71 lief auch die Lokomotiv-Konjunktur an. Düsseldorf wurde als Knotenpunkt mehrerer Bahnlinien Sitz einer Lokomotiv-Fabrik. An der Schlüterstraße, wo sich heute der Großmarkt »Metro« befindet, entstanden neben der Fabrik 64 Wohnhäuser für die Fabrikarbeiter. Auf dem Fabrikgelände waren die mechanischen Werkstätten, Eisengießerei, Schmiede, Kesselschmiede, Lokomotivmontage, ein Magazin und ein Probefahrgleis untergebracht. In den Hallen arbeiteten bis zu 800 Menschen an 1050 Werkzeugmaschinen und 59 Kränen. 1884 konnte die erste Lokomotive abgeliefert werden. Die wohl berühmteste in Düsseldorf produzierte Lokomotive war die »P 8«, die spätere Baureihe 38, die wegen ihrer hervorragenden Eigenschaften von verschiedenen Verwaltungen eingesetzt und bald auch in anderen Lokomotiv-Fabriken hergestellt wurde. Mit dem Ausstoß der 3000. Lokomotive

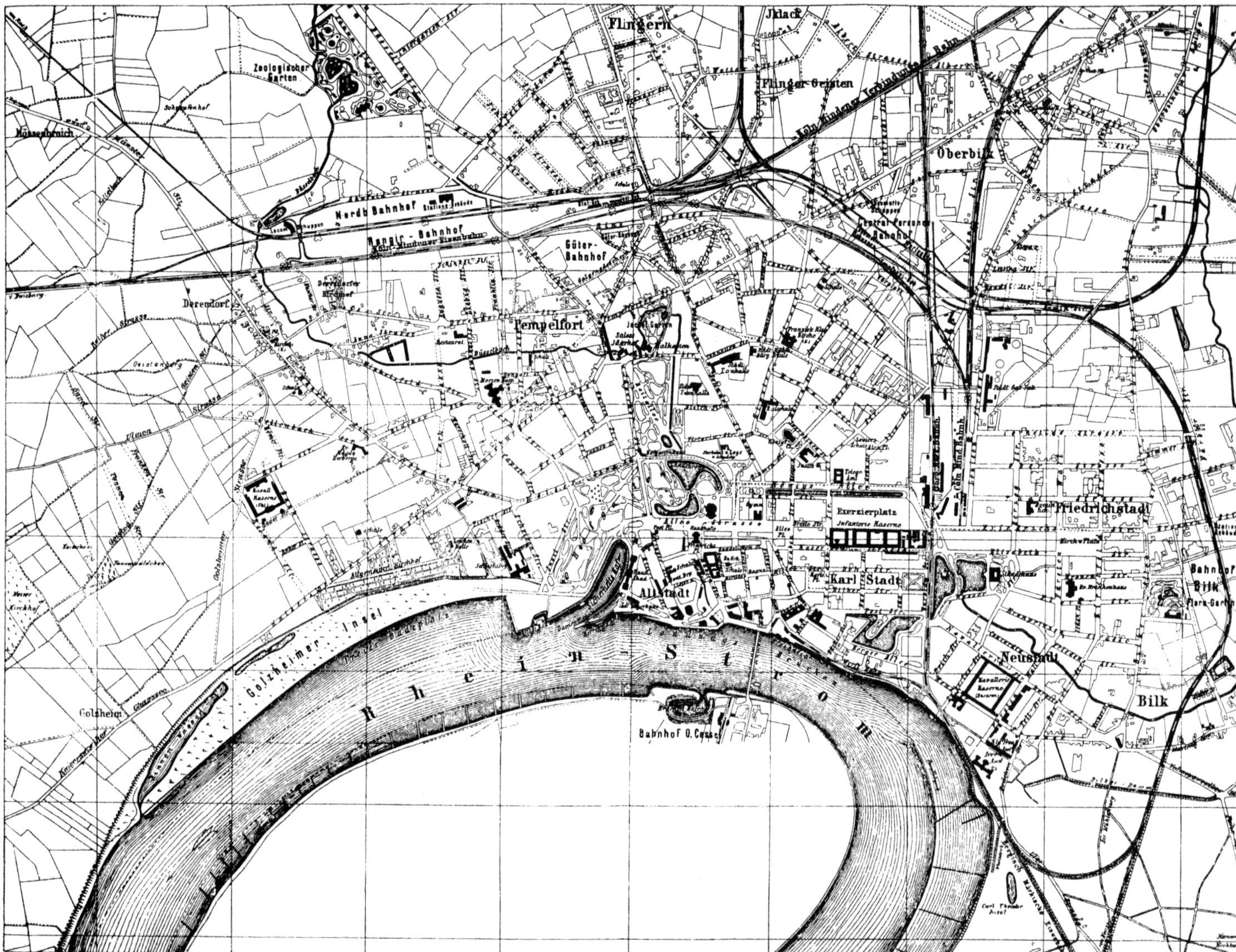

Nachdruck nicht gestattet.

Düsseldorf im Jahre 1889.

Planung neuer Eisenbahnanlagen der Preußischen Staatsbahn um 1889 und Vergleich mit den ehemaligen Anlagen der privaten Bahngesellschaften

erlebte die Grafenberger Maschinenbauanstalt 1913 eine Blütezeit ihrer Produktion. Als sich nach dem Ersten Weltkrieg der Dampflokomotivbau abschwächte, wurde die Lage der Firma kritisch. Fast 800 Arbeiter verloren 1929 ihre Arbeitsplätze, die Firma Krupp in Essen übernahm die Maschinen, und 1934 wurde die Firma liquidiert. Auf Museumsbahnen sind heute noch einige Lokomotiven der ehemaligen »Actien-Gesellschaft für Locomotivbau Hohenzollern« im Einsatz.

In der topographischen Karte Hofacker's ist auch jener Gleisanschluß eingetragen, der in Oberbilk, abzweigend von der Köln-Mindener Verbindungsbahn offenbar an einer Wasserstation nicht weit von der heutigen Ronsdorfer Straße entfernt, zum Fabrikgelände der »Düsseldorfer Eisen- und Draht-Industrie« südlich der Erkrather Straße führt. Nachzutragen wäre auch ein älterer Gleisanschluß, der sich in Höhe der Graf-Adolf-Straße bei einer Kiesgrube im Gebiet des heutigen Hauptbahnhofs befindet.

Der Preußische Staat greift ein

Als am 7. Dezember 1835 die erste deutsche Eisenbahn von Nürnberg nach Fürth eröffnet wurde, konnte in England schon das zehnjährige Bestehen von Eisenbahnen gefeiert werden. Im Rheinland, das seit 1815 zum Königreich Preußen gehörte, entwickelten sich Eisenbahnen durch Privatinitiative in rascher Folge. Mit der fortschreitenden Entwicklung der einzelnen Eisenbahngesellschaften traten aber auch immer deutlicher die Mängel des Privatbahnsystems zutage. Im rheinisch-westfälischen Raum griffen die Netze der Bergisch-Märkischen, der Köln-Mindener und der Rheinischen Bahngesellschaft bei teilweise erheblichen Überschneidungen engstens ineinander. Auch im Gebiet von Düsseldorf jagten sich diese drei Gesellschaften gegenseitig die Reisenden und die Frachten ab. Konnte unter diesen Umständen eine Betriebsführung durch verschiedene Gesellschaften mit jeweils selbständiger Tarif- und Fahrplangestaltung an sich nicht im Sinne der Verkehrsnutzer sein, so war die in erster Linie auf den Wettbewerb untereinander abgestellte Politik der einzelnen Gesellschaften mit den öffentlichen Verkehrsinteressen schlecht zu vereinen. Sollte es in der Aufwärtsentwicklung der Eisenbahnen nicht zu einem Stillstand kommen und damit das bisher Erreichte in Frage gestellt werden, so mußten die Eisenbahnen des rheinisch-westfälischen Industriegebietes in eine Hand kommen, und das konnte nur die des Staates sein.

Die Verantwortlichen waren einsichtig genug, sich dieser gebieterischen Forderung nicht zu verschließen, und so kam es in den Jahren 1880 bis 1882 nacheinander zur Verstaatlichung der drei genannten Bahngesellschaften. Zum 1. Januar 1880 wurden die Köln-Mindener und die Rheinische Eisenbahngesellschaft verstaatlicht; am 1. Januar 1882 führte der Staat auch die Bergisch-Märkische Bahn in seinen Besitz über. Ohnehin übte der Preußische Staat seit Bestehen des ersten Preußischen Eisenbahngesetzes vom 3. November 1838 die behördliche Aufsicht über das gesamte Eisenbahnwesen aus. Die Übernahme der Privatbahnen kam für den Staat nicht überraschend, denn bei der Konzessionierung hatte er sich vorbehalten, die Bahnen nach 30 Jahren Betriebsdauer aufzukaufen und eines Tages ein eigenes Staatseisenbahnsystem aufzubauen. Bereits 1873 drängte ein parlamentarischer Untersuchungsausschuß den Preußischen Staat zur Übernahme privater Eisenbahnen und zum Bau von Staatsbahnen. Noch im gleichen Jahr wird in Berlin ein preußisches Eisenbahnamt gegründet. Die Amtsgründung war das Signal zur Verstaatlichung der Eisenbahnen. Sie wurde mit Umsicht betrieben und fand in der Bevölkerung breiten Zuspruch, denn das Durcheinander der Tarife und Fahrpläne war unerträglich geworden. Der damalige Staatsminister von Maybach zeigte viel Geschick im Umgang mit den Bahngesellschaften bei Entschädigungsverhandlungen. Ende 1879 gab es in Preußen 6200 Kilometer Staatsbahnen, 3500 Kilometer Privatbahnen unter Staatsverwaltung und noch 10000 Kilometer reine Privatbahnen. Diese Zahlen änderten sich 1885 in 21624 Kilometer Staatsbahnen und rund 1650 Kilometer Privatbahnen.
Noch bevor die Verstaatlichung einsetzte, schuf die Preußische Regierung im rheinisch-westfälischen Raum eine mit hoheitlichen Funktionen ausgestattete Eisenbahnbehörde. Sie entstand aus der Geldnot der Bergisch-Märkischen Eisen-

Düsseldorf um 1875. Rechts: Königsallee mit Exerzierplatz und Kavallerie-Kaserne; dahinter: Graf-Adolf-Platz mit Bergisch-Märkischem Bahnhof; hinten: Cöln-Mindener Bahnhof

bahngesellschaft heraus beim Bahnbau von Elberfeld nach Dortmund. Zwar wies die Eisenbahngesellschaft für 1849 einen buchmäßigen Überschuß von 33400 Mark aus, konnte aber weitere dringend erforderliche Finanzmittel nicht aufbringen, obwohl die Preußische Staatsbank, die »Seehandlung«, ihr beim Bahnbau mit einem Darlehen von 1,2 Millionen Mark geholfen hatte. Die Aktionäre der Gesellschaft und die Preußische Regierung schlossen einen Vertrag, der im wesentlich bestimmte, daß alle bisher den geschäftsführenden Organen der Gesellschaft übertragenen Aufgaben auf eine zu gründende staatliche Eisenbahndirektion übergehen sollten mit Ausnahme der Wahrung der Eigentumsrechte, die einer Deputation der Aktionäre vorbehalten blieb. Mit dem »Betriebsüberlassungsvertrag« übernahm der Preußische Staat am 23. August 1850 die Verwaltung der Bahn und richtete eine Aufsichtsbehörde unter dem Namen »Königliche Direction der Bergisch-Märkischen Eisenbahn« in Elberfeld ein, den Vorläufer der Königlichen Eisenbahn-Direktion Elberfeld und der späteren Eisenbahndirektion Wuppertal. Die preußische Eisenbahnbehörde nahm am 15. Oktober 1850 ihre Arbeit auf. Zwar bestanden andernorts schon einige Eisenbahndirektionen, darunter auch staatliche, aber die Elberfelder Direktion konnte als einzige von ihnen mit kaum verändertem Aufgabengebiet, wenn auch infolge der politischen Verhältnisse unter mehrfach wechselnden Namen, bis nach dem Zweiten Weltkrieg an Ort und Stelle ihre Arbeit fortsetzen. Düsseldorfs Eisenbahnnetz blieb der Eisenbahndirektion Elberfeld, der späteren Reichsbahn- und Bundesbahndirektion Wuppertal, immer unterstellt, bis diese am 1. Januar 1975 aufgelöst und für Düsseldorf die Bundesbahndirektion Köln zuständig wurde.

Im Jahre 1876 hatte der Elberfelder Direktionsbezirk mit einem Netz, das sich von der holländisch-belgischen Grenze zwischen Venlo und Aachen bis nach Mitteldeutschland bei Holzminden und Gerstungen erstreckte, seine größte räumliche Ausdehnung erreicht. Mit Übergang in staatliche Verwaltung setzte für die Bergisch-Märkische Ei-

Bahnübergänge um 1880. Oben: an der Bergisch-Märkischen Strecke in der Friedrichstadt/ Nähe Graf-Adolf-Platz; unten: an der Köln-Mindener-Strecke in Benrath

senbahn eine positive Entwicklung ein, indem sie Gewinne erzielen konnte. 1857 war die Düsseldorf-Elberfelder Eisenbahn und 1866 die Aachen-Düsseldorfer Eisenbahn in den Besitz der Elberfelder Direktion übergegangen. Die Aachen-Düsseldorfer Eisenbahngesellschaft hatte eine Verbindung von Aachen bis Neuss geschaffen, bei Oberkassel das Düsseldorfer Rheinufer erreicht und der Stadt Neuss den Anschluß an das westeuropäische Eisenbahnnetz beschert. Als Mittler zwischen der Eisenbahndirektion und den Außenstellen wurden alsbald Eisenbahnkommissionen eingerichtet, darunter eine in Düsseldorf, die etwa die Befugnisse der späteren Betriebs-, Maschinen- und Verkehrsämter besaß und mit weitgehenden Vollmachten ausgestattet war.

Der Weg für die Ausgestaltung eines einheitlichen Netzes von mehr als 3700 Kilometer Strecke in der Rheinprovinz samt festem und rollendem Material wurde bei der Verstaatlichung durch Entschädigungszahlungen in Höhe von 1,7 Milliarden Mark geebnet. Nun erkannten die großen Städte ihre Chancen. Düsseldorf befand sich in einer außerordentlich starken wirtschaftlichen Entwicklung und strebte eine tiefgreifende städtebauliche Neuordnung an. Die Stadt sollte zur Großstadt werden. Zu den zentralen städtebaulichen Aufgaben gehörte auch die Bereinigung der Bahnanlagen und Schaffung eines zentralen leistungsfähigen Bahnhofs. Düsseldorf wollte die störenden Eisenbahnanlagen vom Südende der Königsallee entfernen und suchte nach einem neuen Standort für den Zentralbahnhof. Zudem wurden die höhengleichen Kreuzungen von Schiene und Straße – die Bahnübergänge – im Stadtgebiet immer störender, denn sie behinderten den rasch anwachsenden Verkehr der Fußgänger und Pferdewagen. Endlich, im Frühsommer 1882, wurde Düsseldorf Großstadt mit 100000 Einwohnern. Bis zur Jahrhundertwende wuchs die Einwohnerzahl auf 213711 an, und die Zahl der Wohnhäuser erhöhte sich in den Jahren 1882 bis 1900 von 8200 auf 44000.

Um eine städtebauliche und eisenbahntechnische Neuordnung zu erreichen, wurden Stadtplaner und Eisenbahningenieure eingeschaltet. Im Juni 1884 legten I. C. Conrath, F. Andreas Meyer und Hermann Josef Stübben ein gemeinsames Gutachten vor, aus dem im Januar 1885 der neue Düsseldorfer Bebauungsplan hervorging und der die dritte Stadterweiterung des 19. Jahrhunderts einläuten sollte. Das Stadtvermessungsamt stellte 1890/91 den »Plan von Düsseldorf« im Maßstab 1:10000 vor als Mischung einer Stadtkarte mit Katasterunterlagen und Bebauungsplan. 1902 entstand ein weiterer Stadtplan im Maßstab 1:10000, aus dem die Entwicklung der Stadt und ihre Öffnung zum Rhein deutlich wurden. Zum Dreh- und Angelpunkt für die Stadterneuerung und Neuordnung der in den Händen des Preußischen Staates befindlichen Eisenbahnanlagen sollte alsbald der Bau eines neuen »Central Personen Bahnhofs« in Düsseldorf werden.

Bereinigung des Eisenbahnnetzes nach Entstehen des Hauptbahnhofs um 1891 ▷

PLAN
von
DÜSSELDORF
Maassstab 1:10000
Angefertigt durch das städt. Vermessungsamt im Jahre 18 90/91
Walraff
Stadtgeometer.
Kaiserswerth
Stockum
Golzheim
Obercassel
Stadtischer Hafen
Unterbilk
Flingern
Flingerbroch
Mörsenbroch
Grafenberg
Eierenfeld
Klein Eller
Hamm
Stoffeln
Flehe
Volmerswerth
Wersten
Bürgermeisterei Benrath
NORD.
OST.
WEST.
SÜD

3. Ein »Central Personen Bahnhof« entsteht

Auf der Suche nach einem geeigneten Standort

Die drei ersten, von privaten Bahngesellschaften in Düsseldorf errichteten Personenbahnhöfe lagen weit auseinander. Von Eingangshalle zu Eingangshalle mußten die Reisenden zwischen dem 1838 entstandenen Bergisch-Märkischen und dem benachbarten 1845 erbauten Köln-Mindener Bahnhof rund 200 Meter zurücklegen. Der dritte 1876 in Betrieb genommene Rheinische Bahnhof in Derendorf am Wehrhahn war von den erstgenannten, südlich der Königsallee befindlichen Bahnhöfen rund 2200 Meter entfernt. Bereits 1875 planten die Rheinische und die Köln-Mindener Bahngesellschaft einen gemeinsamen Bahnhof am Wehrhahn, dessen Standort durch großen Grundbesitz zwischen der Buscher Mühle und der Grafenberger Allee gesichert erschien. Die Zusammenlegung der alten Bahnhöfe am Südende der Königsallee kam für die Preußische Staatsbahn nicht in Frage, denn störend waren die in Straßenhöhe gelegenen Gleise mit den zahlreichen Bahnübergängen und der Fahrtrichtungswechsel, verbunden mit Lokomotivwechsel (das »Kopfmachen«) im Streckenverlauf zwischen Köln und Duisburg. Auf der Suche nach einem geeigneten Standort für einen Hauptbahnhof fiel der Blick auf ein Gelände etwa 800 Meter östlich des Graf-Adolf-Platzes, wo bislang Sand und Kies abgebaut wurden. Dort, am Rande der städtischen Bebauung, konnten sich die neuen Eisenbahnanlagen ausbreiten, wie schon im »Stübben-Plan« 1884 vorgesehen war.
Mit der Planung und Entwurfsbearbeitung wurde die Eisenbahndirektion Elberfeld vom preußischen Minister für Handel, Gewerbe und öffentliche Arbeiten beauftragt. Sie erstellte die Entwürfe in den Jahren 1880 bis 1881. Die Planer hatten sich neben dem Bau eines neuen Hauptbahnhofs auch eine weitreichende Umgestaltung der Bahnanlagen vorgenommen, denn sie wollten den Personen- und Güterverkehr trennen, überflüssige Bahnhöfe und Strecken auflassen und notwendige Güterverkehrsanlagen ausbauen. Überflüssig erschienen unter anderem die Personenbahnhöfe der Bergisch-Märkischen und der Köln-Mindener Bahn südlich der Königsallee, der Rheinische Bahnhof in Gerresheim und der Bergisch-Märkische in Rath. Derendorf sollte der zentrale Güterbahnhof werden, Grafenberg und Lierenfeld künftig dem Wagenladungsverkehr und den zahlreichen Gleisanschlüssen dienen und der neue Hauptbahnhof die Behandlung von Eilstückgut übernehmen. Für die aus Richtung Köln kommenden Züge war eine neue zweigleisige Strecke geplant. Diese sollte etwa an der Karl-Geusen-Straße von der Köln-Mindener-Strecke bei Block »Eller« nach Westen abzweigen, nördlich des Volksgartens vorbeiführen und

SCHNITT AB

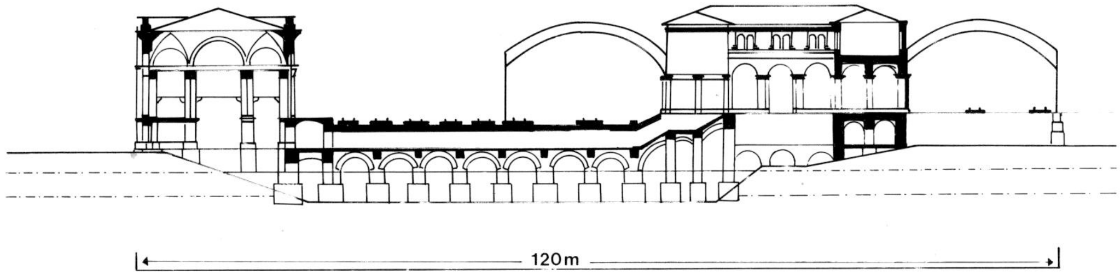

SCHNITT CD

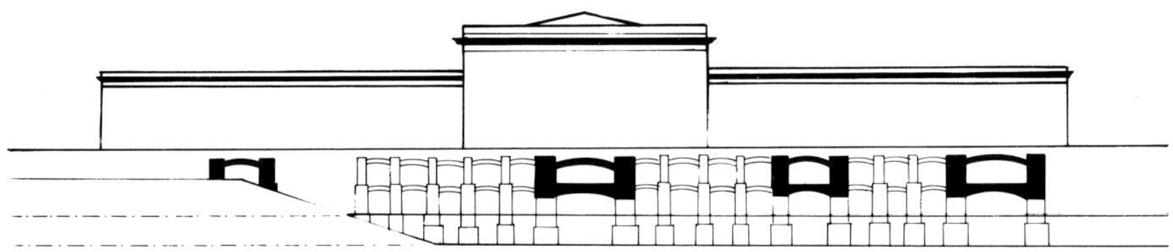

SCHNITT EF

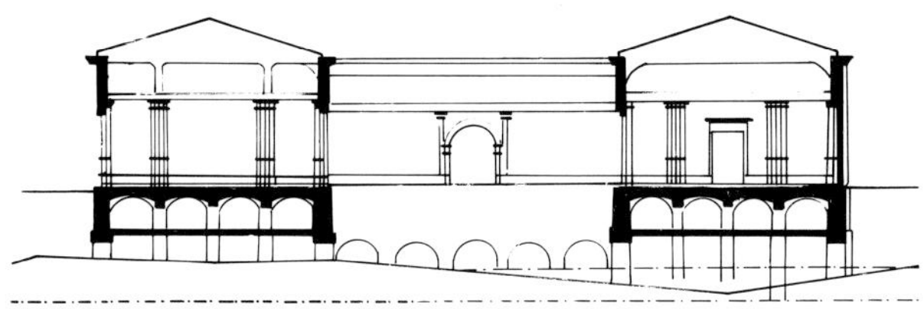

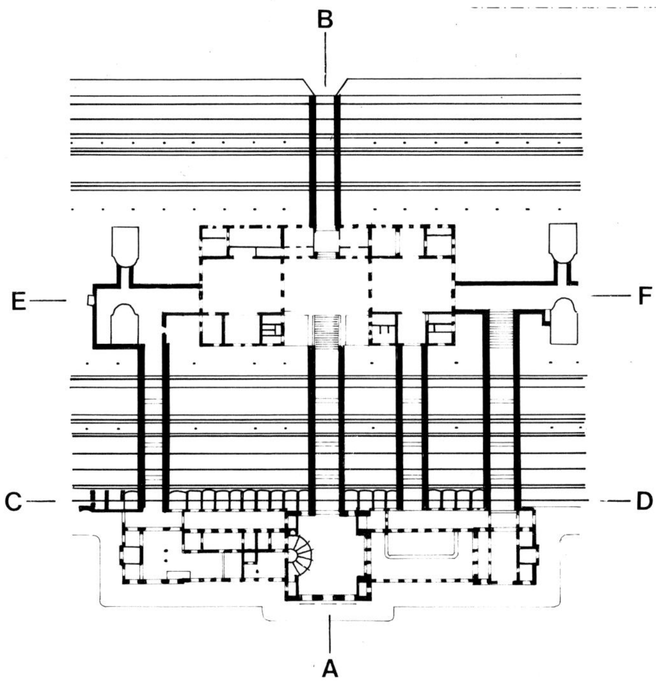

Grundriß des Hauptbahnhofs von 1891

Querschnitt AB durch Empfangs- und Wartesaalgebäude, Längsschnitt CD durch Bahnanlagen hinter dem Empfangsgebäude und Längsschnitt EF durch Wartesaalgebäude

nach Kreuzen der Oberbilker Allee von Süden her in den Hauptbahnhof einmünden. Um den Streckenverlauf über die Haroldstraße, den Graf-Adolf-Platz und die Graf-Adolf-Straße aufgeben zu können, wurde im Stadtteil Bilk eine Ersatzstrecke mit Kreuzen der Volmerswerther Straße, Friedrichstraße und Hüttenstraße vorgesehen. Auch diese sollte den Hauptbahnhof von Süden her erreichen. Nordöstlich des Hauptbahnhofs war ein Verbindungsbogen zur Bergisch-Märkischen Strecke in Gerresheim geplant, so daß die Züge Richtung Elberfeld die Gerresheimer Straße und Dorotheenstraße zu überqueren und an den Stadtwerken vorbei parallel zur Höherhofstraße zu fahren hatten. Für die Umgestaltung der Bahnanlagen im Raume Düsseldorf standen 16,3 Millionen Mark zur Verfügung. Bei der Veräußerung nicht mehr benötigter Grundstücke sollten rund sechs Millionen Mark erlöst werden.

Der Bahnhofsbau beginnt

Nachdem die umfangreichen Entwürfe geprüft, die benötigten Mittel bereitgestellt und am 1. März 1884 eine Eisenbahnbauabteilung in Düsseldorf gegründet worden waren, rückten im Jahre 1885 die ersten Baukolonnen am Standort des künftigen »Central Personen Bahnhof« an, wie er damals offiziell hieß. Zunächst mußte die alte Kiesgrube verfüllt werden. Dann wurden etwa 4,0 Meter hohe Bahndämme für die neuen Gleisanlagen aufgeschüttet. Anschließend entstanden das neue Empfangsgebäude am Bahnhofsvorplatz und das Wartesaalgebäude inmitten der Bahnsteige. Das etwa 115 Meter lange Empfangsgebäude wurde aus feinkörnigem Sandstein der Rheinpfalz erbaut und mit sauber ausgeführten Feinheiten der Steinmetzkunst verziert. Ursprünglich war eine größere Bauhöhe geplant; sie scheiterte an den *»besonderen Verhältnissen«*, wie es in den historischen Quellen heißt. Später schrieb Kubinszky über den Neubau: *»Die Architektur des Empfangsgebäudes zeigt eine gemäßigte Ornamentik und gute Proportionen der Eklektik; aus dem langen Verbau treten die Vorhalle und die Eckbauten – Ausgangshalle und Post – hervor.«* Eklektizismus bedeutet bekanntlich den Rückgriff auf Stilmittel verschiedener früherer Künstler oder Epochen mangels eigenschöpferischer Leistung. An anderer Stelle ist das Empfangsgebäude für ihn wegen seiner Fassade und Baumassengliederung ein *»typisches Beispiel für die historisierende Eklektik des späten 19. Jahrhunderts«.*

Links neben dem dreitürigen Eingang konnten die Reisenden an einem halbkreisförmigen Stand in der Eingangshalle ihre Fahrkarten kaufen; rechts gelangten sie in die Gepäckhalle mit Gepäckannahme und -ausgabe. Südlich an der Gepäckhalle grenzte eine Ausgangshalle an. Der nördli-

Fahrkartenschalter im neuen Empfangsgebäude für I. bis IV. Klasse um 1891

Empfangsgebäude des neuen Hauptbahnhofs mit Pferdebahnwagen auf dem Wilhelm-Platz um 1895

che Teil des Empfangsgebäudes diente der Postverwaltung und enthielt außerdem die Stationskasse. Auch Diensträume für die Bahnmeisterei, Versammlungssäle und eine Dienstwohnung waren im Empfangsgebäude untergebracht. Durch einen 6,50 Meter breiten Tunnel führte der Weg unter den Gleisen hindurch zu dem riesigen Wartesaalgebäude mit 70,30 Meter Länge und 33,80 Meter Breite auf dem hochliegenden Hauptbahnsteig. Es ragte wie auf einer Insel aus dem Gleisfeld hervor. Über Treppen stieg man zu einem Lichthof von 23,60 Meter Seitenlänge hinauf, wo südlich die Wartesäle I. und II. Klasse, gegenüber die der III. und IV. Klasse anschlossen. Das große, hufeisenförmige Dienst- und Wartesaalgebäude enthielt Räume für den Stationsvorstand, den Telegraphen-Dienst, einen Speisesaal, ein Kaiser-Zimmer, Sitzungszimmer und Nebenräume. Ein großer, rund 50 Meter breiter und 400 Meter langer Inselbahnsteig umschloß das Gebäude von allen Seiten. Je zwei Aborträume und je ein Aufenthaltsraum für Zugpersonal und Bahnarbeiter ergänzten die Anlage außerhalb des Gebäudes.

Ankommende Reisende mußten den Ausgangstunnel zur Ausgangshalle benutzen, abfahrende den Eingangstunnel. Zwischen Eingangs- und Ausgangstunnel diente ein 5 Meter breiter Gepäcktunnel dem Gepäcktransport. Die Post hatte ihren eigenen, ebenfalls 5 Meter breiten Posttunnel am nördlichen Ende des Empfangsgebäudes. Sie transportierte ihr Postgut in das Wartesaalgebäude. Unter dem Hauptbahnsteig waren der Gepäck- und Posttunnel durch einen Quertunnel verbunden und an beiden Kopfseiten des Wartesaalgebäudes mit Aufzügen ausgestattet, die von

Wasserkraft angetrieben wurden. Der Quertunnel sollte die Bahnsteige von Gepäckkarren entlasten, so daß besondere Gepäckbahnsteige nicht erforderlich erschienen.
Sämtliche Tunnel unterquerten die sechs Durchgangsgleise zwischen dem Empfangs- und Wartesaalgebäude. Östlich des Hauptbahnsteigs vervollständigten weitere drei Durchgangsgleise die Bahnanlagen. Seitlich davon lag je ein rund 6 Meter breiter Seitenbahnsteig, der nur durch nutzten das Gleis 1 o, Richtung Minden 2 o, Richtung Elberfeld 1 w und Richtung Neuss 2 w. Güterzüge zwischen Neuss und Wehrhahn (-Derendorf) fuhren über die Gleise 3 w und 4 w; die übrigen Durchgangsgleise, nämlich Gleis 3 o sowie 5 w und 6 w, dienten als Überholungs- sowie als Verkehrsgleise für Rangier- und Lokomotivfahrten. Aus dem Lageplan des Bahnhofs geht hervor, daß westlich des Wartesaalgebäudes ein weiteres Durchgangsgleis und östlich davon

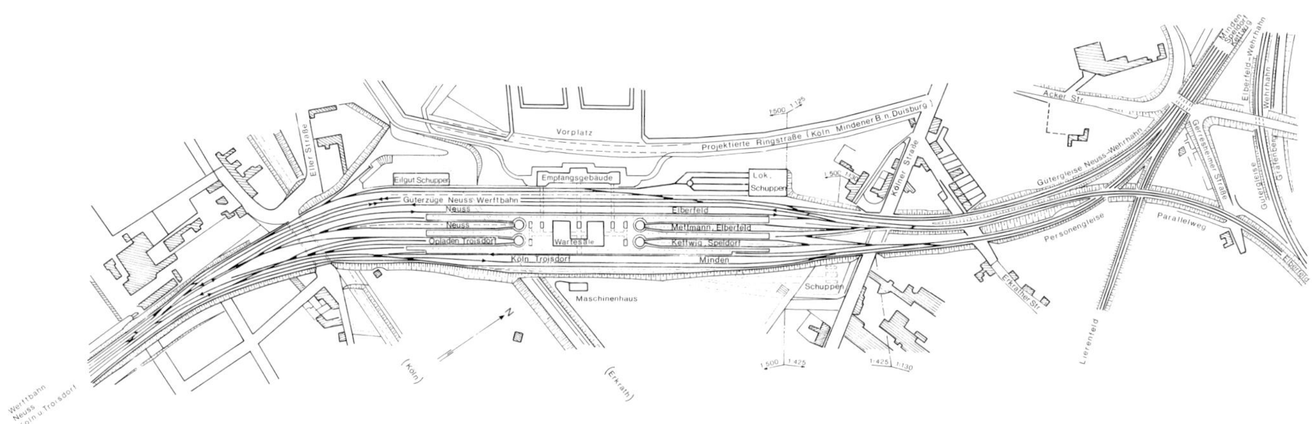

Gleisplan des 1891 eröffneten »Central Personen Bahnhofs« (Hauptbahnhof). In Klammer: ehemalige Bahntrassen

Überschreiten der Gleise 1 w und 1 o erreichbar war. Über den Mittelbahnsteig spannte sich eine zweischiffige, jeweils 18 Meter weite Bahnsteighalle, über die Gleise 1 w und 2 w sowie 1 o und 2 o wölbte sich je eine weitere Halle von 21 Meter Spannweite. Ein sogenannter »Wirtschaftstunnel« stellte die Verbindung mit den östlich des Bahnhofs gelegenen Bahnanlagen her. Sehr zum Verdruß der Stadtväter wurde der Wirtschaftstunnel nie als öffentlicher Durchgang nach Osten ausgebaut, obschon eine solche Verbindung von der Stadt gewünscht worden war.
Personenzüge Richtung Köln und Troisdorf benoch zwei andere Gleise projektiert waren, die erst später angelegt wurden. Anfangs standen jedenfalls neun durchgehende Gleise mit zahlreichen Weichenverbindungen zur Verfügung. Vor Kopf des Inselbahnsteigs befanden sich sechs Zungenbahnsteige. Zwischen den Bahnsteigzungen wurden je zwei Gleise mit einem großzügig bemessenen Achsabstand von 12 Meter vorgesehen. Der weite Abstand gestattete später das Einfügen eines zusätzlichen Gleises in den Zwischenraum. An den südlichen Bahnsteigzungen wurden Züge Richtung Neuss, Opladen und Troisdorf und an den nördlichen Züge der Rich-

tung Mettmann, Elberfeld, Speldorf und Kettwig abgefertigt. Für den Lokomotivwechsel wurden am Ende der Bahnsteigzungen insgesamt vier Drehscheiben eingebaut, so daß die Lokomotiven nach Verlassen der Drehscheiben auf dem benachbarten Gleis am Wagenpark vorbeifahren konnten. Zu dem rund 1250 Meter langen und 120 Meter breiten Hauptbahnhof gehörten auch ein Lokomotivschuppen auf der Nordwestseite mit vier Schuppengleisen und 14 Standplätzen, eine Drehscheibe sowie Lokomotivversorgungs- und Wartungsanlagen. Auf der gleichen Bahnhofsseite, aber in südlicher Richtung verschoben, lag ein Eilgutschuppen mit Rampen, die unter anderem der Milchverladung dienten. Der Eilgutschuppen war über eine ansteigende Zufahrt von der Graf-Adolf-Straße aus erreichbar. Östlich des Bahnhofs befand sich am Ende des Versorgungstunnels ein Kesselhaus zum Beheizen der Bahnhofsgebäude. Streng genommen war der Hauptbahnhof eine Mischung aus Personen-, Güter- und Abstellbahnhof mit Lokomotiv- und Wagenbehandlungsanlagen.

Sämtliche querenden Straßen, wie Eller-, Kölner-, Erkrather- und Gerresheimer Straße erhielten Eisenbahnüberführungen, denn die neuen Anlagen waren hoch gelegt worden. Trotz ihrer Hochlage mußten die querenden Straßenzüge mit Neigungen von etwa 1:30 bis 1:40 abgesenkt werden. Eine gegensätzliche Lösung kam an der Ackerstraße zustande, wo die Straße mit 1:30 bis 1:40 Neigung über die Gleise hinweggeführt wurde. Der Straßenzug überquerte die zweigleisige Güterzugstrecke Neuss – Wehrhahn, die zweigleisige Personenzugstrecke Düsseldorf – Minden / Speldorf / Kettwig, die beiden Güterzuggleise Lierenfeld – Wehrhahn (-Derendorf) und mit einem weiteren Brückenbauwerk etwa 60 Meter östlich die Güterzuggleise Elberfeld – Wehrhahn sowie Grafenberg – Wehrhahn. Die zweigleisige Personenzugstrecke Richtung Elberfeld führte vom Hauptbahnhof aus auf einer Rampe mit 1:125 Neigung über die Personenzugstrecke Richtung Minden / Speldorf / Kettwig und die Güterzugstrecke Lierenfeld – Wehrhahn und berührte in Flingern die Güterzuggleise Richtung Elberfeld und Grafenberg.

»Die gesamte bisher beschriebene Anlage zeichnet sich durch ihre Übersichtlichkeit und betriebsgerechte Anordnung vorteilhaft aus«, hieß es in einem Vortrag aus der damaligen Zeit. An anderer Stelle wurde ausgeführt: *»In Bezug auf die Bewährung des eigenartig und ohne Anlehnung an bestimmte Vorbilder gestalteten Wartesaal-Inselgebäudes kann füglich ein bestimmtes Urteil erst auf Grund längerer Erfahrungen gefällt werden.«*

Trotz aller Freude über die gelungene Planung des neuen Bahnhofs gab es offenbar auch Zweifel wegen der verschlungenen Wege beim Zu- und Abgang vom und zum Bahnhofsvorplatz oder beim Umsteigen an den Bahnsteigen, denn in einem Schriftstück heißt es: *»Geeignete Richtungsschilder und die mündlichen Anweisungen des Pförtners werden ... den Reisenden in ausreichender Weise zu leiten haben«;* und weiter ist für uns heute lächelnd zu lesen: *»Die wechselartige Benutzung der beiden Personentunnel zum Zu- und Abgang wird voraussichtlich durch das Bedürfnis herbeigeführt werden.«*

Das erste Empfangsgebäude, das bis Mitte der dreißiger Jahre bestand, lag anfangs auf freiem Feld. Im Hintergrund zeichneten sich die Schornsteine der Industriewerke von Oberbilk ab. Lediglich ein geplantes Kaiser-Wilhelm-Denkmal, das aber nicht ausgeführt wurde, sollte die Stadtnähe andeuten. Die Platzfrage für dieses Reiterstandbild war damals heiß umstritten. Die Befürworter des Standorts am Hauptbahnhof wiesen darauf hin, daß in spätestens zehn Jahren das unter einer mustergültigen Verwaltung mächtig emporstrebende Gemeinwesen – die Stadt Düsseldorf – im Hauptbahnhof einen neuen Mittelpunkt haben werde, wie der Düsseldorfer Zeitung vom 2. Oktober 1891 sinngemäß zu entnehmen ist.

Andere Stimmen, die einmal vorgeschlagen hatten, die Eisenbahn über die Königsallee durch den Hofgarten zu führen, um den Reisenden einen *»hübschen Anblick«* zu bieten, benörgelten die *»stadtferne Lage des neuen Hauptbahnhofs, dessen Empfangsgebäude nur langsam vollendet werden konnte«.*

Einprägsam wird die letzte Fahrt der Düsseldorfer vom alten Bergisch-Märkischen Bahnhof am Graf-Adolf-Platz zum neuen »Central Personen Bahnhof« in einem Zeitdokument wie folgt geschildert: *»Der alte Bergisch-Märkische Bahnhof war in vergangener Mitternachtsstunde von einer Menschenmenge besucht, welche den letzten Zug, welcher diesen Bahnhof verließ, abfahren sehen wollte. Im Wartesaal herrschte eine sehr animierte Stimmung, und einmütig wurde das Lied gesungen: ›So leb denn wohl, du stilles Haus.‹ Dem Herrn Bettelhäuser, welcher über zwanzig Jahre die Restauration des Bahnhofes zur allgemeinen Zufriedenheit geführt hat, wurde ein Hoch ausgebracht und der Inhalt des Bufetts meistbietend versteigert. Der mit üblicher Verspätung von Neuss eintreffende Zug wurde mit stürmischem Hurra begrüßt und die Coupés in kürzester Zeit von etwa 400 Personen gestürmt, welche die letzte Fahrt zum Hauptbahnhof mitmachen wollten. Der Jubel erhob sich wieder, als das Abschiedssignal gegeben wurde, welcher aber in den drei letzten Wagen bald verstummte, als die Insassen merkten, daß die Wagen irrtümlicherweise abgehängt worden waren. Der übrige Teil des Zuges dampfte zum neuen Bahnhof hinaus, wo derselbe von dem auch hier zahlreich versammelten Publikum mit donnerndem Hurra begrüßt wurde. Nicht lange dauerte es, so war der dortige Wartesaal vollständig gefüllt, und Wirt und Kellner hatten vollauf zu tun, um die große Schar der Durstigen zu befriedigen. Ein redegewandter Herr ließ ›unsere neuen Verhältnisse‹ hochleben (natürlich meinte er unsere Eisenbahnverhältnisse), und noch lange blieb die Gesellschaft in lustiger Stimmung zusammen.«*

Auswirkungen bis weit ins Umland

Bei der tiefgreifenden Umgestaltung der Bahnanlagen, die für ein Jahrhundert die Eisenbahngeschichte der Landeshauptstadt bestimmen sollte, war es ganz natürlich, daß die Inbetriebnahme des neuen Bahnhofs und der Verbindungsstrekken sowie die Stillegung der alten Eisenbahnanlagen nur schrittweise vollzogen werden konnten.

In zeitlicher Reihenfolge betrachtet wurde zunächst die eingleisige Strecke von Derendorf nach Rath zweigleisig ausgebaut, dann von 1886 bis 1887 der Güter- und Rangierbahnhof Lierenfeld umgebaut und 1887 mit dem Bau des Güterbahnhofs Derendorf begonnen. Schwierig war – wie fast immer bei Umbaumaßnahmen an Eisenbahnanlagen – die Aufrechterhaltung des Zug- und Rangierbetriebs. In Derendorf gelang die Überführung des Straßenzuges Düsselthaler Straße – Rethelstraße nur mit großen Schwierigkeiten. Das neue Brückenbauwerk von 176,5 Meter Länge wurde abschnittsweise bis 1889 vollendet und ermöglichte den Zugang zum neuen Personenbahnhof Derendorf, der am 22. Juli 1889 eröffnet wurde. Ab 1. November 1890 fuhren keine Güterzüge mehr in den Köln-Mindener-Bahnhof an der Königsallee, da die neuen Güterbahnhöfe Derendorf und Bilk ihren Betrieb aufnahmen. Am 1. April 1891 stellte auch der Bergisch-Märkische Bahnhof den Güterverkehr ein, da die Güterzüge zwischen Neuss und Gerresheim die neuen Verbindungsgleise nach Derendorf benutzten. Ab Derendorf fuhren Güterzüge nach Grafenberg über eine neue Verbindungskurve an der Hoffeldstraße. Nach Auflassen des Bergisch-Märkischen Bahnhofs in Rath entfiel der Streckenabschnitt der ehemaligen Unteren Ruhrtalbahn nördlich von Grafenberg, so daß auf dem einstigen Bahnkörper 1897 die Straßenbahn zwischen Düsseldorf und Ratingen in Verlängerung der heutigen Simrock- und Wilhelm-Ungerer-Straße ihren Betrieb eröffnen konnte. Am 1. Juli 1891 schlossen auch die Bergisch-Märkischen Personenbahnhöfe Rath und Grafenberg, die erst 1872 eröffnet worden waren. Das gleiche Schicksal teilte der Personenbahnhof Gerresheim der ehemaligen Rheinischen Bahn.

Noch vor Fertigstellung des Hauptbahnhofs beschloß die Stadtverordnetenversammlung von Düsseldorf den Bau eines neuen Hafens im großen Knie des Rheins. Auch die Eisenbahn war zur Stelle, als der Hafen 1896 eröffnet wurde. Ein eigener Hafenbahnhof diente der Übergabe von Zügen zwischen der Staatsbahn und der Hafenbahnbetriebsgesellschaft, die die Betriebsführung an den Lagerhallen und Kaimauern übernommen hatte.

Mit Ungeduld wartete die Nachbarstadt Neuss auf das Startsignal aus Berlin zur Bereinigung auch ihrer Bahnanlagen. 1886 protestierte die Industrie- und Handelskammer Neuss in Berlin. Sie klagte die prinzipielle Vernachlässigung des linken Niederrheins durch Preußen an. Die vielen Bahnübergänge innerhalb des Stadtgebietes wirkten auch in Neuss hemmend auf die weitere Entwicklung des Verkehrs. Nachdem die Bereinigung des Düsseldorfer Eisenbahnnetzes fortgeschritten war, legte die preußische Eisenbahnverwaltung 1891 für Neuss erste Pläne vor. Sie wurden von den Neussern jedoch nicht gutgeheißen, so daß umfassende Diskussionen einsetzten. Den Stadtvätern ging es hauptsächlich um eine ausreichende Breite der geplanten Straßenunterführungen beim Hochlegen der Gleise auf Dämme und Kunstbauwerke. 1899 konnten die mit 12 Millionen Mark veranschlagten Arbeiten an den Bahnanlagen beginnen, nachdem sich Bahn und Stadt einig waren und einen Vertrag unterzeichnet hatten.

Nach dem Umzug in den Hauptbahnhof hatten die traditionsreichen Bahnhofsgebäude am Südende der Königsallee ausgedient. Der sparsame preußische Fiskus veräußerte den Grund und Bo-

Skizze des Eisenbahnnetzes in Düsseldorf mit Angaben über Streckeneröffnung (o) und -stillegung (+).

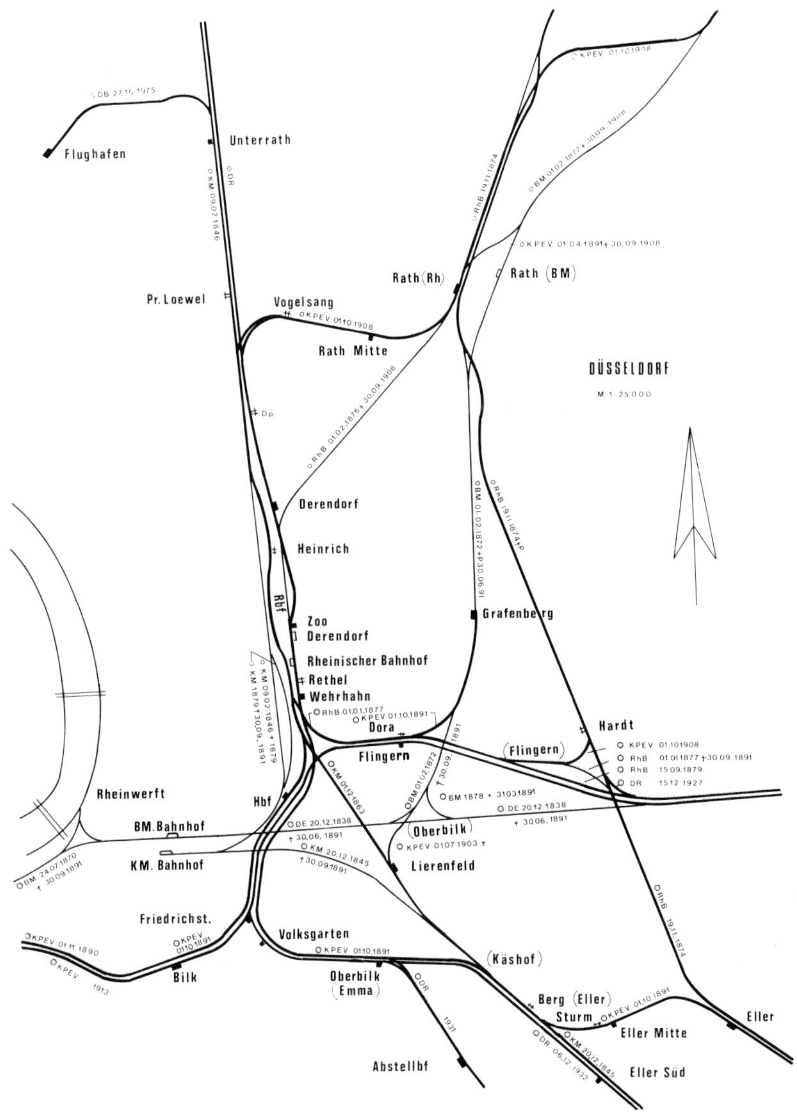

Abkürzungen: BM = Bergisch-Märkische Bahn, DE = Düsseldorf-Elberfelder Bahn, DB = Deutsche Bundesbahn, DR = Deutsche Reichsbahn, KM = Köln-Mindener Bahn, KPEV = Königl. Preuß. Eisenbahn Verwaltung, RhB = Rheinische Bahn

den mit allen Gebäuden, so daß kommerzielle Interessen auch das Schicksal des Bergisch-Märkischen Bahnhofsgebäudes besiegelten. Heute würde man aus Gründen der Denkmalpflege vielleicht anders handeln; damals wurden die Grundstücke abgeräumt und das 1874 mit jener schönen Säulenfront ausgestattete Bahnhofsgebäude, ein Wahrzeichen der Stadt, 1893 abgerissen, obschon einige wenige Bürger dies verhindern wollten. Das weitläufige Gebiet, welches von der Friedrichstraße, Luisenstraße, Bahnstraße, Karlstraße und dem Hauptbahnhof begrenzt wird, öffnete sich für eine städtische Bebauung. Der Stadtteil Friedrichstadt konnte sich nunmehr frei entfalten. Das ehemalige Empfangsgebäude des Bergisch-Märkischen Bahnhofs, »*dessen stattliche Vorhalle im Frühling einem Eingangstor mit dem wundervollen Blicke auf den grünen Hofgarten glich*«, wie der damalige Beigeordnete Geusen schrieb, wich am Graf-Adolf-Platz dem Durchbruch der Königsallee zur Luisenstraße. Die frei gewordenen Flächen des ehemaligen Köln-Mindener Bahnhofs nutzten die Landesversicherungsanstalt Rheinprovinz 1896 zum Bau eines Verwaltungsgebäudes wie auch die von Koblenz nach Düsseldorf verlegte Provinzial Feuerversicherung.

Erste Erweiterungen zu Beginn der Jahrhundertwende

Schon zehn Jahre nach Eröffnung des »Central Personen Bahnhofs« Düsseldorf mehrten sich Stimmen, die mit den neuen Eisenbahnanlagen unzufrieden waren. Der General-Anzeiger druckte am 24. September 1901 eine Zuschrift ab, aus der folgende Sätze stammen: »*Wer vor längeren Jahren mit der Eisenbahn in die Stadt Düsseldorf hineinfuhr, namentlich in der Richtung von Neuss am Schwanenspiegel vorbei, und bei Verlassen des Zuges den schönen Blick auf die Königsallee hatte, mußte zu der berechtigten Ansicht kommen, daß Düsseldorf eine sehr schöne Stadt sei, die eine ganze Reihe von Vorteilen anderen Städten gegenüber aufzuweisen habe... Nun mußte doch jeder Fremde annehmen, daß der neue Centralbahnhof bei Weitem besser und zweckmäßiger sei, als es die früheren Bahnhöfe waren. Das ist aber leider nicht der Fall.*« Der Verfasser dieser Zuschrift bemängelt auch die zu weiten Wege auf den Bahnsteigen, die fehlenden Gepäckträger, die Unbequemlichkeiten bei der Benutzung der Waschräume und des Telephons sowie die ungenügende Beleuchtung der Verkehrsflächen im Bahnhof und außerhalb. Nachdem auch die Droschkenkutscher kritisiert werden, schließt der Zeitungsbericht in der Hoffnung, daß »*Düsseldorf, die Hauptstadt des bedeutendsten Regierungsbezirks Deutschlands, binnen kurzem Bahnhofsverhältnisse bekommt, welche annähernd dem Bedürfnis und der Größe Düsseldorfs entsprechen*«.

Aus einem Sitzungsprotokoll des Verkehrsausschusses der Stadtverordnetenversammlung greift der General-Anzeiger am 18. Oktober 1906 folgende Gedanken auf: »*Die letzten großen Erweiterungen der Bahnanlagen aus den Jahren 1885 bis 1891 haben nicht genügend die Forderungen der Stadt berücksichtigt. Ungenügend ist die Zahl der Bahnkreuzungen im Osten der Stadt. Der Güter- und Rangier-Bahnhof Derendorf schiebt sich in störender Weise zwischen die nördlichen Stadtteile. Der Güterverkehr durchgehender Massengüter macht die Anlage von Umgehungsbahnen zur zwingenden Notwendigkeit.*« Schließlich wird der Eisenbahnverwaltung in einem Artikel des General-Anzeigers vom 22. Januar 1907 vorgehalten, daß sie Pläne zur Umgestaltung der Eisenbahnanlagen besäße und nun endlich bekanntgeben müsse, denn die Stadt wünscht, daß ihre öffentlichen und städtischen Interessen genügend Berücksichtigung finden. Wenn in den Städtischen

Nachrichten vom 8. Januar 1907 gar zu lesen ist: *»Der Hauptbahnhof entspricht nicht mehr dem Bedürfnis. Wie aber soll er erweitert werden?«*, so eilt die Fragestellung der Zeit weit voraus. Aber zumindest zeichnet sich schon die Entwicklung der nächsten Jahrzehnte ab, denn in den Städtischen Nachrichten wird damals schon auf eine Erweiterung des Hauptbahnhofs, eine eventuelle Vorverlegung des Empfangsgebäudes, einen Ausgang nach Oberbilk und die Verlegung der Güterzugstrecke Troisdorf – Speldorf (Mülheim) hingewiesen.

Die ersten Umbauten des Hauptbahnhofs setzten bereits zehn Jahre nach seiner Inbetriebnahme ein, um das für die Reisenden zwar bequeme, aber nicht ungefährliche Überschreiten der Gleise zwischen dem Wartesaalgebäude und den Außenbahnsteigen zu unterbinden. Die Beseitigung der schienengleichen Bahnsteigzugänge geschah auch unter dem Druck des erwarteten Verkehrsaufkommens anläßlich der 1902 anberaumten Düsseldorfer Gewerbeausstellung. Zunächst wurden Gepäck-, Ausgangs- und Posttunnel nach Osten verlängert und bis Bahnsteig 4 durchgestreckt. Der Eingangstunnel besaß ohnehin schon eine Verbindung zur Ostseite des Bahnhofs. Gleichzeitig wurden die Gepäckaufzüge versetzt und die Treppenanlagen zu den

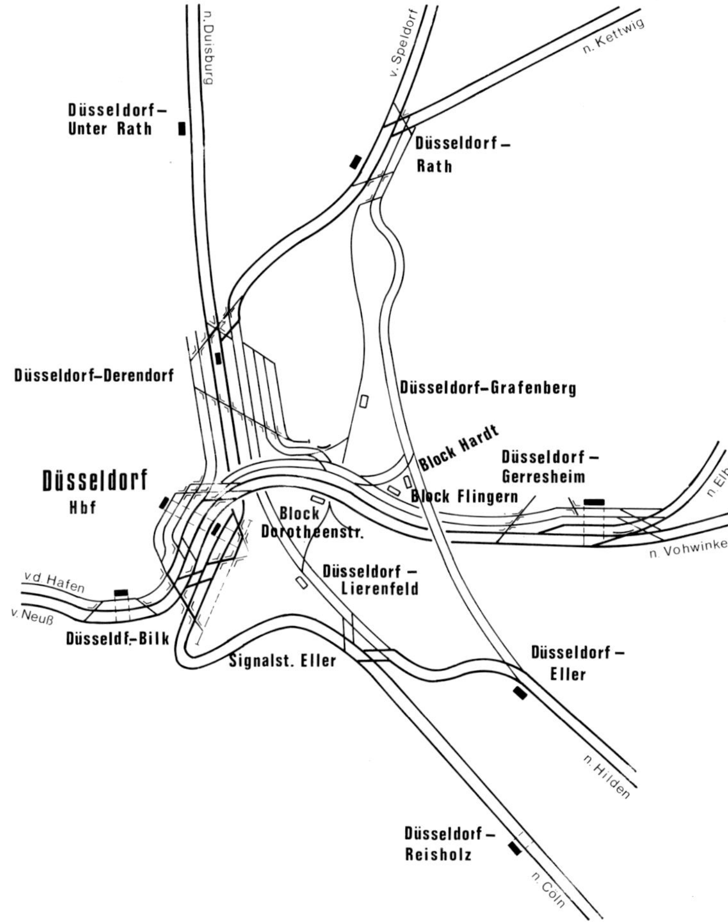

Eisenbahnnetz Düsseldorf um 1911

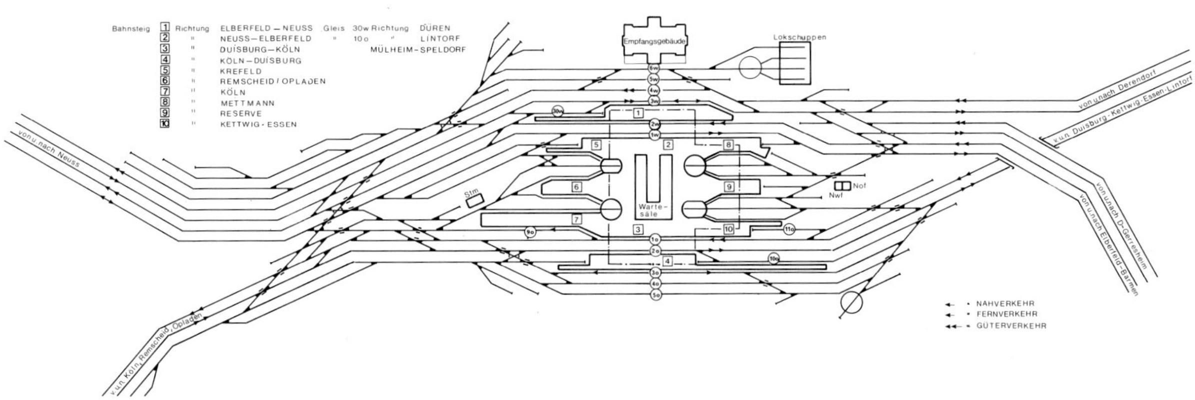

Gleisplan des Hauptbahnhofs um 1914

Bahnsteigen hergerichtet, wobei besondere Bahnsteige zur Gepäck- und Postverladung entstanden. Die Bahnsteige 1 und 4 gelangten in Insellage mit schienenfreien Zugängen. Zu- und Abgangstunnel durften von nun an in beiden Richtungen benutzt werden, nachdem auch die Bahnsteigsperren an den Tunneleingang verlegt wurden. Zusätzliche Fahrkartenschalter sorgten für eine schnellere Bedienung der Reisenden. Ein am Maschinenhaus auf der Ostseite des Bahnhofs installiertes Elektrizitätswerk konnte nunmehr den Hauptbahnhof und die benachbarten Bahnhöfe Bilk, Derendorf und Lierenfeld mit elektrischer Energie versorgen.

Der Bahnhofslageplan um 1914 zeigt, daß die Gleisanlagen inzwischen erheblich erweitert und verbessert wurden. Der Hauptbahnhof wies elf durchgehende Haupt- und Nebengleise auf, ebensoviele an den Zungenbahnsteigen endende Kopfgleise und dazwischen zusätzliche Lokomotivrücklaufgleise. An den Kopfbahnsteigen 5 und 10 waren die Drehscheiben inzwischen gegen Drehwinkel(scheiben) ausgewechselt worden, um Platz zu sparen. Aus einem alten Schriftstück geht hervor, daß die Lokomotivrücklaufgleise selten von Lokomotiven befahren, dafür häufig zum Abstellen von Zügen herangezogen wurden. Dagegen leisteten die Drehscheiben an den Kopfgleisen gute Dienste für Lokomotiven mit Schlepptender, die nicht erst zur Drehscheibe am Lokomotivschuppen fahren mußten.

Nochmalige Veränderungen erfuhr der Hauptbahnhof, als die Post ihr eigenes Gebäude am nördlichen Rand des Bahnhofsvorplatzes errichtete, einen neuen Posttunnel quer unter den Gleisen mit Aufzügen zu den Bahnsteigen anlegte und den ehemaligen Posttunnel als sogenannten »Nordtunnel« zur Benutzung für Reisende freigab. Ihr Auszug aus dem Empfangsgebäude brachte Platz für zusätzliche Büroräume. Mehr Schutz vor Witterungseinflüssen erhielten die Reisenden, als die Eisenbahnverwaltung die bislang sehr kurz geratenen Hallendächer über den Bahnsteigen verlängern ließ. Östlich der Bahnsteiggleise hatte sich inzwischen ein Wagenbetriebswerk zur Reinigung, Pflege und Ausbesserung der Personenzugwagen entwickelt, so daß im Hauptbahnhof beheimatete Wagen betreut werden konnten. An der Schlägelstraße entstanden weitere Abstellgleise und eine Drehscheibe für Lokomotiven, denn die übrigen Abstellanlagen reichten nicht mehr aus. Außerdem wurde dort ein Dienstgebäude mit einer Wohnung für den Bahnmeister errichtet.

Außer dem Hauptbahnhof erfuhren auch andere Bahnhöfe in Düsseldorf Um- und Ausbauten. Der Bahnhof Bilk wurde für den Güterverkehr erweitert, und der dortige Personenbahnsteig erhielt eine Überdachung. Im Güterbahnhof Derendorf nahm der Umfang an Güterverkehrs- und Rangieranlagen weiter zu. Hier entstanden ein großer Lokomotivschuppen und ein Dienstgebäude mit Übernachtungsmöglichkeiten. Zwischen Grafenberg und Lierenfeld gab es bald eine durchgehende Strecke, so daß Derendorf als Wendebahnhof für Züge zwischen den beiden Güterbahnhöfen hinfällig erschien.

Ein Lageplan »betreffend den Hauptbahnhof und Wilhelmplatz«, angefertigt von der »Königlichen-Eisenbahn-Betriebs-Inspektion I zu Düsseldorf« und herausgegeben vom Stadt-Vermessungsamt Düsseldorf am 14. Juli 1902, verdeutlicht die sich abzeichnende Straßenanbindung des Bahnhofsvorplatzes und dessen Bebauung. Sechs Straßen laufen sternförmig auf den Wilhelmplatz zu: die Graf-Adolf-Straße, Bismarckstraße, Kaiser-Wilhelm-Straße, Immermannstraße, Kurfürstenstraße und Worringer Straße; letztere besaß damals noch eine kurze Querverbindung über die Vulkanstraße zur Kölner Straße. Abgesehen von Namensänderungen in der zurückliegenden Zeit hat sich an der Straßenführung bis Mitte der achtziger Jahre nicht viel verändert. Ein Rondell und zwei fast rechteckförmig ausgebildete Grün-

Bahnhof Bilk um 1900, Ansicht und Grundriß (darunter)

Bahnhof Derendorf an der »Düsselthalerstraße/Zoo« (später Franklinstraße) um 1911

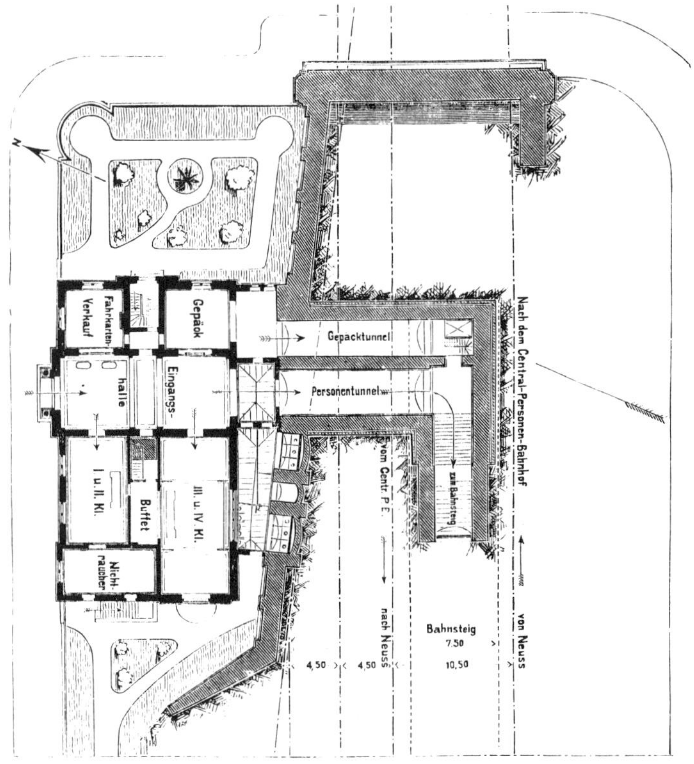

Umrüsten des Bahnhofs-Vorplatzes auf Straßenbahnbetrieb um 1900. Hinten: Schornsteine des Stahlwerks

flächen schmückten Anfang dieses Jahrhunderts den Vorplatz entlang der westlich gelegenen Querverbindung von der Graf-Adolf-Straße zur Kurfürsten Straße, wo Pferdebahnwagen den öffentlichen Nahverkehr besorgten. Später wurde auf der südlichen Grünfläche ein Kiosk aufgestellt. Im übrigen stand der großzügig bemessene, mit Kopfsteinpflaster versehene Platz den Fußgängern und Droschken zur Verfügung. Erst als die elektrische Straßenbahn ihren Einzug hielt, wurden auf dem Bahnhofsvorplatz größere Umbauten vorgenommen.

4. Wachstum und Rückschläge im Eisenbahnnetz

Ausbau von Strecken und Bahnhöfen

Der neue Hauptbahnhof ging schnell im Stadtbild auf und lag längst nicht mehr am Stadtrand von Düsseldorf. Bereits kurz nach der Jahrhundertwende reichte die Bebauung weit über den Hauptbahnhof hinaus. Von 1903 bis zum Ausbruch des Ersten Weltkrieges hatte sich die Einwohnerzahl Düsseldorfs von 235 000 auf 402 000 erhöht. Und die Stadt wuchs weiter. Manche Eisenbahnstrecken führten nicht mehr über Felder und Wiesen, sondern durchquerten das Häusermeer der Stadt und kreuzten zahlreiche Straßen, Wege und Plätze. Einige Streckenabschnitte gerieten in heftige Auseinandersetzungen um Fortbestand, Verlegung oder Stillegung. Besonders die Güterzugstrecke Rath – Eller stand im Mittelpunkt des Streits. Sie trennte die Bewohner vom Stadtwald und Grafenberger Forst. Gegen die Beibehaltung der Strecke in alter Lage formierte sich Bürgerprotest. Um wenigstens die Misere am Bahnübergang Staufenplatz zu beseitigen, schlug die Bahnverwaltung 1913 die Höherlegung der Strecke auf einen Damm vor. Schon damals stieß ein solcher Plan auf harten Widerspruch der Stadt und ihrer Bürger. Sie verlangten die Verlegung der Strecke in einen Tunnel unter dem Grafenberger Wald. Als der Erste Weltkrieg ausbrach, mußte dieses Projekt zunächst aufgegeben werden.

Mehr Erfolg hatten die Ausbauplanungen im Bereich von Rath. Die »Landgemeinde Rath« war 1909 nach Düsseldorf eingemeindet worden. Mit dieser Eingemeindung hatte Düsseldorf einen bedeutenden Industriestandort gewonnen, wo die Deutschen Röhrenwerke, die Fabriken von Mannesmann oder die Maschinenfabrik Sack die industrielle Produktion bestimmten. Sie waren auf die Schiene als Transportweg angewiesen. Die Bahn erkannte, daß dort ihre Güterverkehrs- und Rangieranlagen nicht mehr ausreichten, um den Bedarf der expandierenden Industrie erfüllen zu können. Wenn auch jahrelange Verhandlungen zwischen Eisenbahn und Stadt über den Umbau der Bahnanlagen vorausgegangen waren, so konnten schließlich alle Fragen zur beidseitigen Zufriedenheit geklärt werden. Einig waren sich beide Partner, die 1876 entstandene, zweigleisige Strecke zwischen Derendorf und Rath zu beseitigen, weil sie in Straßenhöhe lag und die Entwicklung des Stadtteils Mörsenbroich behinderte. An ihre Stelle trat die 1913 in Hochlage zweigleisig ausgebaute, zwei Kilometer lange Strecke vom Bahnhof Rath über Rath-Mitte bis zur Blockstelle Vogelsang, der späteren Abzweigstelle, wo die Strecke südlich des Höxter Weges in den Bahnhof Derendorf einmündete. An die ehemalige Strecke der »Rheinischen Bahn« erinnert heute noch der schnurgerade Verlauf der St. Franziskus-Straße in Mörsenbroich.

Erhebliches Kopfzerbrechen dagegen bereitete der Bau eines neuen Rangierbahnhofs Rath, der nach den Plänen der Eisenbahn-Verwaltung zwischen den bereits bestehenden Gleisanlagen und dem Aaper Wald angelegt werden sollte. Die Stadt hatte gerade den Aaper Wald, den heutigen Stadtwald, gekauft und ihren Bürgern als Erholungsgebiet angepriesen. Nach Auffassung der Stadt sollte die Bahn ihren neuen Bahnhof nördlich von Rath anlegen und die Strecke Rath – Eller anders führen. Man einigte sich schließlich auf ein Gelände am heutigen Bahnhof Rath zwischen der Strecke Derendorf – Ratingen Ost und der Güterzugstrecke von Eller über Rath nach Ratingen Ost und der Franziskus-Straße / Liliencronstraße. Die Zugänge zum Stadtwald wurden damit nicht abgeschnürt.

Die Bauarbeiten liefen kurz vor dem Ersten Weltkrieg an und wurden trotz der Kriegsereignisse nicht ausgesetzt. Die erst 1891 angelegte Verbindung von der Rheinischen zur Bergisch-Märkischen Strecke nach Ratingen Ost wurde wieder aufgegeben. Statt der im Bahnhof Rath beginnenden und im Zuge der heutigen Reichswaldallee über die Stadtgrenze bis zur Industriestraße in Ratingen geführten Strecke stand eine neue Trasse auf dem Plan, welche nördlich des Schwarzbaches an der Stadtgrenze hinter dem Felderhofweg nach Osten abzweigt, die Reichswaldallee überquert und in Hochlage geführt an der Bleichstraße in Ratingen die alte Trasse der Ruhrtalbahn wieder erreicht. Während andernorts der Erste Weltkrieg das vorläufige Ende des Eisenbahnbaues bedeutete, gelang es in Rath, den neuen Rangierbahnhof und Übergabebahnhof »Mannesmann« im Jahre 1919 mit den genannten Streckenumlegungen zu vollenden. Dennoch waren die Wünsche der Düsseldorfer nicht erfüllt, denn die Fortführung der Personenzugstrecke von Derendorf bis zu einer neuen Abzweigstelle Vogelsang kam nicht zustande. Immer noch störte der Bahnübergang an der Westfalenstraße, der erst 70 Jahre später aufgelassen werden sollte.

Bis zum Ersten Weltkrieg gab es auch an anderen Stellen in Düsseldorf rege Bautätigkeit an den Eisenbahnanlagen. Um den beachtlich angewachsenen Personen- und Güterverkehr im Netz zu trennen, reiften Pläne heran zum Bau besonderer Güterzuggleise an den bestehenden Strekken. Von Neuss nach Düsseldorf wurde der Anfang gemacht. Zwischen dem Hafen und dem Hauptbahnhof entstanden nördlich und parallel zur vorhandenen Strecke zwei Güterzuggleise, die durch den Hauptbahnhof hindurch nach Derendorf weitergeführt wurden. In Verlängerung der Güterzuggleise entwickelte sich am Nordkopf des Hauptbahnhofs ein zweigleisiger Verbindungsbogen, so daß die Güterzüge über die westlichen Gleise an der neuen Blockstelle Dorotheenstraße in die Güterzuggleise Derendorf – Grafenberg gelangen konnten. Östlich der Dorotheenstraße führte eine zweigleisige Güterzugstrecke parallel zur alten Bergisch-Märkischen Strecke bis zum Bahnhof Gerresheim, wo die Güter- in die Personenzuggleise übergeleitet wurden.

Ohne entsprechende Erweiterung auf Neusser Seite wären die Ausbaumaßnahmen diesseits des Rheins nur halbe Sache geblieben. Die Stadt Neuss beschloß 1902, ihren alten Hafen zu beleben und auszubauen, damit die wirtschaftliche Entwicklung an der Stadt Neuss nicht vorbeiginge. Der Hafenausbau hatte zwangsläufig die Verlegung der nach Düsseldorf führenden Strecke zur Folge. Die fast geradlinige Verbindung vom Bahnhof Neuss zur Rheinbrücke mußte aufgegeben werden zugunsten einer Trasse, die weit nach Norden ausbog und um die Hafenbecken herumführte. Sie kreuzte in der Nähe der Düsseldorfer Straße den Erftkanal, die Hafenzufahrt für die Schiffe. Schließlich wurde auch die alte Strecke nach Oberkassel verändert und mit den neuen Hafenbahn-Gleisen verbun-

den. Zur Entlastung des Güterbahnhofs Neuss wurde 1913 der Vorbahnhof Heerdt-Kaiser angelegt. In dieser Zeit zwischen 1911 und 1912 entstand für den Güterzugverkehr auch der zweite Brückenzug über den Rhein 32 Meter nördlich der bestehenden Hammer Brücke.
Immer enger und dichter wurde das Eisenbahnnetz in und um Düsseldorf. Zahlreiche Gleisanschlüsse ergänzten die Industrie- und Gewerbegebiete und mußten bedient werden; die Großstadt brauchte Güter in großen Mengen zu ihrer Versorgung. Sie stand auch in regem Güteraustausch über ihre zahlreichen Fabriken und Werke mit dem Umland und Ausland. Der Hafen besaß einen eigenen Übergabebahnhof, der sich an den Güterbahnhof Bilk anschloß. Zum Schlacht- und Viehhof führten Anschlußgleise über Derendorf. Die Bahnhöfe Derendorf, Lierenfeld und Grafenberg bildeten ein geschlossenes Dreieck im Güterzugnetz und stellten das Gerüst der zahlreichen Gleisanschlüsse dar, von denen allein 37 auf Stadtgebiet lagen und 100 Weichen sowie rund 18,7 Kilometer Gleise umfaßten.

Ein eigener Bahnhof für die Gewerbeausstellung

Kurz nach der Jahrhundertwende wurde in Düsseldorf ein Ausstellungsbahnhof gebaut, der sich mit den Anlagen der Berliner Gewerbe-Ausstellung von 1896 vergleichen ließ; denn Düsseldorf rüstete sich 1902 zur großen Industrie- und Gewerbeausstellung für Rheinland, Westfalen und benachbarte Bezirke, verbunden mit einer deutsch-nationalen Kunst-Ausstellung. Eine Druckschrift, herausgegeben von G. Stoffers in Düsseldorf, geschmückt mit dem Bild des Kronprinzen Wilhelm, berichtete ausführlich über Vorbereitung, Verlauf und Ergebnis der Ausstellung. Sie sollte frühere Gewerbe- und Industrie-Ausstellungen in den Schatten stellen. Als eine der wichtigsten organisatorischen Aufgaben erkannte die Ausstellungsleitung die Bewältigung des Personen- und Güterverkehrs zum Ausstellungsgelände auf der ehemaligen Golzheimer Insel. Hierfür hatte sich 1899 ein Verkehrsausschuß unter Vorsitz des Königlichen Wasserbau-Inspektors Ottmann unter Beteiligung anderer Behördenvertreter – darunter zahlreicher Eisenbahner – konstituiert.
Für damalige Verhältnisse unvorstellbar große Mengen an Baustoffen und Ausstellungsgütern sollten in kürzester Zeit an- und abtransportiert werden. Dafür gab es nur zwei Möglichkeiten: entweder entlang des Rheins auf einem besonderen Anschlußgleis oder auf dem für den Personenverkehr geplanten Gleisanschluß aus Richtung Derendorf. Da mit der Staatseisenbahn keine Einigung zustande kam, entschloß sich die Ausstellungsleitung zum Bau eines besonderen Gleises für den Güterverkehr vom Hafenbahnhof auf der oberen Werftstraße zum Ausstellungsgelände. Unter der neuen Oberkasseler Rheinbrücke gabelte sich das Güteranschlußgleis in drei Gleise, die etwa in Parallellage das schmale und langgestreckte Ausstellungsgelände bestrichen. Das mittlere Gleis führte mitten durch die Hauptindustriehalle. Andere Gleise endeten an den Pavillons, wo alle großen deutschen Industriefirmen ihre Stände hatten. Die Hafenbahn übernahm die Planung und Ausführung der Güterverkehrsanlagen, die bis November 1900 fertiggestellt werden mußten. Als in der zweiten Hälfte des Jahres 1901 der Zustrom an Güterwagen zum Ausstellungsgelände immer größer wurde, war ein Sortieren der zu entladenden Wagen im Ausstellungsgelände nicht mehr möglich. Die Hafenbahn half, indem sie die Wagen nach Entladestellen im eigenen Hafenbahnhof ordnete und zielrein antransportierte. Im ganzen gesehen war die Güterbeförderung offenbar schwieriger als angenommen. Oft fehlte eine genaue Adresse

und Bezeichnung des Ausstellungsplatzes. Verkehrsstörungen, Entgleisungen, Beschädigung der Lokomotiven und Wagen blieben nicht aus. Kurz vor Beginn der Ausstellung wurden die Gütertransporte auf der Schiene eingestellt, obwohl noch Wagen anrollten. Während der Ausstellung beschränkte sich der Güterverkehr auf die Anfuhr von Kohle in den frühen Morgenstunden. Ein neuer Ansturm auf die Gütertransporte setzte nach Beendigung der Ausstellung ein, denn bis zum 20. November 1902 sollte das gesamte Ausstellungsgut abtransportiert sein. Im ganzen wurden vom Juli 1900 bis zum Beginn der Ausstellung im April 1902 7562 Güterwagen im Eingang gezählt, während der Ausstellung und der Zeit des Abbaues weitere 2121 Güterwagen und von Oktober 1902 bis März 1903 insgesamt 2625 Wagen im Ausgang. Das durchschnittliche Ladegewicht war mit zehn bis zwölf Tonnen je Wagen erstaunlich hoch. Die hohe Auslastung hing mit dem lastunabhängigen Tarif zusammen. Für die Transportkosten mußten die Aussteller aufkommen. Sie hatten vom Hafenbahnhof bis Ausstellungsgelände für Baustoffe elf Mark und für andere Güter sechzehn Mark je Waggon zu zahlen. Als Nettoeinnahme erzielte die Ausstellungsleitung rund 75000 Mark an Anschlußfrachten, die zur Deckung der Anlagekosten ausreichten und noch einen Überschuß abwarfen.

Weit schwieriger als im Güterverkehr waren die Aufgaben im Personenverkehr. Die „gewaltigen Menschenmassen“, wie es in der Ausstellungsschrift von G. Stoffers hieß, sollten mit der Staatsbahn und den Kleinbahnen nach Düsseldorf befördert werden, ohne daß der reguläre Verkehr beeinträchtigt würde. Da sich der Hauptbahnhof als Engpaß erwies und die Weiterbeförderung von da aus zum Ausstellungsgelände nicht gewährleistet erschien, entschloß sich die Ausstellungsleitung zum Bau eines Gleisanschlusses, ausgehend vom Bahnhof Derendorf, um Sonderzüge unmittelbar in das Ausstellungsgelände zu fahren. Der Gleisanschluß zweigte nördlich von Derendorf am Kittelbach von der Strecke Düsseldorf – Duisburg ab, führte in einem großen Bogen am Friedhof – dem heutigen Nordfriedhof – vorbei in Richtung Rheinpark, wie das ehemalige Ausstellungsgelände heute heißt. Für den Bau einer neuen Strecke gab es keine Probleme, denn die benötigten Grundstücke lagen in der Golzheimer Heide außerhalb des bebauten Stadtgebiets.

Im April 1902 war der Gleisanschluß betriebsfertig. Vier Bahnsteige und elf Gleise standen im Ausstellungsgelände zur Verfügung. Den in Kopfform ausgebildeten Bahnhof konnte man an seinem Empfangsgebäude mit dem hohen Uhrenturm schon von weitem zwischen dem flachen Rheinufer und dem Vergnügungspark erkennen. Die Sonderzüge fuhren ohne Zwischenhalt vom Hauptbahnhof zum Ausstellungsgelände. Sie kamen morgens an und kehrten abends spät nach dem Feuerwerk und Einschalten der Fontänenbeleuchtung zurück, so daß die Besucher die Ausstellung einen ganzen Tag lang besichtigen konnten. Von Mai bis Oktober 1902 gelangten insgesamt 6221 Züge zum Ausstellungsbahnhof. Sie beförderten 1411988 Personen. Der Höhepunkt wurde im August mit 11532 beförderten Reisenden erreicht. Die Ausstellung brachte rund fünf Millionen Besucher auf die Beine.

Innerhalb des Ausstellungsgeländes sorgte eine elektrisch betriebene »Rundbahn« für die Überbrückung der weiten Fußwege. Um störende Oberleitungen zu vermeiden, wurden Akkumulatoren-Triebwagen mit Anhänger auf den Rundkurs geschickt. Während der Ausstellung standen zehn elektrische Motorwagen und acht Anhänger zur Verfügung. Sie bewältigten die ungefähr 3,35 Kilometer lange Rundbahnstrecke in 20 Minuten, fuhren im Spitzenverkehr im Abstand von 2½ Minuten und erreichten eine Höchstgeschwindigkeit von 16 Kilometer je Stunde. Als Fahrpreis wurden für eine Rundfahrt 20 Pfennige

verlangt. Für Gehbehinderte standen – auch das sei erwähnt – Rollstühle zur Verfügung.
Auch später wurde das Ausstellungsgelände über ein Anschlußgleis im Norden der Stadt beschickt. Zum Beispiel für die Ausstellung »Schaffendes Volk« führte 1937 ein Anschlußgleis vom Derendorfer Bahnhof über die Gleisanlage der Großmarkthalle, entlang des Kittelbachs über die Kalkumer Straße, vorbei am nordwestlichen Zipfel des Nordfriedhofs bis in Höhe des Akademiegebäudes. Um Gütertransporte zu ermöglichen, mußten 4,2 Kilometer Gleise verlegt werden, wie die Rheinische Landeszeitung vom 18. Oktober 1936 berichtete. Die Zustellung der Güterwagen besorgte die Diesellokomotive der Großmarkthalle. Wie die Reichsbahnzeitung meldete, war die Deutsche Reichsbahn auf der bisher größten deutschen Ausstellung »Schaffendes Volk« 1937 in Düsseldorf, der »Stadt des westdeutschen Wirtschafts- und Kunstlebens«, stark vertreten. Beim Eintritt in die mehr als 1000 Quadratmeter große Reichsbahnhalle fiel der Blick auf die zu beiden Seiten aufgestellten Fahrzeuge, eine 03-Schnellzuglokomotive neuester Bauart und einen AB4ü-D-Zugwagen (D-Zugwagen erster und zweiter Wagenklasse mit vier Radachsen und Übergangs-Faltenbälgen des Herstellungsjahres 1923). Dieser Wagen sollte die besondere Aufmerksamkeit der Besucher finden, da er weitestgehend mit einheimischen Materialien ausgerüstet war, wie sie die Deutsche Reichsbahn seit einigen Jahren zur Einsparung devisenzehrender Auslandsstoffe einsetzen mußte. Der Schatten des »Vierjahresplanes des Dritten Reiches« lag schon damals bedrückend auf dem deutschen Waggon- und Lokomotivbau.

Durchgehende und schnelle Züge in alle Richtung

Von der ausgezeichneten wirtschaftlichen Entwicklung Westdeutschlands in den ersten Jahrzehnten des zwanzigsten Jahrhunderts profitierte die Eisenbahn in reichem Maße. Immer mehr Menschen wurden mit der Bahn befördert und immer größere Gütermengen mußten auf der Schiene transportiert werden. Düsseldorf wurde mehr und mehr zum Zentrum für Wirtschaft und

50 Pf. frei. Uebergew. 10 Pf. 21/2 Pfen. die Meile. V. 15. April 1850.

Von Deutz (Cöln) nach Minden.
Hannover, Harburg, Bremen, Berlin, Leipzig.

Meilen	3 Cl. u. Stehwag. Haupt-Stationen.	Vormittag. Pers.	Vormittag. Pers.	Vormittag. Pers.	Nachmittag. Pers.	Nachmittag. Pers.	Nacht Pers.	Preise ab Deutz. Thlr. Sgr. II.	III.
Von	Deutz (Cöln) Abf.	7.30	10.45	—	4.	7.	10.		
3	Langenfeld . . . „	8. 8	11.23	—	4.38	7 35	10.39		
5	Düsseldorf Ank	8.40	11.55	—	5.10	8 5	11.10		
—	Düsseldorf . . Abf.	8.55	—	—	5.20		11.20	—20	—15
—	nach Elberfeld pag. 12.	—	—	—	—	—	—		
7	Großenbaum . „	9.28	—	—	5.52	—	—		
8	Duisburg . . . „	9.45	—	—	6. 9	—	12.5	1. 4	—25
9	Oberhaus (s. unten.) „	10. 5	—	—	6.26	—	12.25		
11	Essen . . . . . „	10.30	—	—	6.50	—	12.50	1.14	1. 3
13	Herne-Bochum „	11. 8	—	—	7.24	—	1.25		
16	Dortmund . . . „	11.55	—	—	8.10	—	2.10	2. 3	1.17
18	Berg. Märk. Eisenb. pag 12	—	—	—	—	—	Morg.		
29	Hamm . . . . . „	12.55	—	—	9.	—	3.12	2.20	2. —
—	nach Münster siehe unten	Nachm	—	—		—	—		
26	Gütersloh . . . „	2.36	—	—	—	—	4.43		
29	Bielefeld . . . „	3.15	—	—	—	—	5.23	3.25	2.27
31	Herford . . . . . „	3.40	—	—	—	—	5.50		
35	Minden . . . Ank.	4.40	—	—	—	—	6.45	4.20	3.15
44	Hannover . Ank.	7.39	—	—	—	Morg.	9.30	5.23	4 6
55	Bremen . . . „	9.50	—	—	—	Nchm.	1.50	6.26	4.28

	Weitere Anschlüsse:	Vormittag.	Vormittag.	Vormittag.	Nachmittag.	Nachmittag.	Preise in gGr. ab Hannover. I.	II.	III.
Von	Hannover . . . Abf.	5.	7.40	9.55	3.20	5.30	I.	II.	III.
23	in Harburg . Ank	—	12.55	3.35	8.30	—	4. —	2.16	1.16
8	„ Braunschw. „	6.45	10.15	11.45	6. 5	7.35	1.14	1. 2	—16
22	„ Magdeburg . „	10.15	Nchm.	4.30	—	—	4.10	2.22	1.20
42	„ Berlin . . . . „	3.	Abend.	9.30	—	—	9. 3	6. 8	4. 5
38	„ Leipzig . . . „	2.30	„	8.30	—	—	7.14	5. 2	3.14

Von Minden nach (Deutz) Cöln.

Von	Minden . . . . Abf.	—	—	7.30	—	12.15	—	II.	III.
4	Herford . . . . . „	—	—	8.27	—	1.10	—	ab	Mind
6	Bielefeld . . . „	—	—	8.56	—	1.36	—	—24	—18
8	Gütersloh . . . „	—	—	9.30	—	2. 5	—		
15	Hamm . . . . . „	—	7.30	11. 5	—	3.36	—	2. —	1.15
—	nach Münster siehe unten	—	—	—	—	—	—		
19	Dortmund . . „	—	8.25	12.	—	4.28	—	2.17	1.28
20	Berg. Märk. Eisenb. pag. 12.	—	—	—	—	—	—		
22	Herne-Bochum „	—	9. 6	12.43	—	5. 7	—		
24	Essen . . . . . „	—	9.35	1.14	—	5.34	—	3. 6	2.12
26	Oberhaus.(s. unten.) „	—	10. 5	1.44	—	5.55	—		
27	Duisburg . „	6.30	10.20	2.	—	6.10	—	3.16	2.20
30	Düsseldorf Ank.	7.40	11.10	2.55	—	6.55	—		
—	Düsseldorf . Abf.	8. 5	11.20	3. 5	5.30	7. 5	—	4. —	3. —
—	nach Elberfeld pag. 12.	—	—	—	—	—	—		
32	Langenfeld . . . „	8.38	11.53	3.38	6. 1	7.35	—		
35	Deutz (Cöln) Ank.	9.15	12.30	4.15	6.35	8.10	—	4.20	3.15

Oberhausen–Ruhrort Abf. 8.30. Vorm. 4.20 Nachm.
Ruhrort–Oberhausen „ 9.30 „ 5. 5 „

Ausschnitt aus dem »Reise-Manual« von 1850 mit Fahrplan und Fahrpreisen für weitläufige Städteverbindungen Düsseldorfs

Zugbegleit- und Bahnpostpersonal stellen sich dem Fotografen um 1899

Verwaltung, und im Umkreis von 50 km der Stadt lebten 1913 rund 5,5 Millionen Menschen. Dieser Raum stellte das größte Ballungszentrum im Deutschen Reich dar. Der Düsseldorfer Hauptbahnhof hatte im Reichsgebiet hinter Berlin und Köln die meisten Zugfahrten zu verzeichnen. Mitte der zwanziger Jahre galt die Strecke Düsseldorf – Köln als die am häufigsten befahrene in Deutschland.

Aus einem Fahrplan von 1850 ist zu entnehmen, daß die Düsseldorf-Elberfelder Eisenbahngesellschaft von Düsseldorf nach Elberfeld vormittags drei, nachmittags zwei und abends eine Zugfahrt zu 25 Silbergroschen in der I. Klasse, zu 18 in der II. und zu 12½ in der III. anbot. Eine Stunde dauerte 1850 die Eisenbahnfahrt. Im gleichen Jahr gab es planmäßige Zugverbindungen der Köln-Mindener Eisenbahngesellschaft von Düsseldorf nach Köln-Deutz, Minden, Hannover, Harburg, Berlin oder Leipzig. Die Fahrgäste mußten nach Berlin mehrmals umsteigen, so daß sie rund 22½ Stunden auf der rund 560 Kilometer langen Strecke unterwegs waren bei einem mehrstündigen Aufenthalt in Hannover. Besser wurde es auf dieser Strecke, als am 1. Mai 1851 der erste »Schnellzug« in Deutschland fuhr und die Strecke ohne Umsteigen in rund 15½ Stunden zurücklegte. Die durchschnittliche Beförderungsgeschwindigkeit betrug rund 36 Kilometer in der Stunde. Nach Einlegen eines »Kurierzuges« schrumpfte die Reisezeit auf rund 14 Stunden zusammen, so daß eine durchschnittliche Beförderungsgeschwindigkeit von 40 Kilometer je Stunde erreicht wurde. Die Köln-Mindener Eisenbahngesellschaft wollte, nachdem sie besondere Lokomotiven mit hohen Treibrädern besaß, die Beförderungsgeschwindigkeit gar auf 65 Kilometer je Stunde steigern. Gegenüber einer Fahrt nach Berlin mit Postkutschen auf schlechten Straßen, wo wiederholter Wagenwechsel und zweimalige Übernachtung unausweichlich waren, konnte der Fortschritt auf den stählernen Schienen so recht gepriesen werden. Etwa seit 1860 gab es in den Zügen Aborte, zunächst nur im Gepäckwagen. Offene Bremsersitze auf Wagenkästen aus Holz stellten das äußere Kennzeichen der Bremstechnik dar. Wagen I. und II. Klasse waren mit gepolsterten Sitzen, Wagen III. Klasse mit Holzbänken ausgestattet. Den Reisenden IV. Klasse wurden kaum Sitzplätze, um so mehr Stehplätze angeboten. Personenzugwagen mit drei Achsen bedeuteten schon einen großen Fortschritt gegenüber den Zweiachsern. Drehgestellwagen kamen viel später auf. Seit 1870 besaßen einige Wagen auch Schlafabteile, zwei Jahre später stellte der belgische Ingenieur Nagelmakers die ersten Schlafwagen auf die Schienen. Bisher hielten die Züge während der Mittagszeit für etwa 20 Minuten auf größeren Bahnhöfen an, um den Reisenden Gelegenheit zur Einnahme warmer Mahlzeiten zu geben. Speisewagen wurden 1880 in den Dienst gestellt. Ab 1903 standen die Speisewagen auch den Reisenden III. Klasse offen. Seit dem 1. Mai 1892 wurden in die Schnellzüge D 31/32 Berlin – Hildesheim – Köln Personenzugwagen mit Durchgangsmöglichkeit eingereiht, so daß die Bezeichnung »D-Zug« aufkam. Ab 1. Februar 1893 besaßen auch die Schnellzüge D 3/4 Berlin – Hannover – Köln schwerere und besser ausgestattete Eisenbahnwagen gegenüber früher. Fast jeder Zug hatte einen Wirtschaftsbetrieb, der an einen Unternehmer, meist Bahnhofswirt, verpachtet war. Wegen der starken Inanspruchnahme dieser D-Züge wurden Platzkarten für Reisende eingeführt.

Das Stations-Verzeichnis im Kursbuch von 1914 enthielt nahezu sämtliche heute bekannten Zielbahnhöfe im Eisenbahnnetz, nannte die Preise

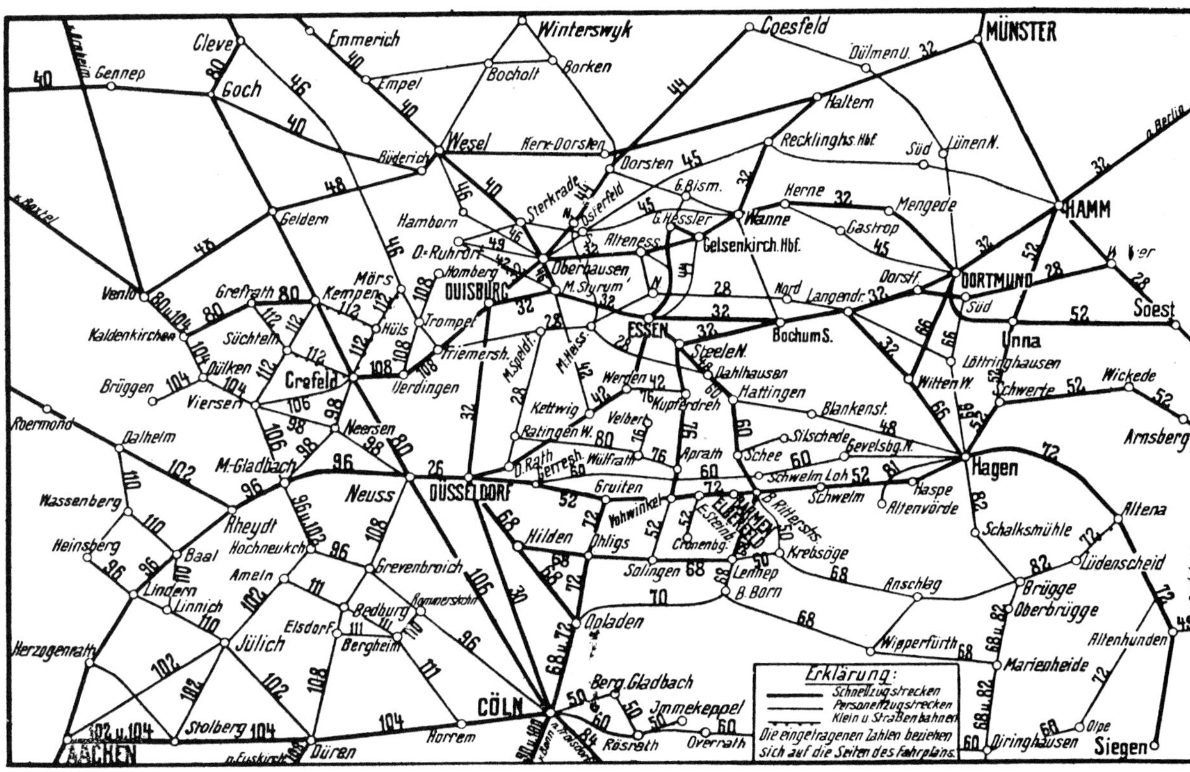

Streckenübersicht 1913/14

Abfahrt der Züge von Düsseldorf HB.

Seite	Zug Gatt.	Richtung	Bahnst.
35	D	Berlin X 12^{11}	4
55	Eilz	B.-Rittsh. 12^{11}	2
69	So Pz	Lennep 12^{13}	6
35	D	Kiel X 12^{19}	4
30	So Pz	Cöln 12^{24}	3
35	So E	Dortmund 12^{39}	4
97	Pz	Rheydt 12^{42}	1
35	Pz	Berlin X 12^{43}	4
28	Pz	Bochum N. 12^{48}	4
30	D	München X 1^{14}	3
35	D	Dortmund 1^{40}	4
55	Pz	B.-Rittershausen X 1^{44}	8
30	Pz	Frankf. M. X 4^{22}	3
52	Pz	Soest X 4^{45}	2
42	Pz	Essen 5^{06}	10
96	Pz	Aachen X 5^{08}	1
32	Pz	Duisburg 5^{20}	4
60	T Pz	Sprockhövel 5^{24}	9
68	Pz	Lennep 5^{50}	6
42	Pz	Essen 5^{56}	10
52	Pz	Berlin 6^{01}	2
30	W Pz	Langenfeld 6^{02}	7
32	D	Holland X 6^{07}	4
28	Pz	Welver 6^{11}	4
60	W Pz	Mettmann 6^{12}	9
42	Pz	Essen HB. X 6^{20}	10
32	D	Holland X 6^{24}	4
30	D	Cöln X 6^{32}	3
108	Pz	Düren 6^{32}	1
32	Eilz	Dortmund 6^{33}	4
52	Pz	Vohwinkel 6^{38}	2
30	D	Cöln X 6^{39}	3
96	Eilz	Aachen 6^{44}	1
32	Pz	Berlin X 6^{45}	4
60	Pz	B.-Wichlgh. 6^{50}	9
32	W T	Calcum 6^{54}	4
30	D	Cöln X 7^{04}	3
26	W Pz	Neuss 7^{05}	1
68	Pz	Lennep X 7^{09}	6
42	Pz	Essen HB. 7^{14}	10
30	Eilz	Cöln 7^{15}	3
52	Eilz	B.-Rittersh. 7^{17}	8
96	Eilz	Antwerpen 7^{25}	1
30	L	Ostende X 7^{27}	3
32	Eilz	Osnabrück 7^{32}	4
96	Pz	M. Gladb. X 7^{33}	1
30	Pz	Cöln 7^{33}	7
52	Eilz	Dortmund 7^{39}	2
32	D	Altona X 7^{40}	4

Seite	Zug Gatt.	Richtung	Bahnst.
30	D	Frankfurt 7^{41}	3
32	Eilz	Berlin X 7^{50}	4
68	Pz	Lennep 7^{55}	6
32	D	Berlin 7^{58}	4
30	T Pz	Langenfeld 8^{00}	3
52	Pz	B.-Rittersh. 8^{04}	2
30	Eilz	Coblenz 8^{06}	3
60	T Pz	B.-Wichlgh. 8^{10}	9
68	Pz	Opladen 8^{20}	3
52	Eilz	B.-Rittersh. 8^{27}	2
30	Eilz	Cöln X 8^{27}	3
96	D	Aachen X 8^{29}	1
30	Pz	Cöln 8^{32}	7
28	Pz	Soest 8^{35}	4
96	Pz	Aachen 8^{35}	1
30	D	Basel 8^{38}	3
32	Pz	Emmerich 8^{39}	4
68	Pz	Lennep 8^{43}	6
53	Pz	Dortmund 8^{45}	2
42	Pz	Essen HB. 8^{46}	10
108	Pz	Düren 8^{49}	1
32	Pz	Hannover X 9^{03}	4
30	D	Basel 9^{12}	3
80	Eilz	Crefeld 9^{13}	1
96	Eilz	Antwerpen 9^{17}	1
30	D	München 9^{19}	3
32	Eilz	Dortmund 9^{29}	4
96	Pz	Rheydt 9^{31}	1
30	Pz	Cöln X 9^{34}	3
53	Eilz	Berlin X 9^{38}	2
32	Eilz	Hannover 9^{41}	4
60	Pz	Hattingen 9^{43}	8
68	Pz	Lennep 9^{45}	6
42	Pz	Essen HB. 9^{57}	10
96	So Pz	Erkelenz 10^{10}	1
33	Pz	Duisburg 10^{16}	4
96	Pz	Aachen X 10^{20}	1
30	Eilz	Cöln 10^{22}	3
53	Pz	Barmen-R. 10^{23}	2
26	Eilz	Neuß 10^{31}	1
53	D	Schwerte 10^{38}	1
108	Pz	Düren 10^{39}	1
30	D	Basel 10^{40}	2
33	D	Altona X 10^{43}	4
33	D	Berlin X 10^{49}	4
30	Pz	Cöln X 10^{50}	3
68	Pz	Lennep 10^{54}	6
53	Eilz	B.-Rittrsh. 11^{00}	2

Seite	Zug Gatt.	Richtung	Bahnst.
28	Pz	Altenbeken 11^{00}	4
0	Pz	Benrath 11^{02}	7
33	L	Altona und Haag 11^{07} vom 4./12.-30./4.	4
28	Pz	Wülfrath 11^{11}	4
33	Pz	Dortmund X 11^{16}	4
30	Eilz	Cöln 11^{17}	3
30	D	Basel X 11^{28}	3
30	Eilz	Cöln X 11^{34}	3
53	Eilz	Hagen i. W. 11^{43}	2
42	Pz	Essen HB. 11^{46}	10
68	Pz	Lennep X 11^{50}	6
96	Pz	Rheydt 11^{52}	1
60	Pz	Hagen 11^{54}	8
28	Pz	Bochum N. 11^{55}	4
30	Eilz	Cöln 11^{56}	3
108	Pz	Duren 12^{12}	1
30	Eilz	Cöln 12^{14}	3
53	Pz	Dortmund 12^{17}	4
30	Pz	Langenfeld 12^{20}	6
60	T Pz	B.-Wichlgh 12^{27}	9
68	Pz	Opladen 12^{35}	7
33	Pz	Hannover X 12^{41}	4
30	D	Straßburg 12^{41}	3
53	Pz	Dortmund X 12^{44}	2
42	Pz	Essen HB. X 12^{45}	10
96	Eilz	Aachen 12^{47}	1
96	Pz	Aachen 12^{59}	1
60	T Pz	B.-Wichlgh. 1^{16}	9
30	Pz	Cöln X 1^{20}	3
33	D	Berlin X 1^{22}	4
53	D	Schwerte X 1^{24}	2
53	W Pz	Hochdahl 1^{31}	2
33	D	Berlin 1^{36}	4
69	Pz	Lennep 1^{39}	6
42	Pz	Essen HB. 1^{40}	10
53	Pz	Barmen-R. 1^{44}	9
30	D	Mannheim 1^{45}	3
28	Pz	Soest 1^{47}	4
80	Eilz	Crefeld 1^{52}	1
33	Pz	Bremen 2^{02}	4
26	So Pz	Düssld.-Bilk 2^{03}	1
30	Pz	Benrath 2^{06}	3
26	Pz	Neuß 2^{10}	1
30	Eilz	Cöln 2^{13}	3
53	Eilz	Hagen i. W. 2^{20}	2
30	D	Paris X 2^{24}	3
33	Eilz	Altona X 2^{28}	4

Abfahrt der Züge von Düsseldorf HB.

Seite	Zug Gatt.	Richtung	Bahnst.
30	Eilz	Cöln 2^{35}	3
97	Pz	Aachen X 2^{36}	1
54	So Pz	Hochdahl 2^{42}	2
97	Eilz	Aachen 2^{44}	1
42	So Pz	Essen HB. 2^{48}	9
30	D	Frankfurt a. M. X 2^{55}	3
69	Pz	Lennep 3^{00}	6
54	Pz	Dortmund 3^{02}	2
33	D	Holland 3^{07}	4
30	Pz	Cöln X 3^{09}	3
43	Pz	Essen HB. X 3^{11}	10
61	Pz	Hagen i. W. 3^{13}	8
33	Pz	Berlin X 3^{16}	4
30	So Pz	Benrath 3^{16}	7
43	So Pz	Essen 3^{25}	9
69	Pz	Lennep X 3^{30}	6
28	Pz	Dortmund S. 3^{34}	4
68	Pz	Opladen 3^{44}	3
54	Eilz	B.-Rittersh. 3^{48}	2
97	D	Paris 3^{52}	1
26	Pz	Neuß 3^{56}	1
61	T Pz	B.-Wichlgh. 3^{56}	9
30	W Pz	Benrath 4^{00}	7
30	Pz	Cöln 4^{14}	3
26	Pz	Düren 4^{20}	1
30	Pz	Küppersteg 4^{20}	7
33	D	Berlin 4^{27}	4
69	Pz	Lennep 4^{28}	6
68	So Pz	Opladen 4^{35}	7
97	Pz	Aachen X 4^{36}	1
33	Pz	Emmerich 4^{39}	4
30	Pz	Cöln X 4^{40}	3
54	So Pz	Hochdahl 4^{50}	9
30	W Pz	Langenfeld 4^{54}	7
30	Eilz	Cöln X 5^{01}	3
33	Pz	Osnabrück X 5^{06}	4
30	D	Cöln X 5^{12}	3
97	D	Aachen X 5^{16}	1
54	Pz	Dortmund X 5^{17}	2
69	Pz	Lennep X 5^{20}	6
61	Pz	Hagen i. W. 5^{22}	8
34	D	Holland X 5^{24}	4
30	D	Frankfurt M. 5^{27}	3
43	Pz	Essen HB. X 5^{28}	10
34	D	Hamburg 5^{32}	4
34	D	Dortmund 5^{41}	4
28	Pz	Soest 5^{44}	4
68	Pz	Opladen 5^{46}	3
34	Pz	Emmerich 5^{49}	4

Seite	Zug Gatt.	Richtung	Bahnst.
30	Pz	Langenfeld 5^{55}	7
81	Eilz	Crefeld 5^{59}	1
34	D	Dortmund 6^{02}	4
54	Eilz	Dortmund 6^{10}	2
30	Eilz	Cöln X 6^{10}	3
108	Pz	Düren 6^{10}	1
69	Pz	Lennep 6^{18}	6
97	D	Rheydt 6^{25}	1
30	Pz	Cöln 6^{28}	7
97	Pz	Aachen X 6^{29}	1
28	W Pz	Lintorf 6^{30}	4
54	Eilz	Cassel 6^{34}	2
54	Pz	Hagen X 6^{40}	2
34	Eilz	Dortmund 6^{41}	4
34	D	Holland 6^{53}	4
30	Pz	Cöln X 6^{54}	3
69	Pz	Lennep 6^{58}	6
61	Pz	B.-Wichlgh. 7^{00}	9
43	Eilz	Dortmund 7^{01}	4
97	Pz	Wickrath 7^{04}	1
43	W Pz	Kettwig 7^{06}	9
43	So Pz	Essen HB. 7^{06}	9
34	Eilz	Hannover X 7^{14}	4
108	Pz	Düren 7^{19}	1
30	D	Frankfurt M. 7^{20}	3
55	Eilz	B.-Rittersh. 7^{21}	2
34	Pz	Duisburg 7^{23}	4
68	Pz	Opladen 7^{25}	7
26	Eilz	Neuß 7^{26}	1
43	D	Essen HB. 7^{31}	4
61	Pz	B.-Wichlgh. 7^{33}	8
43	Pz	Essen HB. 7^{35}	10
55	So Pz	Hochdahl 7^{38}	9
97	Eilz	Rheydt 7^{40}	1
55	Pz	Dortmund X 7^{46}	2
97	Pz	Aachen 7^{48}	1
30	L	Genua 7^{55} vom 1./12.-27./4.	3
34	Eilz	Dortmund 7^{56}	4
81	D	Vlissingen 7^{57}	1
34	So Pz	Dortmund 8^{00}	4
30	Eilz	Cöln 8^{04}	3
34	Pz	Dortmund X 8^{05}	4
30	Pz	Cöln 8^{09}	3
61	T W Pz	Dorn.-Hah. 8^{10}	9
61	T So P.	Barmen-W. 8^{10}	9
28	Pz	Dortmund S. 8^{11}	4
55	Pz X	Holzwickede 8^{20}	2
34	Eilz	Osnabrück 8^{25}	4

Seite	Zug Gatt.	Richtung	Bahnst.
30	D	Cöln 8^{22}	3
97	Eilz	Aachen X 8^{35}	1
55	D	Berlin X 8^{40}	2
97	Pz	M. Gladbach 8^{50}	1
34	Eilz	Dortmund 8^{51}	4
69	Pz	Lennep 8^{54}	6
43	Eilz	Essen HB. 8^{55}	4
35	So Pz	Wesel 9^{01}	4
30	Pz	Cöln X 9^{06}	3
43	So Pz	Essen HB. 9^{09}	9
30	D	Cöln X 9^{16}	3
35	Pz	Minden X 9^{22}	4
26	So Pz	Neuß 9^{23}	1
43	Pz	Essen HB. 9^{27}	10
35	Pz	Emmerich 9^{32}	4
30	D	Basel X 9^{44}	3
61	Pz	B.-Wichlgh. 9^{46}	8
97	Pz	Aachen X 9^{46}	1
69	Pz	Lennep 9^{50}	6
35	So Pz	Oberhausen 9^{54}	4
30	Pz	Cöln-Deutz 9^{55}	7
68	So Pz	Opladen 10^{00}	6
55	Eilz	B.-Rittrsh. 10^{05}	2
35	Eilz	Dortmund X 10^{14}	4
30	D	Cöln 10^{19}	3
35	D	Berlin X 10^{21}	4
81	Eilz	Crefeld 10^{27}	1
35	So Pz	Duisburg 10^{28}	4
43	Pz	Essen HB. 10^{32}	10
55	Pz	B.-Rittrsh. 10^{32}	2
97	Pz	Rheydt 10^{34}	1
43	So E	Essen HB. 10^{58}	4
30	D	Cöln X 11^{04}	3
35	D	Dortmund 11^{06}	4
108	So Pz	Düren 11^{10}	1
55	Eilz	Barmen-R. 11^{10}	2
30	D	Cöln 11^{13}	3
35	D	Dortmund 11^{18}	4
30	Pz	Cöln X 11^{20}	7
35	Pz	Duisburg 11^{21}	4
61	Pz	Elberfeld M. 11^{24}	8
97	Pz	Rheydt 11^{28}	1
69	Pz	Lennep X 11^{29}	6
55	Pz X	Hagen i. W. 11^{30}	2
35	L	Berlin X 11^{35}	4
43	Pz	Essen HB. X 11^{42}	10
97	Pz	Erkelenz X 11^{46}	1
35	So D	Dortmund 11^{57}	4

X bedeutet Zug mit Postbeförderung.

Abfahrt-Tafel Düsseldorf Hbf 1913/14 mit Erklärungen

Erklärungen.

1. **Zum Aufsuchen** einer Station bediene man sich der Uebersichtskarte oder des Stationsverzeichnisses. Die Zahlen in der Uebersichtskarte bedeuten die Seiten des Fahrplans; im Stationsverzeichnis sind die Seiten hinter den einzelnen Stationsnamen angegeben.
2. **Die Nachtzeiten** (von 6^{00} abends bis 5^{59} morgens) sind durch Unterstreichen der Minutenziffern gekennzeichnet.
3. **Zeichen-Erklärung.**
   - **L** = Luxuszug, Benutzung nur mit Fahrkarten I. Klasse mit etwa 20% Zuschlag gestattet.
   - **D** = zuschlagpflichtiger Schnellzug, **aus Durchgangswagen** gebildet.
   - **E** = Eilzug (zuschlagfrei).
   - **So** = verkehrt nur an Sonn- und Feiertagen.
   - **W** = verkehrt nur Werktags.
   - **T** = Triebwagenzug ohne Gepäckbeförderung.
   - **a** = Zug hält nur zum Aussteigen.
   - **e** = Zug hält nur zum Einsteigen.
4. **Eilzüge** (zuschlagfrei) sind durch **fetten** Druck der Stundenziffern gekennzeichnet; **Schnellzüge** (zuschlagpflichtig) sind durch **fetten** Druck der Stundenziffern und eine **punktierte** Linie an der linken Seite bezeichnet. Züge, die **nicht täglich** verkehren, sind umrahmt.
5. **Eil- und Schnell-(D)Züge** führen keine IV. Klasse. Die bei den einzelnen Zügen angegebenen Wagenklassen beziehen sich nicht auf die Anschlußzüge.
6. Sämtliche Züge sind zur **Fahrradbeförderung** freigegeben.
7. Die Stationsnamen der Zweiglinien sind gegen die Hauptlinien zurückgerückt.

Das umseitig folgende Preisverzeichnis enthält die Fahrpreise für **Eil- und Personenzüge** einschließlich Fahrkartensteuer. Für die Benutzung der **Schnell- und D-Züge** wird außerdem noch ein fester **Schnellzug-Zuschlag** erhoben. Dieser Zuschlag beträgt:

I. Zone für 1— 75 km = 0.50 Mk. I./II. Kl., 0.25 Mk. in III. Kl.
II. „ „ 76—150 „ = 1.00 „ I./II. „ 0.50 „ „ III. „
III. „ „ üb. 150 „ = 2.00 „ I./II. „ 1.00 „ „ III. „

und Zuschläge für Schnellzüge und gab die Zoneneinteilung für die Beförderung von Reisegepäck an. So kostete 1908 beispielsweise eine Fahrt von Düsseldorf nach Berlin 41,70 Mark in der I. und 10,90 Mark in der IV. Klasse, bei Schnellzugbenutzung in der I./II. Klasse zuzüglich 2,00 Mark und in der III. 1,00 Mark. Eilzüge waren zuschlagsfrei. Züge mit nur I. Klasse-Wagen wurden als »Luxuszüge« (L) klassifiziert. Der Winter-Fahrplan des Jahres 1908/1909 bot unter anderem einen »Luxuszug« (L) an, bestehend aus I. Klasse-Wagen, der in Düsseldorf 11.35 Uhr abfuhr und in Berlin Friedrichstraße 19.28 Uhr ankam, also eine Fahrzeit von knapp acht Stunden benötigte.

Düsseldorf HB.—Duisburg—Essen HB. u. Oberhausen—

Bahnsteig	4	4	4	4	4	4	4	4	4	4	4	4	4	4
		D	D	E		E	D	W	E	D			E	E
Klasse	1—4	1—3	1—3	1—3	2—4	1—3	1—3	T 3	1—3	1—3	1—4	2—4	1—3	1—3
Düsseldorf HB. Ab	520	607	624	633	645	732	740	654	750	758	839	903	929	941
D.-Derendorf	525				651		✕	659		✕	844			
D.-Unterrath	533				658			706			851			
Calcum	540				706			711			857			
Angermund	546				711			—			902			
Großenbaum	555				718			—			909			
Duisburg An	603	626	644	653	726	752	800	—	810	817	917	↙923	950	1002
Klasse				1—4		1—4								
Duisburg Ab	615	—	—	700	825	—	803	—	813	818	928	1035	—	1004
Mülheim-Styr.	625	—	—	710	836	—	✕	—		✕	937	1045	—	
Mülheim (Ruhr)	633	—	—	716	842	756	814	—	824	830	951	1051	—	1016
Mülheim-Epp.	637	—	—	720	846	800		—			955	1055	—	
Essen W.	650	—	—	733	900	813		—			1007	1108	—	
Essen HB. An	654	—	—	737	904	817	829	—	838	844	1011	1112	—	1030
Kray Süd An	731	D	E	834	—	834	—	—	—	—	1023	—	—	—
Wattenscheid An	739	1—3	1—3	842	—	842	—	—	—	—	1031	—	—	—
Essen HB. Ab	700	631	638	746	918	826	832	—	843	846	1014	1116	—	1032
Steele W.	708			754	926		n. Hamburg	—			1022	1123	—	
Steele N.	714			802	932			—	852		1027	1130	—	
Bochum Süd	733	646	653	820	951	852		—	905	901	1055	1205	—	1048
Langendreer An	743	656	703	830	1001	902		—	915		1105	1215	—	1058
Witten W. An	808	705	—	846	1014	931	—	—	931	—	1124	1228	—	—
Lütgendortm. An	750	—		837	1008	—	üb. Gelsenkirchen	—			1112	1223	—	
Dorstfeld	757	—		843	1015	—		—			1119	1230	—	
Dortmund HB.	802	—	(717)	848	1020	—		—	929	921	1124	1235	—	1111
Hamm (Westf.)	856	—	Süd	—	—	—		—	1003	952	1230	147	—	1143
Hannover	214	—	—	—	—	—		—	102	1213	730	730	—	249
Berlin F. (L.) An	—	—	—	—	—	—		—	534	348	—	—	—	—
Klasse														
Duisburg Ab	712	628	645	654	729	756	806	—	815	—	928	928	952	1006
Oberhausen An	722	637	654	703	738	805	816	—	824	—	937	937	1001	1015
Oberhausen Ab	735	—	—	707	748	808	—	—	825	—	949	—	1005	1038
Altenessen An	756	—	—	718	807	819	—	—	836	—	1008	—	1018	1057
Essen Nord An	819	—	—	819	819	—	—	—	938	—	1032	—	1032	1110
Gelsenk. HB. An	812	—	—	728	820	829	850	—	846	—	1022	—	1029	1111
Wanne An	821	—	—	736	829	838	859	—	854	—	1031	—	1037	1120
Recklgh. HB. An	845	—	—	845	—	858	920	—	959	—	1112	—	1112	1208
Haltern An	907	—	—	907	—	912		—	1022	—	1133	—	1133	1234
Dülmen An	951	—	—	951	—	926	945	—	—	—	1152	—	1152	1250
Münster i. W. An	103	—	—	1033	—	952	1012	—	—	—	1238	—	1238	—
Osnabrück An	105	—	—	105	—	1041	1058	—	—	—	214	—	214	—
Bremen An	—	—	—	—	—	—	1244	—	—	—	530	—	530	—
Hamburg HB. An	—	—	—	—	—	—	228	—	—	—	835	—	835	—
Herne An	831	—	—	744	843	—	913	—	902	—	—	—	1047	1139
Dortmund An	905	—	—	804	916	—	1002	—	921	—	—	—	1108	1206
Hamm (Westf.) An	So	—	—	856	1053	—	1053	—	1003	—	—	—	1143	147
Hannover An	2—4	—	—	214	413	—	—	—	102	—	—	—	249	720
Berlin F. (L.) An	—	—	—	—	(1151)	..	—	—	534	—	—	—	—	—

Wanne— (Hamburg) —Dortmund—Berlin.

Bahnsteig	4	4	4		4	4	4	4	4	4	4	4	4	4	4		4	4
		D	D						D	D		E	D		D			
Klasse	2—4	1—2	1—3		L 1	1—4	2—4	2—4	1—3	1—2	2—4	1—3	1—3	2—4	1—3	1—4	1—4	1—4
Düsseldorf HB. Ab	1016	1043	1049	—	1107	1116	1217	1241	122	136	202	228	307	316	427	—	439	506
D.-Derendorf	1021	✕	✕	—		1122	1222	1246	✕	✕	207			321		—	444	
D.-Unterrath	1027			—	Schlafw.	1128	1229	1253			214			328		—	451	
Calcum	1033			—		1134	1236	1258			220		✕	334		—	456	
Angermund	1038			—		1140	1242	103			225			339		—	502	
Großenbaum	1044			—	✕	1146	1250	109			232			345		—	508	
Duisburg An	1052	1104	1109	—	1126	1154	1258	117	142	156	240	248	327	353	447	—	516	528
Klasse				1—4		1E3	1E3								1D2			
Duisburg Ab	—	—	1111	1120	1141	1210	105	138	—	158	258	↲	346	402	457	503	—	536
Mülheim-Styr.	—	—		1130		1220		148	—		307	—		411		513	—	
Mülheim (Ruhr)	—	—	1122	1142	1152	1226	117	154	—	210	318	—	357	417	507	519	—	547
Mülheim-Epp.	—	—		1146				158	—		322	—		421		523	—	551
Essen W.	—	—		1159				210	—		335	—		433		536	—	602
Essen HB. An	—	—	1137	1203	1207	1241	132	214	—	224	339	—	412	437	520	540	—	607
Kray Süd An	D	—	—	—	—	111	—	239	—	—	352	So	—	454	—	553	So	703
Wattenscheid An	1—2	1—4	—	—	—	119	—	247	1—4	—	400	1—4	—	502	—	600	1—4	712
Essen HB. Ab	1120	100	1140	1207	1208	1243	135	216	157	226	344	351	414	440	521	545	530	624
Steele W.	✕	108			n. Hamburg d. Gelsenk.			224	205			359		448			538	632
Steele N.		112		1214			144	230	214			403		454			542	636
Bochum Süd	1136	135	1157	an		1258	157	246	246	242	409	421	430	514	536	610	559	649
Langendreer An		145		—		108	207	an	256		419	431	440	524	keine	620	609	659
Witten W. An	—	—	—	—	—	117	—	—	—	—	—	—	449	538	—	633	—	712
Lütgendortm. An		152		—	—	119		—	303		426	439	—	531	Zeit-	627	616	707
Dorstfeld		159		—	—	125		—	310		433	446	—	538	kart.	633	623	714
Dortmund HB.	1155	204	1216	—	—	131	220	—	316	301	438	451	—	544	554	638	628	719
Hamm (Westf.)		311	1248	—	—	311	311	—	—	332	527	—	—	650	629	809	809	809
Hannover	255	—	320	—	—	—	—	—	—	556	—	—	—	1044	853	—	—	—
Berlin F. (L.) An	612	—	700	—	—	—	—	—	—	928	—	—	—	348	1221	—	—	—
Klasse	1D3				—										§	2—4		
Duisburg Ab	1059	1105	—	—	—	1156	100	122	146	—	243	250	329	402	448	409	521	531
Oberhausen An	1108	1114	—	—	—	1206	110	131	155	—	252	259	338	411	457	418	531	540
Oberhausen Ab	1110	1117	—	—	—	1225	114	135	159	—	305	301	352	415	458	430	—	552
Altenessen An	1121	1128	—	—	—	1244	134	153	211	—		313	405	435		448	—	612
Essen Nord An	1206	1206	—	—	—	1256	146	—	224	—		333	424	523	—	523	—	625
Gelsenk. HB. An	1131	1137	—	—	1225	1257	147	206	221	—	↓	323	415	451	516	503	—	625
Wanne An	1139	1144	—	—	—	106	158	215	230	—	348	332	423	501	524	513	—	635
Recklgh. HB. An	—	1201	—	—	—	129	—	256	256	—	412	350	545	545	545	545	—	712
Haltern An	—	1213	—	—	—	149	—	317	317	—	435	406	—	—	—	—	—	731
Dülmen An	—		—	—	—	205	—	334	334	—	452	425	—				—	747
Münster i. W. An	—	1251	—	—	126	246	—	—	—	—	540	455	—				—	831
Osnabrück An	—	141	—	—	210	357	—	—	—	—	707	556	—				—	946
Bremen An	—	322	—	—	350	—	—	—	—	—	1012	748	—	—	—	—	—	—
Hamburg HB. An	—	503	—	—	529	—	—	—	—	—	—	942	—	—	—	—	—	—
Herne An	1147	1158	—	—	vom 4./12. bis 30./9.	132	208	246	240	—	402	343	437	510	532	539	—	703
Dortmund An	1206	1251	—	—		205	241	318	302	—	430	434	459	543	553	612	—	735
Hamm (Westf.) An		147	—	—		311	—	417	337	—	527	↲	—	650	629	703	—	857
Hannover An	255	730	—	—		—	—	845	633	—	—	—	—	1044	858	1225	—	—
Berlin F. (L.) An	612	—	—	—		—	—	—	1052	—	—	—	—	343	1221	555	—	—

§ Ab Hamm 1.—2. Klasse

Kursbuch-Auszug Düsseldorf Hbf 1913/14

1914 erreichte der Bahnhof Düsseldorf zweifelsohne einen Höhepunkt seiner Leistungen. Werktäglich fuhren 369 Personenzüge durch den Hauptbahnhof oder begannen und endeten dort; hinzu kamen noch etwa 80 Güter- und Viehzüge im Durchgang. Zum Vergleich: heute muß der Hauptbahnhof mehr als 1000 Zugfahrten bewältigen. Einige Personenzüge standen im Blickpunkt der Reisenden, denn sie fuhren über weite Entfernungen oder fielen durch ihre Namen oder Spitznamen auf. Es gab zum Beispiel einen Riviera-Luxuszug zwischen Holland und Italien, der vom 2. Januar bis 27. April dienstags und samstags über Wiesbaden und Frankfurt am Main Richtung Süden und montags und freitags in Gegenrichtung fuhr. Die Düsseldorfer konnten um 6.39 Uhr mit diesem Zug in die wärmeren Regionen enteilen; und der Gegenzug traf um 15.53 Uhr wieder zu Hause ein. Eine weitere luxuriöse Reisegelegenheit bot der Lloyd-Expreß nach Genua, bestehend aus den Zugteilen von Den Haag und Altona. Er verließ Düsseldorf um 19.55 Uhr und fuhr in der Zeit vom 4. Dezember bis 30. September. In den Zug waren die blau lackierten Schlafwagen der Internationalen Schlafwagen-Gesellschaft eingereiht. Daneben gab es weitläufige Verbindungen nach Berlin, Basel, Frankfurt am Main, München, Leipzig und Dresden mit Schnellzügen der I. bis III. Klasse. Siebenmal täglich fuhren Schnellzüge nach Holland. Nach

Paris bestand von Düsseldorf aus zweimalige Fahrgelegenheit am Tage. Auffallend dagegen war ein nur geringes Schnellzugangebot zum Beispiel nach München. Es gab auch weitläufige, zuschlagfreie Eilzugverbindungen, beispielsweise nach Hamburg, Hannover, Berlin, Kassel und Antwerpen. Der Nahverkehr wies ein vielseitiges und umfangreiches Angebot an »Personenzügen« (P) auf, darunter auch an Triebwagenzügen (T) ohne Gepäckbeförderung, zum Beispiel nach Langenfeld oder Wichlinghausen. Die Personenzüge waren in manchen Fällen zur Fahrradbeförderung freigegeben.

Kriegswirren und Stillstand

Die vielversprechende Entwicklung des Eisenbahnwesens im Raume Düsseldorf wurde durch den beginnenden Weltkrieg unterbrochen. Ab 1914 rollten Militärzüge durch Düsseldorf an die Westfront. Auf den Güterbahnhöfen der Stadt wurden Truppentransporte zusammengestellt. Lebensmittel und Kohle wurden knapp. Von den Eisenbahnern wurden in den Kriegsjahren größte Anstrengungen verlangt. Hoffnungsvolle Auf- und Ausbaupläne für das Eisenbahnnetz gerieten in den Hintergrund. Am 11. November 1918 war der Erste Weltkrieg zu Ende, Deutschland hatte die Waffen niedergelegt und unterzeichnete am 28. Juni 1919 den Friedensvertrag in Versailles. Deutsche Eisenbahner leisteten fast Übermenschliches bei der Rückführung von Truppen und Ausrüstungsgegenständen in die Heimat. Bald zeigte sich, daß aus den Betriebsmitteln, Bahnanlagen und dem Personal in den zurückliegenden Jahren das Äußerste herausgeholt worden war und kaum noch Reserven zur Verfügung standen. Das Eisenbahnwesen war auf einem Tiefpunkt angelangt, aber noch war kein Ende der Notzeit in Sicht.
Am 13. Dezember 1918 rückten britische Besatzungstruppen in Benrath ein. Benrath gehörte zum Brückenkopf Köln, den die Briten besetzt hielten. Ende Dezember wurde die Grenze zum nicht besetzten rechtsrheinischen Gebiet, wozu auch Düsseldorf gehörte, mit Stacheldraht abgeriegelt. An der Grenze wurden förmliche Kontrollen vorgenommen. Deutschland mußte Reparationsleistungen erbringen. Auch durch Düsseldorf rollten Züge mit Kohle aus dem Ruhrgebiet nach Westen. Die Lage war angespannt, als belgische Truppen das linksrheinische Gebiet von Düsseldorf besetzten. Anfang 1920 kam es zu einem großen Eisenbahner-Streik im rheinisch-westfälischen Industriegebiet. Die Eisenbahner lehnten sich gegen das Vorgehen der Besatzungsmächte und ihrer Truppen auf. Die Düsseldorfer Nachrichten meldeten am 7. Januar 1920 die Schließung des Düsseldorfer Hauptbahnhofs, weil die Eisenbahner streikten. Die Arbeit wurde erst am 13. Januar wieder aufgenommen. Mit der Behauptung, die im Versailler Vertrag auferlegten Reparationsleistungen verliefen stockend, marschierten französische Truppen am 8. März 1921 in Düsseldorf ein. Die Lage verschlimmerte sich, als die Franzosen 1923 ihren Truppen den Einmarsch ins Ruhrgebiet befahlen. Düsseldorf wurde zur Drehscheibe militärischer Operationen und zu einem wichtigen Verkehrsknotenpunkt während der Besatzungszeit. Die Reichsregierung untersagte 1923 ihren Beamten die Zusammenarbeit mit den militärischen Stellen, und die Bevölkerung sollte passiven Widerstand leisten. Kein Wunder, daß der Eisenbahnbetrieb immer mehr in Mitleidenschaft gezogen wurde, nur schleppend ablief und bald ganz zum Stillstand kam. In den Übergangsbahnhöfen des nördlichen Direktionsbezirks von Köln stauten sich die Güterzüge. Die Eisenbahndirektion Elberfeld sperrte zeitweise die Annahme von Sendungen für Düsseldorfer Bahnhöfe. Stockungen gab es auch an den belgischen Grenzbahnhöfen, denn Belgien war nicht in der Lage, die zugeführten Frachten-

Bahnhofsvorplatz um 1895 (oben) und 1926 (unten) mit Fahnen- und Girlandenschmuck zur »Gesolei« (Ausstellung für Gesundheitspflege, soziale Fürsorge und Leibesübungen)

und Kohlenzüge abzunehmen. Auf wichtigen Durchgangsgleisen standen die Güterzüge und blockierten den Verkehr. Lokomotiven konnten nicht mehr zurück zu ihren Ausgangsbahnhöfen, so daß Lokomotivmangel auch im Raume Düsseldorf einsetzte. Nur im britisch besetzten Gebiet südlich der Stadt rollte der Verkehr weiter. Die an der Besatzungsgrenze gelegenen Bahnhöfe Reisholz und Benrath erlebten den stärksten Ansturm an Reisenden in ihrer Geschichte.
Trotz allem gelang es den fremden Truppen, Kohle aus dem Ruhrgebiet über den Rhein abzutransportieren. Der Widerstand im Rhein-Ruhr-Gebiet richtete sich gegen die Kohleabfuhr. Aus passivem Widerstand wurde aktiver, als am 15. März 1923 die Eisenbahnbrücke über den Haarbach bei Kalkum in die Luft flog und damit die Eisenbahnstrecke nach Düsseldorf unterbrochen war. Die Täter wurden gefaßt und deren Anführer, Albert Leo Schlageter, ehemaliger Leutnant der kaiserlichen Armee, Freikorpsmann und Deutschnationaler, wurde in Düsseldorf vor einem Kriegsgericht zum Tode verurteilt.

Aufblühen des Eisenbahnwesens zwischen den beiden Weltkriegen

Nur schleppend ging es Mitte der zwanziger Jahre mit der Eisenbahn wieder aufwärts. 1924 fertigte der Düsseldorfer Hauptbahnhof 262 Personenzüge ab; es waren fast 100 weniger als zu Beginn des Krieges. Aber schon 1926, zur großen Ausstellung für Gesundheitspflege, soziale Fürsorge und Leibesübungen, »Gesolei«, konnte die Deutsche Reichsbahn ihre früheren Beförderungsleistungen wieder erbringen. Die Güterzüge durften ab 1925 auf fast allen Hauptbahnen mit erhöhter Geschwindigkeit von 40 Kilometer je Stunde fahren. Es wurden Durchgangseilgüterzüge geschaffen, deren Höchstgeschwindigkeit bei 60 Kilometer je Stunde lag. Dadurch konnte Frachtgut bereits in 24 Stunden von Düsseldorf zum Beispiel bis Berlin oder Hamburg gelangen und dort am Bestimmungsort ausgeliefert werden. Mehr als je zuvor rangierten Eilgüterzüge auf dem Düsseldorfer Hauptbahnhof.
Einen Höhepunkt der Eisenbahngeschichte bedeutete für Düsseldorf die Einrichtung einer Zugverbindung zwischen Hoek van Holland und Basel mit Flügelzug von und nach Amsterdam am 15. Mai 1928 unter dem Namen »Rheingold«. Für diesen neuen Fern-D-Zug (FFD 101/102) mußte ein erhöhter Zuschlag entrichtet werden. Die Deutsche Reichsbahn hatte diesen Luxuszug mit exklusiv ausgestatteten Wagen der I. und II. Klasse bestückt, die sich durch gediegen ausgestattete Innenräume und hervorragenden Service auszeichneten. Der Zug wurde von einer bayerischen Dampflokomotive der Gattung S 3/6 gezogen und erreichte eine Höchstgeschwindigkeit von 100 Kilometer in der Stunde.
Weitere Höhepunkte für den Bahnhof Düsseldorf gab es, als der Ingenieur Kruckenberg seinen Propeller-getriebenen »Schienenzeppelin« vorstellte. Er fuhr am 26. Juni 1931 von Berlin über Magdeburg, Kreiensen, Altenbeken, Hagen nach Düsseldorf und drei Tage später zurück über Duisburg, Essen und Hamm nach Hannover. Das Fahrzeug hatte am 21. Juni 1931 zwischen Ludwigslust und Wittenberge auf der Strecke Hamburg – Berlin eine Rekordgeschwindigkeit von 230,2 Kilometer in der Stunde bei einer Demonstrationsfahrt erreicht, die erst 1957 von den französischen Staatsbahnen (SNCF) überboten wurde. Auch der »Gläserne Zug«, der bereits vor dem Zweiten Weltkrieg in Süddeutschland für Sonderfahrten eingesetzt wurde und dessen Nachfolger als elektrischer Triebwagen heute noch verkehrt, stattete Düsseldorf in den dreißiger Jahren einen Besuch ab.
Einen letzten Höhepunkt erreichte der Personenfernverkehr vor dem Zweiten Weltkrieg mit dem

Schnelle und luxuriöse Züge berühren den Hauptbahnhof. Oben: Planmäßige Ausfahrt des Riviera-Expreß L 220 mit der Lok 17 054 um 16.18 Uhr aus dem Hauptbahnhof 1932 in Richtung Köln; Mitte: 1. Klasse-Abteil im historischen »Rheingold«-Wagen von 1928; unten: Zweiteiliger Schnelltriebwagen VT04 für 160 km/h Höchstgeschwindigkeit um 1935

Aufbau eines auf die Reichshauptstadt Berlin ausgerichteten 6000 Kilometer langen Schnelltriebwagen-Netzes, so daß 1939 acht Wirtschaftszentren des Reichsgebiets in attraktiven Tagesrand-Lagen mit Berlin verbunden waren. Bereits 1936 war Berlin mit dem FDt 16 in etwa 5 Stunden von Düsseldorf aus zu erreichen. Eingeleitet wurde die Entwicklung 1933/35 mit dem »Fliegenden Hamburger«, einem zweiteiligen, diesel-elektrisch angetriebenen Triebwagenzug der Baureihe SVT 04, der im Plan des Fern-D-Zuges 1/2 die Strecke Hamburg Hbf – Berlin Lehrter Bf in zwei Stunden und 18 Minuten bei einer Beförderungsgeschwindigkeit von maximal 124,7 Kilometer in der Stunde zurücklegte. Um kurze Bremswege zu erreichen, wurden Magnetschienenbremsen eingesetzt. 1934 fanden mit diesem Fahrzeugtyp auch Versuchsfahrten zwischen Berlin und Köln über Düsseldorf statt, so daß der planmäßige Betrieb auf dieser Strecke am 1. Juli 1935 aufgenommen werden konnte. Tags zuvor startete der Triebwagenzug SVT 137 149 von Köln über Düsseldorf mit Pressevertretern zur Rekordfahrt auf der 575 Kilometer langen Strecke nach Berlin. Der »Neue Tag« schrieb: *»Fast lautlos gleitet der Zug über die Weichenstraßen durch die Portale der Hohenzollernbrücke. Nach 27 Minuten ist Düsseldorf erreicht ... Nach einer Stunde wird in Essen, nach weiteren 24 Minuten in Dortmund gehalten. Ab Dortmund geht der neue Zug ab wie ein leibhaftiger Blitz ... Um 12.20 Uhr hält der Zug am Bahnsteig A von Berlin Friedrichstr., mitten im Zentrum der Hauptstadt.«* Für 42,60 Reichsmark einschließlich Zuschlag konnten die Reisenden den neuen Triebwagenzug von Köln nach Berlin und zurück benutzen. Er war wochenlang ausgebucht und später regelmäßig gut ausgelastet. Wegen der steigenden Inanspruchnahme der Schnelltriebwagenzüge beschaffte die Reichsbahn später vierzehn dreiteilige Einheiten mit 102 Sitzplätzen und einem Speiseabteil je Zug, die als »Fliegender Kölner« bekannt wurden und bei einem Gewicht von 165 Tonnen und einer Antriebsleistung von zweimal 600 Pferdestärken eine Spitzengeschwindigkeit von 160 Kilometer je Stunde erreichen konnten. Als der Zweite Weltkrieg ausbrach, wurde die gesamte Entwicklung der Schnellfahrten unterbrochen. Eine Eisenbahnepoche ging damit zu Ende.

Übersichtsplan von 1872 mit der Bergisch-Märkischen Eisenbahn, der Cöln-Mindener-Eisenbahn und den Bahnanlagen am Südende der Königsallee sowie der Eisenbahnstrecke Heerdt – Ober-Cassel

Historischer Plan der Stadt Düsseldorf aus dem Jahre 1902 (»Walraff-Plan«) mit Jahresangabe der Eingemeindung und den neuen Eisenbahnanlagen nach Entstehung des Hauptbahnhofs

TEE

△ Trans-Europ-Expreß (TEE) der ersten Generation bei Ausfahrt aus dem Hauptbahnhof um 1958, Ostseite mit elektrischer Oberleitung, im Hintergrund Dampfloks

△
Einfahrt eines Intercity-Zuges (IC) aus Richtung Köln in den Hauptbahnhof um 1980, rechts Ausfahrt eines Autoreisezuges

◁ Elektrischer Triebwagen ET 30 nach der ersten Streckenelektrifizierung bei Wehrhahn um 1957

Ausfahrt eines Intercity-Zuges (IC) in Richtung Duisburg um 1980

5. Der Hauptbahnhof wird zu eng

Platz für neue Gleise und Bahnsteige

Innerhalb weniger Jahre hatte sich das Verkehrsaufkommen der Eisenbahn im Raume Düsseldorf verdoppelt. Um 1926 fuhren etwa 400 Züge täglich durch den Hauptbahnhof, 1935 sollten es bereits 800 sein. Zusätzliche Bahnsteige und Bahnsteiggleise waren erforderlich, um der stürmischen Verkehrsentwicklung, insbesondere im Nahverkehr, gerecht zu werden. In dem sieben Kilometer langen »Düsseldorfer Engpaß«, wie der zweigleisige Streckenabschnitt zwischen Unterrath und Hauptbahnhof bezeichnet wurde, drängten sich 240 Züge der Richtungen Duisburg und Essen/Rath zusammen. Der Engpaß konnte nur entschärft oder beseitigt werden, indem die Gleisanlagen von Unterrath bis zum Hauptbahnhof leistungsfähig ausgebaut wurden, wobei der Hauptbahnhof Dreh- und Angelpunkt des gesamten Streckenabschnitts blieb. Nach umfangreichen Vorarbeiten begann der planmäßige Bahnhofsumbau im Jahre 1929; er sollte eigentlich 1934 zu Ende sein. Ausweitungsmöglichkeiten bestanden im Osten, wo durch Auflassen der Wagenbehandlungs- und -abstellanlagen und deren Umzug in den neuen Düsseldorfer Abstellbahnhof Wersten neue Gleise und Bahnsteige angelegt werden konnten. Um die Leistungsfähigkeit des Hauptbahnhofs entscheidend zu verbessern, entstand ein ganz neuer Gleisplan. Statt sechs sollte es künftig vierzehn Bahnsteigkanten sowie sieben Inselbahnsteige geben. Die bisherigen Gleise 1 bis 3 konnten als Güterzug- und Rangiergleise erhalten bleiben. Am ehemaligen Außenbahnsteig 1, der außerhalb des Mittelbahnsteigs lag, brauchten kaum Veränderungen vorgenommen zu werden. Aber das Wartesaalgebäude stand dem Umbau im Wege. Es mußte weichen, um künftig 18 durchgehende Hauptgleise zu schaffen. Zwischen den Gleisen 7 und 9 entstanden ein Durchfahrgleis und zwischen den Gleisen 5 und 6, 12 und 13 sowie 16 und 17 Gepäckbahnsteige. Einige der neuen Bahnsteige erhielten kurze, stumpf endende Vorstellgleise, um Wagen oder Lokomotiven in Warteposition aufstellen zu können. Am Südende der Bahnsteige entstand eine Aufstellgruppe mit vier Gleisen. Das ehemalige Lokomotivbetriebswerk auf der Nordwestseite wurde aufgegeben, um einem Bahnpostamt mit einer Paketumschlaghalle an der Worringer Straße Platz zu machen. An der Schlägelstraße blieb eine kleine Lokomotiv-Abstellgruppe mit Drehscheibe erhalten.

Der Abbruch des Wartesaalgebäudes mitten im Gleisfeld erforderte letztendlich den Bau des neuen Empfangsgebäudes. Vorher hatte man lange überlegt, ob Platz für die untergehenden Wartesäle und Diensträume durch Erweitern des bestehenden Empfangsgebäudes oder einen Neubau gewonnen werden könnte.

Hauptbahnhof um 1927 mit Empfangsgebäude, Wartesaalgebäude, Bahnsteighallen, Kopfbahnsteigen, Drehscheibe, Lokomotivbetriebswerk (links), Wagenwerk mit Heizkraftwerk (hinten). (Aufnahme: Junkers-Luftbild)

Ein neues Empfangsgebäude entsteht

Der Vorentwurf zum Empfangsgebäude schlug bei den Düsseldorfern wie eine Bombe ein. Von der Stadt wurde unmißverständlich zum Ausdruck gebracht, daß sich der Umbau des Hauptbahnhofs nicht auf die bahntechnische Seite beschränken dürfe. Wenn schon das Empfangsgebäude in die Umbaupläne einbezogen werden mußte, so sollte wenigstens ein modernes Gebäude entstehen. *»Nichts wirkt besser, das Gesicht einer Stadt zu dokumentieren, als der Hauptbahnhof«,* wie die Düsseldorfer Nachrichten vom 7. November 1936 treffend bemerken. Die Stadt Düsseldorf hat sich – das lehrt die Geschichte des Hauptbahnhofs – von Anfang an gründlich und ausdauernd um die Entwicklung der Bahnanlagen und die Architektur der Gebäude gekümmert. Nach Bekanntwerden des Vorentwurfs wurde der Druck seitens der Stadt so groß, daß sich alsbald Düsseldorfer Architekten um die Neugestaltung des Hauptbahnhofs bemühten und in einem Wettbewerb eigene Entwürfe für das Empfangsgebäude vorlegten. Vom Preisgericht wurden zwölf Entwürfe ausgewählt, die dem

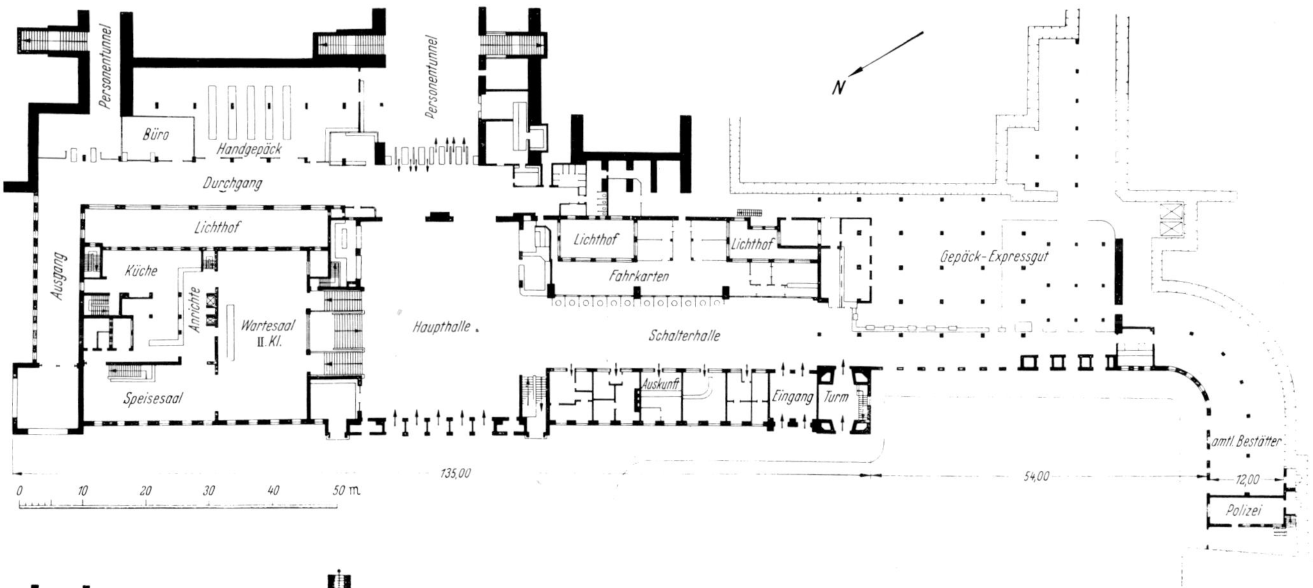

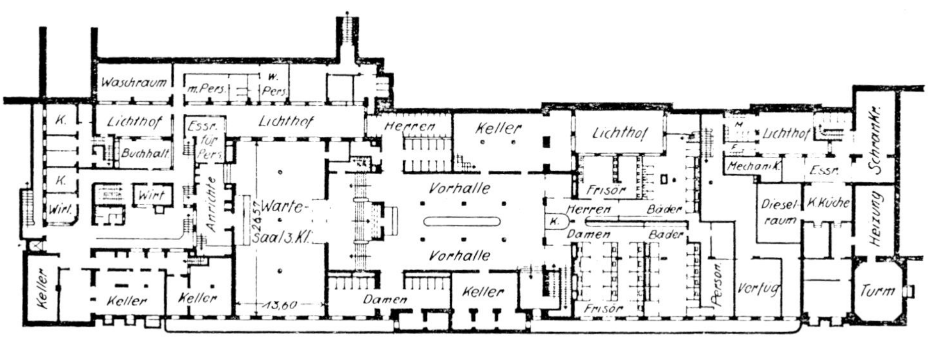

Empfangsgebäude des neuen Hauptbahnhofs 1936. Oben: Ansicht, darunter: Grundriß. Mitte: Kellergeschoß, unten links: Querschnitt des Nordflügels und der Eingangshalle, unten rechts: Fluchtlinienplan

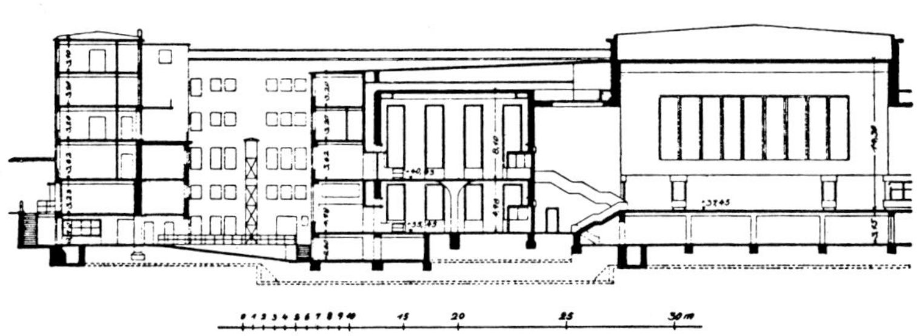

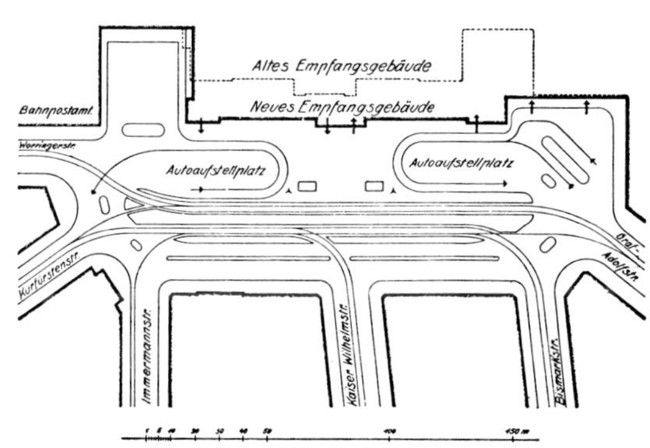

künstlerischen Empfinden und dem Kulturstandard der Stadt entsprachen. Über die Unterbringung der Wartesäle 2. und 3. Klasse gingen die Meinungen der Preisrichter stark auseinander, denn eine Gruppe von Architekten wollte sie nebeneinander, eine andere übereinander anordnen. Der für die Planung maßgebende Eisenbahnarchitekt, Reichsbahnoberrat Behnes, nutzte die Anregungen aus dem Architekten-Wettbewerb und legte 1932 den Ausführungsentwurf vor. Statt des einstigen Prachtbaus im Stil der Neorenaissance von 1891 wurde ein Ziegelbau in vergleichsweise zurückhaltender Form konzipiert. Er ließ in seiner funktionalistischen Weise Ansätze an die damalige »Bauhaus-Architektur« erkennen. *»In der schlichten Auffassung der frühen dreißiger Jahre zeigt der Bau nur am Ende seiner Fassade einen bescheidenen Eckrisalit, sonst sind die Fläche und das obere Hauptgesims nicht unterbrochen; selbst die großen Fenster der Vorhalle stehen innerhalb der Mauerflucht«*, schreibt Kubinszky. Die Grundrißplanung ging von den vorhandenen Personentunnels aus, deren Zahl durch Auflassen der Kopfbahnsteige von drei auf zwei vermindert werden konnte.

Da der Zugang der Reisenden aus der Stadt durchweg von Westen und Südwesten zu erwarten war, gelangten die Fahrkartenschalter und übrigen Abfertigungseinrichtungen in den Südflügel des neuen Empfangsgebäudes. Er beherbergte 18 Inlands- und drei Auslandsschalter und die zugehörigen Dienst- und Sozialräume, ferner das DER-Reisebüro und den Fahrplanraum. Richtung Süden entstanden Räume für die Gepäck- und Expreßgutabfertigung und für den amtlichen Rollfuhrunternehmer, weiter südlich Diensträume für die Bahnpolizei. Die Dienststellen des Bahnhofs, die Bahnhofskasse und ein Unterrichtsraum wurden im Obergeschoß des Südflügels untergebracht. Wer mit dem Personenkraftwagen vorfuhr, benutzte den neben dem Uhrenturm gelegenen, regengeschützten Eingang. Der Turm, der im obersten Geschoß einen Wasserbehälter besaß, stand im Schnittpunkt der wichtigsten Zugangsstraßen.

In der Mitte des Empfangsgebäudes gelangte man durch eine 25 Meter breite Eingangshalle zum Hauptpersonentunnel. Um die Eingangshalle gruppierten sich Verkaufsstände für Reisebedarf, Zeitungen, eine Milchstube, eine Bierklause und öffentliche Fernsprechzellen. Die öffentlichen Aborte befanden sich im Untergeschoß und konnten über die Wartesaaltreppe betreten werden. Im Untergeschoß gab es auch Friseur-, Wasch- und Baderäume. Am Quertunnel zwischen Nord- und Hauptpersonentunnel hatte der Aufbewahrungsraum für Handgepäck eine günstige Lage gefunden.

Der geräumige Nordflügel beherbergte die zweigeschossig angeordneten Wartesäle. Da der Höhenunterschied zwischen dem Fußboden der Eingangshalle und den Wartesälen nur je zwei Meter betrug, die Zugangstreppen bequem begehbar waren und die Wartesäle sich mit breiten Glasflächen zum Treppenhaus hin öffneten, fiel dem Besucher das Treppensteigen nicht schwer. Außer den Wartesälen 2. und 3. Klasse waren noch ein Speisesaal 2. Klasse, eine Kaffeestube und eine Schreibstube sowie im Untergeschoß eine Weinstube vorgesehen. Am Speisesaal vorbei, der auch vom Bahnhofsvorplatz aus zu erreichen war, führte der Weg zu Sitzungszimmern mit nebengelegenen Garderobe- und Toilettenräumen. Zu den in Höhe des Wartesaals 2. Klasse angeordneten Küchenbetriebsräumen gehörten die Hauptküche, kalte Küche, Konditorei, Spülräume, Metzgerei und Kühlräume. Ein Materialaufzug versorgte die Zwischengeschosse bis in den Weinkeller. Für die Warenlieferung entstand am Ende des Nordflügels ein Straßenzugang. Im Nordflügel befanden sich auch die Räume für die Geschäftsleitung und ihr Personal. Eine Warmwasserheizung erwärmte das Empfangsgebäude, für die eine bahneigene Fernheizanlage

Luftbild des Bahnhofsvorplatzes mit erstem Bauabschnitt 1932 (Freig. Reg. Rw 261) (oben) und Ansicht des ersten Gebäudeteils mit Uhrenturm (unten)

Abbrucharbeiten am alten Empfangsgebäude 1933 (oben), fertige Schalterhalle und Stahlskelettkonstruktion der Eingangshalle 1934 (unten)

an der Schlägelstraße den Hochdruckdampf lieferte, der in der Gebäudezentrale abgespannt und in Wasserwärme umgesetzt wurde. Die Lüftungsanlagen waren aus wirtschaftlichen Gründen in verschiedene Systeme unterteilt. Eine eigene Brunnenanlage lieferte das für die Kühlung der Speisesaalzuluft und für Reinigungszwecke benötigte Wasser.

Architektur und Ausgestaltung des Empfangsgebäudes

Der Hochbau wurde zum Teil in Stahl, zum Teil in Stahlbeton ausgeführt, mit Holsteiner Klinkern verblendet und Pfälzer Sandstein eingesäumt. Über die Eingangshalle spannte sich eine 25 Meter lange Holzdecke. Travertinplatten bedeckten die Wände der Eingangs- und Schalterhalle bis in 3,20 Meter Höhe über dem Fußboden, der mit Kunststeinplatten belegt war. Eiche, Nußbaum und Lärche wurden als Hölzer für die Wandverkleidung in den Speise- und Wartesälen verwendet, und für die Sitzungszimmer stand Rüsterholz zur Verfügung.

Die Eingangshalle und Wartesäle hoben sich von vergleichbaren Räumen anderer Bahnhofsgebäude durch ihre künstlerische Ausgestaltung ab. Der Stadt Düsseldorf ist es zu verdanken, daß die heimische Kunst gepflegt wurde. Ohne ihre finanzielle Beteiligung hätten die Künstler nicht gewonnen werden können, obschon die Reichsbahn das künstlerische Schaffen auch mit eigenen Mitteln unterstützte. Zu den Kunstwerken der einheimischen Künstler gehörten die Glasmalerei von Rüter und Putfarken in der Eingangshalle, die auch die farbige Behandlung der Holzdecke übernommen hatten. *»Mit lebendiger Einführung in das Stadt- und Landschaftsbild Düsseldorf, seiner Menschen und ihres frohgeselligen Daseins sind die großen Malereien durchgebildet, die der als einfallsreich-virtuoser Zeichner und geschmackssichere Kolorist geschätzte Professor Dr. Münzer für den großen Wartesaal 2. Klasse geschaffen hat. Hier fehlt nichts im Stofflichen, was für unsere Stadt charakteristisch ist: Von Jahn Wellem über den ›Zappes‹ bis zum Martinsabend und dem Bunten Karneval im Malkasten wird hier der farbige Abglanz gespiegelt, an dem der Düsseldorfer das Leben hat.«* So beschrieben die Düsseldorfer Nachrichten später das künstlerische Schaffen im neuen Hauptbahnhof. Der große

Ansicht des neuen Empfangsgebäudes mit Bahnhofsvorplatz 1936

Speisesaal 2. Klasse hatte in der bildlichen Ausschmückung der Wände im Gegensatz zum ornamental-wogenden Überschwang Münzer'scher Phantasie mit den Motiven: Erntefest, Jagd und Weinlese von Rüter und Putfarken wieder eine strengere, ernstere Haltung. Niederrheinische und bergische Landschaftsbilder von Hacker bestimmten die Wandmalereien im Wartesaal 3. Klasse. Rhein- und Moselbilder in der Weinstube von Freiherrn von Perfall und humorvolle Reisetypen in der Bahnhofsklause von Heimig und Bloss unterstrichen die Bestimmung dieser Räume bildlich. Auch die Bildhauerkunst war durch die Sandsteinreliefs am Haupteingang von der Hand der Bildhauer Heseding und Reiß-Schmidt zu ihrem Recht gekommen.

Die gediegene Ausführung der Räume und die für ein Empfangsgebäude damals ungewöhnlich hochwertige Ausstattung konnten die Düsseldorfer am Freitag, dem 6. November 1936, erstmals in Augenschein nehmen, nachdem der letzte Bauabschnitt des Empfangsgebäudes vollendet worden war. Nach etwa vierjähriger Bauzeit ging die wechselvolle Geschichte des Neubaus, der unter Leitung des Reichsbahnrats Lay in mehreren Bauabschnitten mit Verkehrsumleitungen und daraus sich ergebenden Erschwernissen und Zeitverlusten errichtet werden mußte, zu Ende. Dem Bahnhofsarchitekten wurde von maßgebender städtischer Seite bescheinigt, daß die Öffentlichkeit das Wesen der »Kunststadt des Westens« im neuen Empfangsgebäude in vollem Maße gewahrt sieht. Das 275 Meter lange, zweiflügelige Empfangsgebäude mit seiner herausgehobenen Empfangshalle und dem schlank aufragenden, 40 Meter hohen Uhrenturm wurde in festlichem Rahmen am 4. November 1936 um 14.00 Uhr in Anwesenheit von etwa 180 Gästen der Öffentlichkeit übergeben. Über den Festakt berichteten einen Tag später die Düsseldorfer Nachrichten, wie den folgenden Ausführungen zu entnehmen ist. Allen voran war der Generaldirektor der Deutschen Reichsbahngesellschaft Dr. Dorpmüller erschienen. Als Präsident Loewel von der Reichsbahndirektion Wuppertal die blumengeschmückte Rednertribüne betrat, erklangen aus seinem Munde folgende Worte: *»Nach ziemlich umfangreichen, in vorhergehenden Jahren geleisteten Vorarbeiten begann der planmäßige Ausbau im Jahre 1929; er sollte bis zum Jahre 1934 zu Ende geführt sein. Planmäßig konnte der Bau fortgeführt werden bis zum Jahre 1930, dann war dies trotz bestem Willen der beteiligten Stellen nicht mehr möglich. Wir mußten uns damals mit einem Drittel beziehungsweise der Hälfte der planmäßigen Mittel bei den Bauarbeiten begnügen. So ist es denn zu erklären, daß wir heute erst etwa vier Fünftel der ganzen Arbeit fertiggestellt haben.«* Während des Essens nahm Präsident Loewel noch einmal das Wort. *»Mit Lust und Liebe habe er hier immer an diesem Werk arbeiten sehen und die Sorgfalt bewundert, die notwendig ist, wenn schwierige Bauten unter dem rollenden Rad auszuführen sind. Bei diesem Bauprogramm, soweit es in den Bezirk der Reichsbahndirektion Wuppertal fällt, seien Mittel aufzuwenden gewesen in Höhe von über hundert Millionen RM und etwa sechs Millionen RM Aufwendungen an Tagewerken. Im Laufe der langen Jahre des Bauens seien drei Todesopfer zu beklagen gewesen, drei brave Arbeitskameraden haben ihr Leben gelasssen.«* Mit dem Lied vom guten Kameraden wurden sie geehrt. Präsident Loewel gedachte dann in dankbaren Worten aller seiner Mitarbeiter, der Beamten sowohl wie der Arbeiter sowie der zahlreichen Unternehmer, der Künstler und Kunsthandwerker mit all ihren Arbeitsgehilfen und Ingenieuren. Oberbürgermeister Dr. Wagenführ dankte in humorvollen Worten der Reichsbahn für die Erstellung dieses Hauptbahnhofs. *»Als ich einmal«*, so fuhr er fort, *»auf den Bahnhofsvorplatz kam, sah ich einen Auflauf, und ich fragte, was da los sei. Da antwortete man mir: Wir haben eben zwei Arbeiter beim Bahnhofsumbau gesehen. Die Düsseldorfer Karnevalisten haben wenigstens Stoff für ihre Büttenreden gehabt unter dem Motto: He wöhd doch fähdig! Jahre haben wir uns auf den Bau gefreut und unsere Sorgen wegen der Fertigstellung in den letzten Jahren auch offen zum Ausdruck gebracht. Heute stehen wir nun vor einem Werk, das in seinen Ausmaßen so groß ist, wie nur wenige Bauten der Deutschen Reichsbahn. Ich muß sagen, daß hier ein geradezu idealer Raum geschaffen worden ist. Daß diese Räume mit soviel Liebe ausgestaltet wurden, das ist für uns eine richtige Freude und zeugt von der Verbundenheit der Reichsbahn mit der Bevölkerung.«* Generaldirektor Dr. Dorpmüller betonte in seiner Tischrede, daß das Fest ein großes Fest der Reichsbahndirektion Wuppertal sei, und daß er sich darum nicht hineinmischen wolle. Humorvoll stellte er sich als rheinischer Junge vor und erinnerte daran, daß ihn mannigfache Beziehungen mit Düsseldorf verbinden. Er schloß seine launige Tischrede nicht mit der in damaliger Zeit üblichen Grußformel, sondern mit dem Ausruf: »Alaaf Düsseldorf!« Nach dem Essen, das von musikalischen Darbietungen einer Kapelle der Bahnpoli-

Speisesaal im neuen Empfangsgebäude mit reichhaltigem und vielseitigem Wandschmuck und kostbarer Deckengestaltung

zei umrahmt wurde, blieben die Teilnehmer noch lange in angeregter Unterhaltung in den schönen Räumen zusammen.

Begeisterung unter den Düsseldorfern herrschte am Freitagmorgen, als um 10.05 Uhr die Türen der Wartesäle erstmals geöffnet wurden. Aus den Düsseldorfer Nachrichten, Abendausgabe, vom 6. November ist folgendes zu entnehmen: *»Wir haben den ersten Gast, einen Kriegsinvaliden, über seine Eindrücke befragt. ›Da habe ich schon lange darauf gewartet‹, erzählte er, ›ich wollte der Erste sein, und deshalb habe ich mich schon eine Stunde früher an die Tür gestellt. Hoffentlich, habe ich mir gedacht, machen die erst die rechte Tür auf, dann bin ich der erste Gast im neuen Wartesaal. Das ist doch ein Ereignis!‹ Das sagten auch die anderen, die nach und nach ihre Schüchternheit überwunden hatten und mit lauten Ahs und Ohs ihrer Bewunderung Ausdruck gaben. Nur einer war nicht recht zufrieden. ›Ich weeß et nit, das se dat all so ohne Sang und Klang make, do mößt doch de Musik speele, dat wör doch vell schöner. Kick emol do drove die zwei, die hant no jar kinn Kurasch, erennzenjonn, denne moß ich dat emol für make. Jetzt jonn ich mich och d'r ehschte drenke, paß op!‹ Und mutig verschwand er hinter der Pendeltür, einen Schwarm von Sehleuten mit sich ziehend. Den ganzen Vormittag über hielt der Zustrom der Düsseldorfer an, und so wird es auch noch einige Tage bleiben, bis daß sie sich an die neuen Wartesäle gewöhnt haben und es als eine Selbstverständlichkeit betrachten, daß man in solchen schönen Räumen nichts anderes zu tun hat, als auf den Zug zu warten oder aber lieben Bekannten den ersten Willkommenstrunk zu bieten.«*

Planung und oberste Bauleitung für den Bahnhofsumbau lagen bei der Reichsbahndirektion Wuppertal. Für die örtliche Bauleitung der Ingenieurbauten bestanden zwei Neubauämter, die Mitte 1935 vereinigt wurden. Für die Hochbauten gab es seit Juni 1933 ein eigenes Neubauamt.

Oben links: Abbruch des Wartesaalgebäudes 1938 und Bau des neuen Hauptpersonentunnels (rechts). – Unten links: Alte Bahnsteighalle mit Gleisverziehung und Behelfsbahnsteig 1936 und Bau der neuen Halle auf Bahnsteig 2 und 3 1939 (rechts)

Noch konnte kein Schlußstrich unter die Baumaßnahmen am Hauptbahnhof gezogen werden. Erst mußte das alte Wartesaalgebäude abgerissen sein, dessen Wartesäle und Diensträume am 6. November 1936 ausgedient hatten. Dort, wo seit 45 Jahren die Reisenden ein- und ausstiegen, mußten Gleise und Bahnsteige angelegt werden. Die Kellergewölbe, Grundmauern und Fundamente wurden zum Leidwesen späterer Generationen nicht vollständig beseitigt, sondern vielfach mit Bauschutt verfüllt. Mit dem Abbruch des alten Gebäudes fielen auch die Kopfgleise und Drehscheiben vor dem Wartesaalgebäude weg. Die Lokomotiven konnten inzwischen eine neue Drehscheibe mit einem Durchmesser von 23 Meter südlich der Hüttenstraße benutzen, wo heute das Gebäude der Fahrleitungsmeisterei steht. Noch harrte der nördliche Personentunnel, dieser ehemalige Posttunnel, seiner endgültigen Fertigstellung, ebenso der mittlere Teil des

Südkopf des Hauptbahnhofs mit Teilfertigstellung der neuen und Abbruch der alten Bahnsteighalle 1938 (oben) und wieder aufgebauter Halle nach dem Zweiten Weltkrieg (unten)

Hauptpersonentunnels. Unter den Gleisen 1 bis 5 standen Restarbeiten an, auch in den Sortierräumen der Expreßgutabfertigung. Abschließend wurde die Bahnsteighalle über den Bahnsteigen 1 bis 5 fertiggestellt, wie sie bereits über den neuen Bahnsteigen 6 und 7 bestand.
Die ehemaligen Bogenhallen wurden durch eine aus flachen Hoch- und Tiefdächern zusammengesetzte, neuartige Hallenkonstruktion abgelöst. Abgesetzt auf Einzelstützen mit Kragarmen im Abstand von 25 Metern ruhten die über den Bahnsteigen angeordneten Hochdächer auf fachwerkartigen Durchlaufträgern (Vierendeelträgern). Die Einzelstützen, welche gleichzeitig die Tiefdächer über den Bahnsteiggleisen trugen, befanden sich zwischen den Bahnsteiggleisen oder auf den Gepäckbahnsteigen. Um die Rauchgase der Lokomotiven abzuführen, besaßen die Tiefdächer einen durchlaufenden Schlitz. Senkrecht stehende und leicht zu reinigende Glasschürzen an den Hochdächern sorgten für Witterungsschutz von den Seiten her. Die Hallenkonstruktion bedeckte eine Fläche von 140 Meter Breite und 175 Meter Länge, also 24500 Quadratmeter. Sie ist in dieser Form erstmals in Deutschland entstanden und wurde vollständig in Schweißtechnik ausgeführt, wodurch ein beachtlicher Fortschritt im Stahlbau erzielt werden konnte.

Der Bahnhofsvorplatz wechselt sein Gesicht

In den Düsseldorfer Nachrichten vom 4. November 1936 ist von einer Diskussion zwischen einem Journalisten dieser Zeitung und dem Architekten des neuen Empfangsgebäudes, Reichsbahnoberrat Behnes, die Rede. Der Journalist leitet die Diskussion ein mit den Worten: *»Mich interessiert eine städtebauliche Frage. Wie denken Sie über die Zukunft des Bahnhofsvorplatzes in architektonischer Hinsicht? ›Das wird die Zeit heilen‹, sagte Reichsbahnoberrat Behnes lächelnd, denn er weiß, daß in architektonischer Hinsicht unser Bahnhofsvorplatz ein Sorgenkind der Stadtverwaltung ist. ›Das neue Empfangsgebäude beherrscht durch seine Größe und durch seine einfache Architektur den gesamten, nun auch verkehrlich vereinfachten Vorplatz. Er hat aber durch den Neubau eine neue Form und Richtung erhalten. Da ich der Meinung bin, daß ein Gebäude, städtebaulich betrachtet, sich nicht vordrängen, sondern sich der Umgebung architektonisch einordnen soll, so muß, da das Empfangsgebäude notgedrungen die Führung hier hat, von den anderen Gebäuden erwartet werden, daß sie sich in naher oder ferner Zeit der Architektur des Empfangsgebäudes anpassen.‹ Auch ich war der Meinung, denn der Prozeß der Vereinfachung eines überlebten Baustiles setzt sich im Bahnhofsviertel bereits erfolgreich durch, und es wird der Stadtverwaltung sicherlich daran liegen, daß auch der Bahnhofsvorplatz sich recht bald der Architektur des Empfangsgebäudes anpaßt.«*
Das neue Empfangsgebäude, welches mit seiner gestreckten Fluchtlinie und seinem hervorstechenden Baukörper um 12 Meter vor das ehemalige Bahnhofsgebäude gesetzt wurde, füllte nunmehr die ganze östliche Langseite des Platzes zwischen dem Bahnpostamt an der Worringer Straße und dem Hansa-Hotel an der Graf-Adolf-Straße aus. Wenn auch niedriger gehalten, übernahm es doch die architektonische Führung über die wesentlich höheren umgebenden Bauten, insbesondere durch die Wucht des hohen Uhrenturmes.
Der »Kaiser-Wilhelm-Platz«, wie sich der Bahnhofsvorplatz nannte, machte seinem Namen als Zeitdokument alle Ehre. Neorenaissance und Jugendstil wetteiferten miteinander. Den Platz beherrschend präsentierte sich das »Bahnhofshotel« mit seinem weit über das Gebäude ragenden Turm und spitzen Dachabschluß. Unter Markisen geschützt konnte man von dort aus Leben und

Treiben auf dem Bahnhofsvorplatz beobachten. Zwischen Bismarck- und Kaiser-Wilhelm-Straße gelegen war es mit 130 Betten schon ein großes Haus. Das angrenzende Gebäude mit Reklame für »Red Star Line« und »Eisenwerk Wülfel« enthielt Büroräume. Auf der angrenzenden Ecke der Kaiser-Wilhelm-Straße, der heutigen Friedrich-Ebert-Straße, stand ein mehrstöckiges Bürogebäude mit einem turmartigen Abschluß. Weiter nördlich, an der Einmündung der Immermannstraße, gehörte das im Jugendstil erbaute »Ludwig-Loewe-Haus« zur Randbebauung des Bahnhofsvorplatzes. Das mit einem kuppelförmigen Aufbau geschmückte Gebäude wurde 1939 Sitz der »Rheinischen Bahngesellschaft«, die seit 1920 am Wehrhahn untergebracht war. Keilförmig zwischen Kurfürsten- und Immermannstraße schob sich das Gebäude des Finanzamtes bis an den Bahnhofsvorplatz heran, unübersehbar wegen seines kuppelartigen Dachabschlusses. Zwischen Kurfürsten- und Worringer Straße bildete das mit Türmchen und Zinnen reich ausgestattete »Postamt 2« den nördlichen Abschluß des Kaiser-Wilhelm-Platzes. Am südlichen Ende erhob sich ein von der Graf-Adolf-Straße, Harkortstraße und dem Eilgutbahnhof dreieckförmig eingefaßter mächtiger Gebäudekomplex, der mit seinem turmartigen Abschluß dem südlichen Bahnhofsvorplatz einen besonderen Akzent verlieh und unter anderem das Hansa-Hotel beherbergte.

Nur selten hielten nach der Jahrhundertwende noch Pferdefuhrwerke oder Pferdedroschken vor den Portalen des Hauptbahnhofs. Ihr Platz wurde inzwischen von den immer häufiger im Stadtbild erscheinenden Automobilen eingenommen. Die benzinbetriebenen Droschken parkten schon damals an der Stelle des Bahnhofsvorplatzes, wo auch heute die Taxen vorfahren. Größere Automobile hielten vor dem Südeingang des Empfangsgebäudes und besorgten die Anlieferung und Abfuhr von Gepäck und Expreßgut. In einem Nebengebäude in Verlängerung des Eilgutschuppens vermittelten das damals bekannte Düsseldorfer Reisebüro Jonen und die gleichnamige Spedition Reisen und Transporte im Inland und ins Ausland.

Nach dem Neubau des Empfangsgebäudes erhielt auch der 72,60 Meter breite Bahnhofsvorplatz ein anderes Gesicht. Vor der Eingangshalle entstand eine etwa 43 Meter breite Fußgängerfläche bis hin zu den Straßenbahnhaltestellen am Westrand des Bahnhofsvorplatzes. Beidseits dieser Fläche dehnten sich auf etwa 25 Meter Länge Autoparkplätze aus, die vom Empfangsgebäude im Norden durch einen 9,50 Meter und im Süden durch einen 5,50 Meter breiten Fußwegstreifen getrennt waren. Taxen stand eine reservierte Verkehrsinsel innerhalb des südlichen Parkplatzes zur Verfügung. Nach Westen hin ging der Bahnhofsvorplatz in eine viergleisige Straßenbahn-Haltestelle über, die sich von der Immermannstraße bis zur Bismarckstraße erstreckte. Ein Zwischenbahnsteig und zwei Randbahnsteige dienten den Straßenbahnfahrgästen zum Aufenthalt und Ein- und Aussteigen an den Gleisen. Zur Erhöhung der Sicherheit teilte eine 1,50 Meter breite Schutzinsel die westliche Straßenfläche in zwei getrennte Fahrbahnen zwischen Immermann- und Bismarckstraße. Zwischen Bahnpostamt und Empfangsgebäude verblieb eine 28 Meter breite Fläche als Parkplatz. Die Rheinbahn verbesserte später die Linienführung der Straßenbahn, indem das Gleispaar der Kurfürstenstraße mit dem Gleispaar der Worringer Straße an der östlichen Haltestelle vorbei in die Graf-Adolf-Straße weitergeführt wurde. Außerdem wurde eine eingleisige Streckenverbindung von der Immermannstraße zum Bahnhofsvorplatz eingerichtet. Über Weichenverbindungen waren auch Fahrten in die Graf-Adolf-Straße von der westlichen Haltestelle und in die Kurfürstenstraße von der östlichen aus möglich. Damit besaß der Bahnhofsvorplatz eine leistungsfähige und vielseitig verflochtene Gleisanlage der Straßenbahn. Mit dem Umbau auf dem Bahnhofsvorplatz wurden auch die Gleisanlagen am benachbarten Worringer Platz verbessert.

Anfang der vierziger Jahre herrschte auf dem Bahnhofsvorplatz ein reges Kommen und Gehen in- und ausländischer Reisender und zahlreicher Berufspendler des Nahverkehrs. Die Luftschutzsirenen des Zweiten Weltkrieges vertrieben jedoch in immer kürzeren Abständen die Passanten vom Bahnhofsvorplatz und aus dem Bahnhof. Erneut wurde vor dem Empfangsgebäude gebaut; diesmal nicht zur Verschönerung oder Vergrößerung der Bahnhofsanlagen, sondern um Menschen vor Bombenangriffen Schutz zu bieten. In extrem kurzer Bauzeit entstand unter dem südlichen Bahnhofsvorplatz ein Luftschutzbunker, der vom Bahnhof aus direkt zugänglich war. Er hat mit seinen dicken Stahlbetonmauern nicht nur Menschenleben gerettet, sondern auch den Zweiten Weltkrieg unbeschädigt überstanden – der Hauptbahnhof aber nicht!

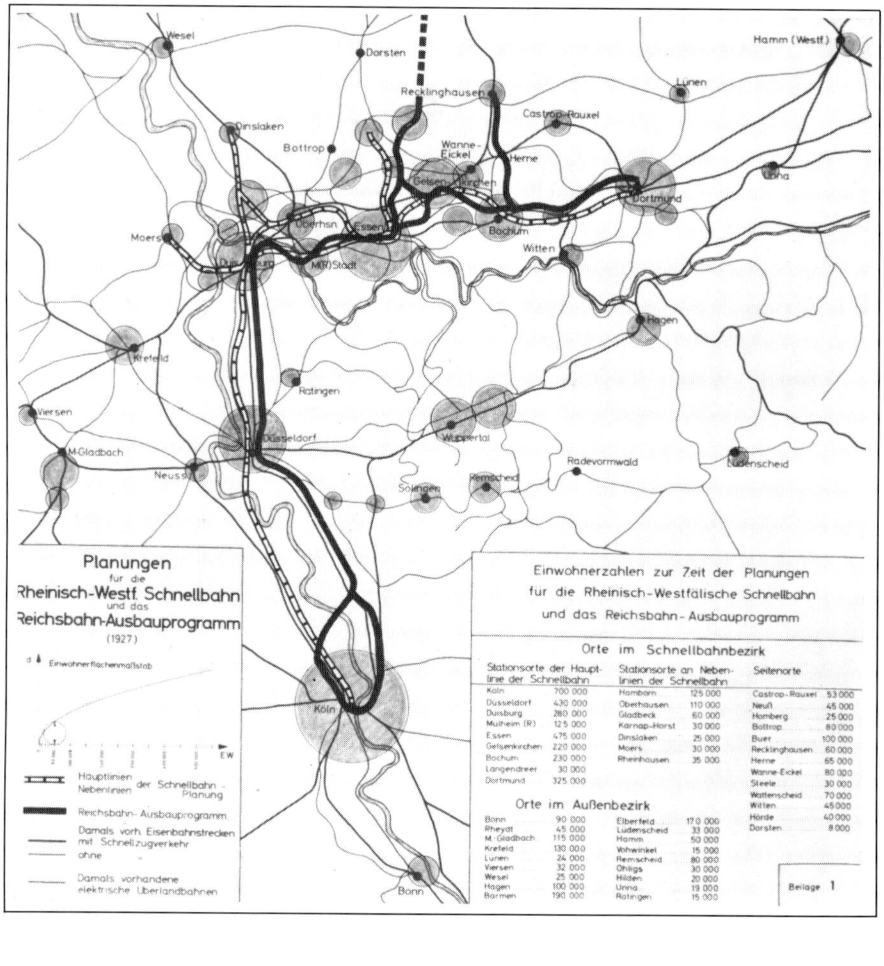

6. Der »Ruhr-Schnellverkehr« nimmt seinen Anfang

Eine »Rheinisch-Westfälische Schnellbahn« als Ursprungsidee

Der Stadt-Schnellbahn-Verkehr, wie er heute als S-Bahn-Verkehr im Raume Düsseldorf betrieben wird, hat seine Vorgeschichte. Schon um 1900 gelangten Wirtschaft und Verwaltung an Rhein und Ruhr zu der Erkenntnis, daß das Verkehrsangebot des Schienenverkehrs künftig verbessert werden muß, um der zunehmenden Mobilität der Bevölkerung gerecht zu werden. 1904 entstand das Projekt einer »Überlandbahn« von Köln nach Düsseldorf. Zwei Jahre später wurde dieser Gedanke in die Tat umgesetzt, aber nicht auf der projektierten Strecke Köln – Düsseldorf, sondern zwischen Köln und Bonn. Dort fuhr am 11. Januar 1906 erstmals die »Rheinuferbahn« mit einer maximalen Geschwindigkeit von 70 Kilometer in der Stunde.

Die Stadt Düsseldorf griff 1909 gemeinsam mit Städten des Ruhrgebietes ein Projekt von Regierungs- und Baurat Carsch auf. Carsch propagierte ein 184,60 Kilometer langes, privatgesellschaftlich orientiertes Schnellbahnnetz mit sieben verschiedenen Strecken unter Berücksichtigung der besonderen Erfordernisse des regionalen Verkehrsflusses im Ruhrrevier. Jedesmal, wenn Schnellbahn-Projekte in die Welt gesetzt wurden, bedeuteten sie eine Herausforderung der Preußischen Staatsbahn, die sich damit nicht anfreunden konnte. Im Jahre 1912 lehnte der Minister für öffentliche Arbeiten des Preußischen Staates das Schnellbahn-Projekt mit der Begründung ab, daß die Preußische Staatsbahn durch entsprechenden Ausbau ihrer eigenen Anlagen in der Lage sei, die gewünschten Leistungen selbst zu erbringen. Die Zeit verging, ohne daß Schritte zur Verbesserung des Schienenverkehrs getan wurden. 1921 griff die inzwischen gegründete »Studiengesellschaft für die Rheinisch-Westfälische Schnellbahn mbH, Essen/Ruhr« (RWS), an der das »Rheinisch-Westfälische Elektrizitätsunternehmen« (RWE) maßgeblich beteiligt war, das Schnellbahn-Projekt wieder auf; diesmal intensiver, nachhaltiger und in Front zur neu etablierten »Reichsbahn(-Gesellschaft)«.

Die RWS war anfangs recht erfolgreich mit ihrer Schnellbahn-Idee, denn sie erhielt am 22. Januar 1924 eine Konzession für die Dauer von 99 Jahren zum Bau und Betrieb der von Carsch geplanten Schnellbahn-Strecken. In einer von der RWS damals herausgegebenen Studie wird darauf hingewiesen, daß die von der Eisenbahn in den letzten Jahren vorgenommenen Ergänzungsbauten unzureichend geblieben seien und daher *»der*

◁ **Linienführung der geplanten privaten »Rheinisch-Westfälischen Städteschnellbahn« mit Tunnelstrecke durch die Düsseldorfer Innenstadt und Ausbauprogramm für den »Ruhr-Schnellverkehr« der Reichsbahn**

Gedanke einer von der Reichsbahn losgelösten, lediglich dem Personenverkehr dienenden, elektrisch betriebenen Schnellbahn immer mehr Boden umfasse«. Der Investitionsaufwand für die normalspurige, mit 1500 Volt Gleichstrom zu betreibende Schnellbahn sollte sich auf 340 Millionen Mark belaufen. Höhengleiche Kreuzungen sollten vermieden werden. In den Großstädten wurden unterirdische Strecken von insgesamt 14,2 Kilometer Länge vorgesehen. Bei Flehe wurde eine neue Rheinbrücke geplant. In Düsseldorf war eine Linienführung westlich des Hauptbahnhofs in Nord-Süd-Richtung in Rheinnähe vorgesehen. Zwischen Köln und Duisburg sollten die Züge mit einer Höchstgeschwindigkeit von 130 Kilometer je Stunde und auf den übrigen Strecken von 80 bis 100 Kilometer je Stunde verkehren. Zur Einspeisung des Fahrstroms hätten fünf Unterwerke gebaut werden müssen. Die Strecke von Köln bis Düsseldorf sollte in 18 Minuten, die weitere bis Duisburg in 14 Minuten Fahrzeit zurückgelegt werden, wobei ein Taktverkehr mit 15 und 30 Minuten Zugabstand als selbstverständlich angesehen wurde. Eine Verdichtung bis auf fünf Minuten erschien möglich. Für diese beachtliche Leistung wurden Triebwagen konzipiert mit einer Anfahrbeschleunigung von 0,5 Meter je Sekunde im Quadrat und einer Bremsverzögerung von 0,8 Meter je Sekunde im Quadrat. Jede der 56 zu beschaffenden vierachsigen Einheiten sollte 85 Sitz- und 115 Stehplätze besitzen, 21,1 Meter lang sein und mit vier Motoren von je 125 Kilowatt Leistung ausgerüstet werden. Zwischen den mit Führerständen ausgerüsteten Endwagen waren Mittelwagen vorgesehen, so daß ein 6-Wagen-Triebzug 122,3 Meter Länge aufwies und 150 Meter lange Bahnsteige an den Haltepunkten benötigte. Die damals konzipierten Maße und Leistungswerte erinnern sehr an die heutigen S-Bahn-Züge.

Planungsarbeiten und Bauvorbereitungen kamen nicht voran, denn die nötigen Verhandlungen verliefen zähflüssig und zogen sich in die Länge. Sie waren von recht unsachlichen Auseinandersetzungen begleitet und durch zahlreiche Einsprüche, insbesondere des Bergbaues und der Reichsbahn, belastet, denn die Reichsbahn-Gesellschaft (DRG) sah – wie die Preußische Staatsbahn – in der Schnellbahn eine Konkurrenz. Wachsende Unlust infolge der langwierigen und zermürbenden Verhandlungen sowie Geldmangel der beteiligten Interessengruppen führten schließlich gegen Ende der zwanziger Jahre zur Aufgabe des Stadt-Schnellbahn-Projektes. An den damals gesetzten Maßstäben lassen sich heute noch Aufbau und Entwicklung des Schnellbahnverkehrs im rheinisch-westfälischen Industriegebiet und entlang der Rheinschiene durchaus messen.

Einführung des »Ruhr-Schnellverkehrs«

Die Deutsche Reichsbahn-Gesellschaft beließ es nicht im hinhaltenden Widerstand zu den Schnellbahnplänen der RWS. Sie war im rheinisch-westfälischen Revier auf dem Gebiete des Personennahverkehrs gefordert und mußte hierzu eine Alternative entwickeln. 1927 legte sie einen umfassenden Plan für den Ausbau der Bahnanlagen im rheinisch-westfälischen Industriegebiet vor. Unter anderem war vorgesehen, die Hauptstrecken zwischen Köln und Dortmund in einem Zeitraum von acht bis zehn Jahren viergleisig auszubauen und die abzweigenden Seitenstrecken zu verbessern, um einen schnellen Personennahverkehr einzuführen. Einhergehend mit dem Streckenausbau sollte auch der Umbau von Knoten- und Zwischenbahnhöfen, wie zum Beispiel im Raume Düsseldorf, geschehen. Gleichzeitig strebte man eine Trennung von Personen- und Güterverkehr an.

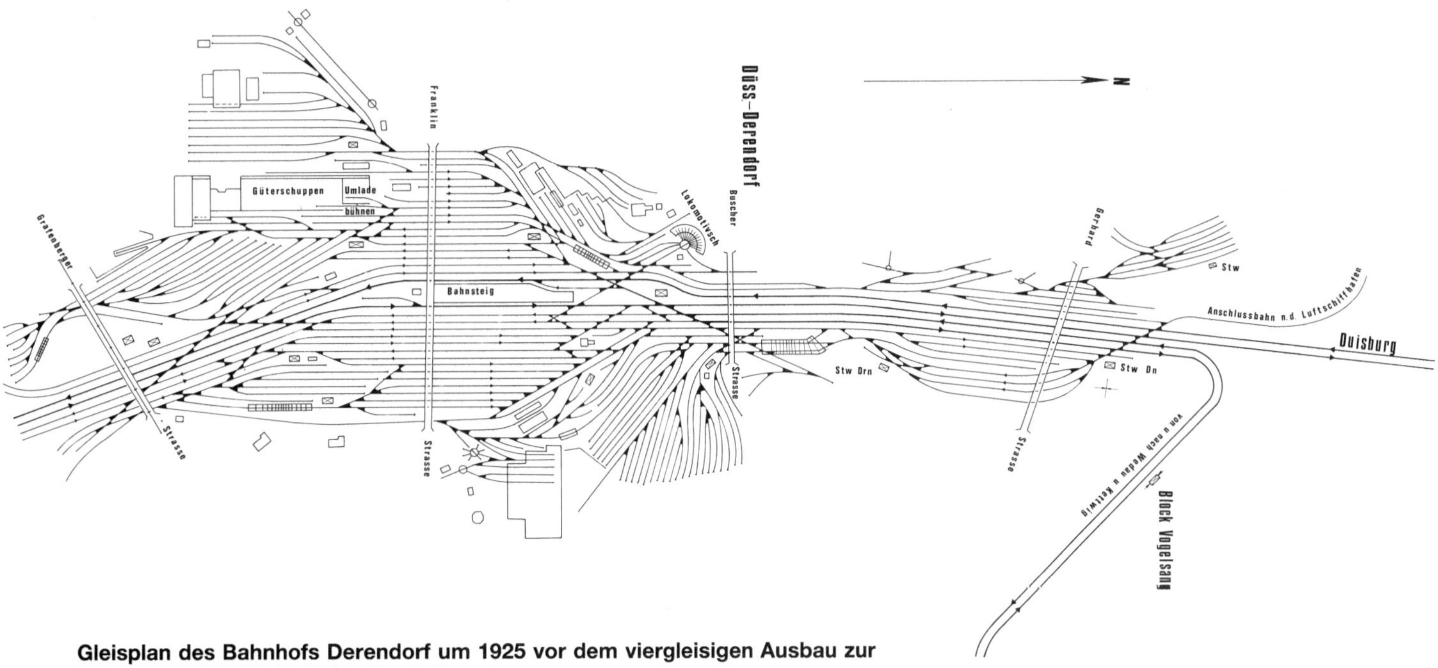

Gleisplan des Bahnhofs Derendorf um 1925 vor dem viergleisigen Ausbau zur Einführung des »Ruhr-Schnellverkehrs«

Die Verwirklichung der Pläne kam nur schwer in Gang, denn bei der sich abzeichnenden Weltwirtschaftskrise von 1931 erlahmten Verkehr und Wirtschaft. Die Reichsbahn befand sich in einer finanziell schlechten Lage. Trotz der Schwierigkeiten gelang es, am 2. Oktober 1932 einen Ruhr-Schnellverkehr zwischen Essen und Dortmund ins Leben zu rufen. Damit sollte die Abwanderung von Nahverkehrsreisenden unterbunden und der privaten Motorisierung Konkurrenz geboten werden. Der erste Versuch mit einer leichten, zweiklassigen Zugeinheit aus vierachsigen Drehgestellwagen mit vielen Einstiegtüren und Tenderlokomotiven der Baureihe 78 brachte ein so günstiges Ergebnis, daß ab 1. Februar 1933 die Verkehrsbedienung durch diese besonders gekennzeichneten Züge erweitert wurde. Zwischen Duisburg und Dortmund verkehrten sowohl über Essen als auch Wanne-Eickel von morgens 5 Uhr bis nachts 1 Uhr halbstündlich Ruhr-Schnellverkehrs-Züge in beiden Richtungen mit einer durchschnittlichen Beförderungsgeschwindigkeit von 48 Kilometer je Stunde. Gegenüber den früheren Nahverkehrszügen stiegen die Beförderungsgeschwindigkeiten bis zu 46 Prozent an. Kurz bemessene Fahrzeiten, kurze Aufenthaltszeiten von meist nur 30 Sekunden und eine besondere Anfahr- und Bremstechnik der Lokomotivführer ermöglichten den Erfolg. Die Anzahl von ursprünglich 32 Ruhr-Schnellverkehrs-Zügen je Tag vermehrte sich auf 84, und ab 1935 wurde der Verkehr unter anderem auf die gesamte Strecke von Düsseldorf bis Hamm ausgedehnt. Einzelne Zugläufe erreichten auch den Kölner Hauptbahnhof. Schließlich wurden auch die leistungsfähigeren Lokomotiven der Baureihe 38 (preußischen P 8) als Zuglokomotiven verwendet. Für einen raschen Fahrgastwechsel eigneten sich die vierachsigen preußischen Abteilwagen, die im Dreier- oder Viererverband als kurze und schnelle

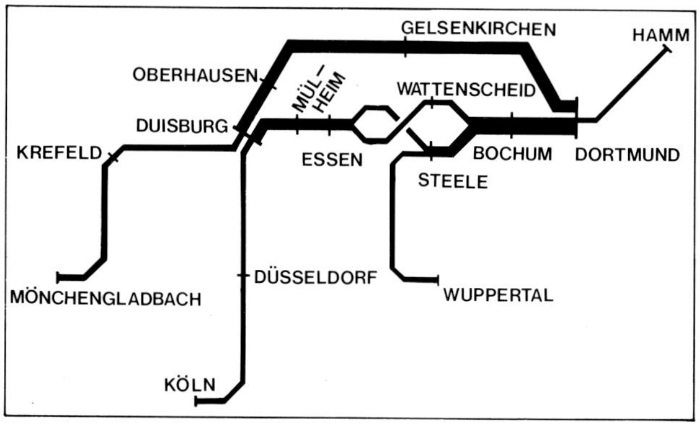

Schematische Darstellung des vor dem Zweiten Weltkrieg betriebenen »Ruhr-Schnellverkehrsnetzes«

Zugeinheiten ohne Packwagen fuhren. Zur Unterscheidung von den übrigen Personenzügen trugen die Wagen des Ruhr-Schnellverkehrs einen besonderen Anstrich. Die 3. Klasse-Wagen waren bordeauxrot mit einem cremefarbenen Fensterband und die 2./3. Klasse-Wagen im Bereich der 2. Klasseabteile mit einem elfenbeinfarbigen und im 3. Klasse-Bereich ebenfalls mit einem cremefarbenen Fensterband lackiert. Nach Ausbruch des Zweiten Weltkriegs wurde diese besondere Farbgebung wieder aufgegeben, denn dieser Aufwand konnte auf Dauer nicht durchgehalten werden. Ab 1935 kam es wiederholt vor, daß die Ruhr-Schnellverkehrs-Wagen durch »Verwässerung« des Taktfahrplans in andere Zugumläufe gerieten, wo sie zur Verunsicherung der Reisenden führten. Im übrigen mußten wegen fehlender vierachsiger Abteilwagen fremde Reichsbahndirektionen Wagen gegen dreiachsige ins Ruhrgebiet abgeben.

Der Ruhr-Schnellverkehr stellte außerordentlich hohe Anforderungen an die damalige Fahrplangestaltung, da die notwendige Erweiterung der Gleisanlagen zunächst ausblieb. Der gesamte Fernreiseverkehr, Bezirkseilzugverkehr und der im angenäherten 30-Minuten-Takt betriebene Ruhr-Schnellverkehr mußten über ein und dasselbe Gleis abgewickelt werden, eine Leistung, die später offenbar nie wieder erreicht wurde. Besonders für das Lokomotivpersonal bedeutete das Fahren solcher Züge eine große Anstrengung

Ruhr-Schnellverkehrszug R 2934 mit Dampflokomotive 38 2142 (P 8) und Abteilwagen auf der Fahrt nach Duisburg

Ausweitung des Kreuzungsbauwerks der Wuppertaler Strecke über den Duisburger Gleisen nördlich des Hauptbahnhofs 1933. Links hinten: Strecke nach Lierenfeld

und besondere Herausforderung. Der Fahrplan sah über weite Strecken eine Höchstgeschwindigkeit von 100 Kilometer je Stunde vor. Die eingesetzten Dampflokomotiven der Baureihe 38 mußten voll ausgefahren werden und lagen an der Grenze ihrer Höchstgeschwindigkeit. Neben den »P 8-Loks« kamen auch »T 18-Loks« (Baureihe 78) und Einheitslokomotiven der Baureihe 64, vereinzelt auch »S 10-Loks« (Baureihe 17) zum Einsatz. Diese Maschinen trugen vor der Rauchkammer ein diagonal rot durchstrichenes Schild mit der Aufschrift: »Ruhr-Schnellverkehr«, wie es auch die Personenzugwagen besaßen. Bei aller Achtung vor den Leistungen der Deutschen Reichsbahn-Gesellschaft im Ruhr-Schnellverkehr darf jedoch nicht übersehen werden, daß die ursprüngliche Konzeption gegen Ende der dreißiger Jahre nicht mehr durchgehalten werden konnte. Das Konzept scheiterte an der mangelnden Leistungsfähigkeit der Bahnhöfe und Strekken. Bis Kriegsbeginn gab es noch keine besonderen Schnellverkehrs-Gleise, obwohl Bauarbeiten an verschiedenen Stellen im Gange waren und der Erwerb von Grundstücken für den Strekkenausbau eingesetzt hatte. Zähflüssig schleppten sich die Grundstücksverhandlungen hin und verhinderten immer wieder eine zügige Baudurchführung. Die ersten sichtbaren Erfolge beim Ausbau von Bahnhöfen und Strecken gab es zwischen Düsseldorf und Duisburg, wo der Streckenausbau trotz der Kriegsereignisse gut vorankam.

Umbau und Erweiterung der Bahnanlagen 1936 zur Beseitigung des »Düsseldorfer Engpasses«. Oben: Nordkopf; unten: Südkopf des Hauptbahnhofs

Vollendung des Bahnhofs- und Streckenausbaus zur Einführung des »Ruhr-Schnellverkehrs«

Das Düsseldorfer Tageblatt schrieb am 14. Mai 1939, wenige Tage vor Beginn des Zweiten Weltkriegs: *»Der viergleisige Ausbau der Eisenbahnstrecke Köln – Düsseldorf – Duisburg ist im Düsseldorfer Abschnitt im wesentlichen abgeschlossen … Mehr als 100 Millionen Reichsmark hat allein die Reichsbahn, mehr als 10 Millionen die Stadt Düsseldorf aufgewandt, um die Reichsbahnumgestaltung durchzuführen und damit den sogenannten ›Düsseldorfer Engpaß‹ zu beseitigen. Es unterliegt keinem Zweifel, daß eine derartige Auftragssumme gerade in der Zeit der schwersten Krise der Düsseldorfer Wirtschaft in höchstem Maße willkommen war. Ebenso wichtig aber wie die arbeitspolitische Bedeutung des gewaltigen Bauvorhabens war der verkehrspolitische Wert dieser Maßnahme, denn durch sie wurde die Schnelligkeit und Betriebssicherheit des Eisenbahnverkehrs erheblich gesteigert.«*

Es entstand ein leistungsfähiger neuer Hauptbahnhof. Die Bahnsteige 1 und 2 dienten dem Fernverkehr Aachen – Mönchengladbach – Neuss – Düsseldorf – Hagen. Bahnsteig 3 war für den Bezirks-Eilzugverkehr und Ruhr-Schnellverkehr der Richtung Duisburg – Köln, Bahnsteig 4 für den Nahverkehr Kettwig – Essen, Solingen – Remscheid und Opladen und Bahnsteig 5 für den Ruhr-Schnellverkehr und Bezirks-Eilzugverkehr der Richtung Köln – Duisburg vorgesehen. Die Bahnsteige 6 und 7 waren dem Fernverkehr der Richtungen Köln – Duisburg vorbehalten. Dem Fachmann bleibt es überlassen, die Gleisplangestaltung genauer zu analysieren und den Düsseldorfer Hauptbahnhof als Durchgangs-, Kreuzungs-, Anfangs- und Endbahnhof zu charakterisieren. Die Umgestaltung im zentralen Bereich zog den Umbau der Bahnhofsköpfe im Norden und Süden nach sich. Von Norden her wurden die

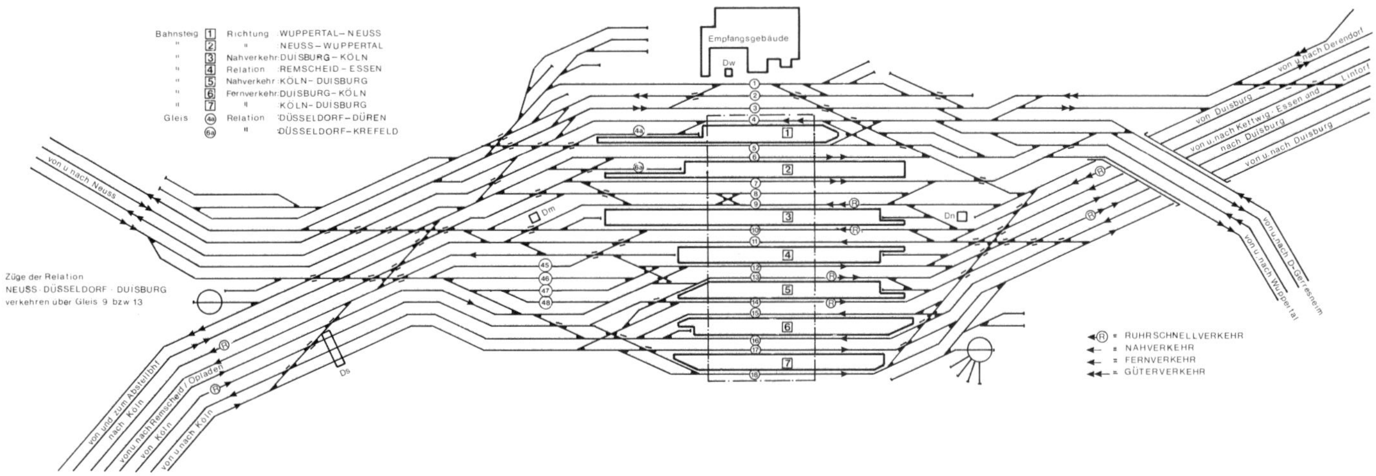

Gleisplan des Hauptbahnhofs nach Beendigung der Um- und Erweiterungsbauten für den viergleisigen Ausbau Düsseldorf – Duisburg um 1941 (R = Gleise für den Ruhr-Schnellverkehr)

Nahverkehrsstrecken aus Richtung Essen – Kettwig und Ratingen getrennt vom übrigen Verkehr in den Hauptbahnhof eingeführt, ebenso von Süden aus Richtung Remscheid – Solingen und Opladen. zwischen den Einmündungspunkten dieser Strecken im Norden beim Stellwerk »Dp« in Derendorf und im Süden bei der Abzweigstelle »Berg« entstand ein sechsgleisiger Abschnitt mit zwei Ferngleisen und einem davon unabhängigen, im Richtungsbetrieb befahrenen viergleisigen Nahverkehrsabschnitt. Innenliegend befanden sich die Gleise für den Nahverkehr, außen beidseits je ein Gleis für den Ruhr-Schnellverkehr Duisburg – Düsseldorf – Köln. Außerdem führten im Norden des Hauptbahnhofs je zwei Güterzuggleise zum Rangierbahnhof Derendorf und nach Gerresheim, im Süden zwei Güterzuggleise nach Bilk – Neuss. Von und zum Abstellbahnhof bestanden im Süden je zwei Verbindungsgleise.

Gleichzeitig mit dem Umbau des Hauptbahnhofs gingen auch die Umgestaltung der Eisenbahnanlagen und der Brückenbau im Bahnhof Derendorf vor sich. Um die störenden Kreuzungen mit den Güterzuggleisen von und nach Grafenberg, Gerresheim und Lierenfeld zu vermeiden, wurden zwei tunnelartige Kreuzungsbauwerke im Bahnhof Derendorf angelegt, so daß die Güterzüge über ein sogenanntes »Tiefgleis« an der Ackerstraße jeweils von und nach Grafenberg / Gerresheim und Lierenfeld westlich der Personenzuggleise im Bahnhof Derendorf ein- und ausfahren konnten. Das Tiefgleis ließ sich nicht ohne weiteres unterbringen, denn erst mußte ein leistungsfähiger Düker für die Abwasserleitung der Stadt Düsseldorf angelegt werden. Eine weitere eingleisige Unterführung entstand an der Jülicher Straße, wo ebenfalls die westlichen Gleisanlagen des Bahnhofs Derendorf von Güterzügen aus den Bahnhöfen Grafenberg, Gerresheim und Lierenfeld erreicht werden konnten.

Der Bahnhof Derendorf wurde vollständig umgebaut. Die Personenzuggleise gelangten an den östlichen Bahnhofsrand, und die Anlagen für den Güterzugverkehr und Rangierbetrieb wurden auf der Westseite konzentriert. Der alte »Personenbahnhof« – das Empfangsgebäude Derendorf an der Franklinbrücke – hatte ausgedient. Dafür entstand ein neuer Personenbahnhof mit zwei Bahn-

Neues Empfangsgebäude im Bahnhof Derendorf an der Münsterstraße 1936. Oben: Ansicht Straßenseite, unten: Ansicht Gleisseite

steigen an der Münsterstraße, wo eine umgebaute und erweiterte Straßenüberführung den günstigsten Platz bot. Das neue Empfangsgebäude lehnt sich an die Straßenüberführung an und ist von der Brücke aus zu erreichen. Der Reisende betritt eine geräumige Schalterhalle mit drei Fahrkartenschaltern und einem Gepäckschalter und gelangt durch die Sperre zu den unten liegenden Bahnsteigen. Zur Gepäckbeförderung ist eine Gepäckbrücke mit Aufzügen vorgesehen. Im Seitenflügel sind je ein Wartesaal 2. und 3. Klasse sowie Wirtschaftsräume untergebracht. Da das Gebäude durch seine Lage an der Brückenzufahrt nach Süden und Osten dreigeschossig ist, konnten unter den Wirtschaftsräumen je eine Wohnung für den Wirt und den Bahnhofsvorsteher eingerichtet werden. Formgebung, Materialwahl und innere Ausgestaltung des Empfangsgebäudes erinnern an die Eisenbahnbauten der dreißiger Jahre in Düsseldorf. Einen Vergleich mit den sonstigen Neubauten der Reichsbahn in Düsseldorf brauchte es in keiner Weise zu scheuen. In die Zeit des Bahnhofsumbaues fällt auch der Ausbau von Straßenbrücken in Derendorf. Für die Franklinbrücke hatte die Verwaltung der Stadt Düsseldorf 1939 als erste Rate 150000 Reichsmark in den Haushalt eingestellt. Statt 15 Meter sollte die neue Brücke, auf der die beiden Gleise der Straßenbahnlinie 6 lagen, später 20 Meter breit sein.

Wo sich in Derendorf noch vor wenigen Jahren eine große Kiesgrube ausbreitete, wurde am 6. Mai 1936 an der Rather Straße auch ein neues Bahnbetriebswerk eröffnet. *»Die Schornsteine rauchten bereits«*, als die neue Anlage festlichen Schmuck angelegt hatte, wie aus der Rheinischen Landeszeitung bei der Inbetriebnahme zu erfahren war. Die Festredner wiesen darauf hin, daß wiederum ein bedeutender Bauabschnitt an Düsseldorfs Bahnanlagen fertiggestellt werden konnte. Es wurden Arbeits-, Aufenthalts- und Sozialräume für 450 Mitarbeiter des Reichsbahnbetriebswerkes geschaffen. Die Rheinische Landeszeitung schrieb am Schluß: *»Ein Rundgang der Anwesenden führte durch das vorbildliche Verwaltungsgebäude zu den beiden riesigen Ringschuppen, von denen der größere 30 Stände, der kleinere 7 Stände für Lokomotiven aufweist. Damit verbunden ist die Werkstatt für Lokomotiven, die alle möglichen Spezialeinrichtungen, Dreherei, Schlosserei, Gießerei, Kupferschmiede usw. enthält. Überragt wird das ganze Gelände von drei riesigen Schornsteinen und dem über 40 Meter hohen Was-*

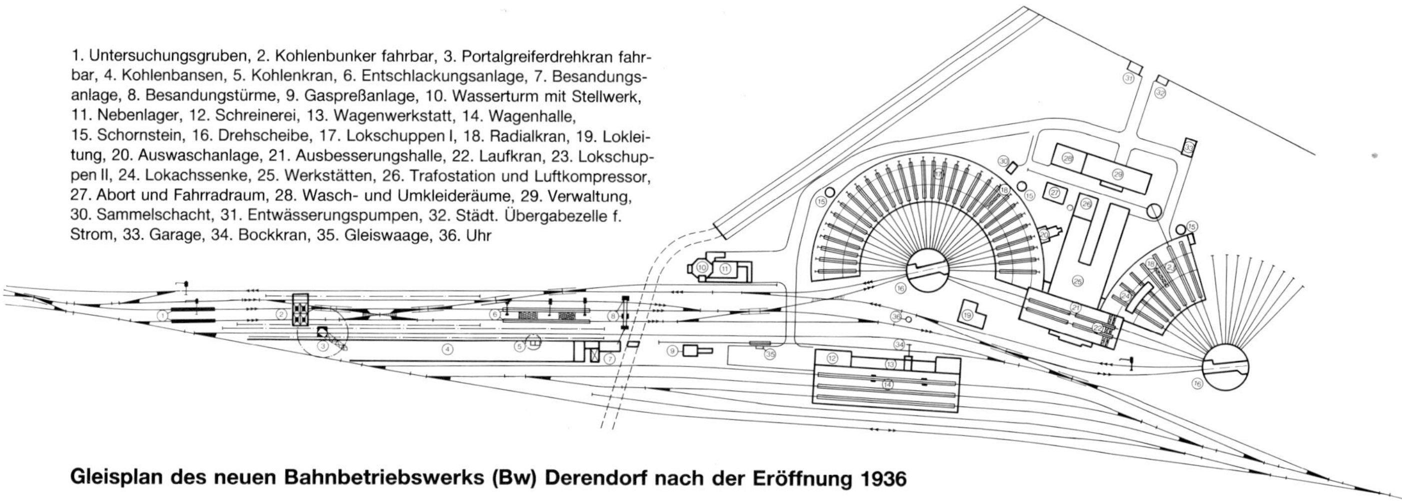

1. Untersuchungsgruben, 2. Kohlenbunker fahrbar, 3. Portalgreiferdrehkran fahrbar, 4. Kohlenbansen, 5. Kohlenkran, 6. Entschlackungsanlage, 7. Besandungsanlage, 8. Besandungstürme, 9. Gaspreßanlage, 10. Wasserturm mit Stellwerk, 11. Nebenlager, 12. Schreinerei, 13. Wagenwerkstatt, 14. Wagenhalle, 15. Schornstein, 16. Drehscheibe, 17. Lokschuppen I, 18. Radialkran, 19. Lokleitung, 20. Auswaschanlage, 21. Ausbesserungshalle, 22. Laufkran, 23. Lokschuppen II, 24. Lokachssenke, 25. Werkstätten, 26. Trafostation und Luftkompressor, 27. Abort und Fahrradraum, 28. Wasch- und Umkleideräume, 29. Verwaltung, 30. Sammelschacht, 31. Entwässerungspumpen, 32. Städt. Übergabezelle f. Strom, 33. Garage, 34. Bockkran, 35. Gleiswaage, 36. Uhr

Gleisplan des neuen Bahnbetriebswerks (Bw) Derendorf nach der Eröffnung 1936

serturm. Die ganze Anlage ist rund 320 Meter lang und rund 200 Meter breit. Dem Betriebswerk angeschlossen wurde auch eine Reparaturwerkstatt für Güterwagen mit allen erforderlichen Einrichtungen, Maschinen und Geräten.«

Das neue Betriebswerk Derendorf ersetzte zwei ältere Bahnbetriebswerke. Eines befand sich auf der Ostseite des Bahnhofs im *»Winkel zwischen Rethel- und Ahnfeldstraße«*, wie im Düsseldorfer Tageblatt vom 13. November 1936 zu lesen ist, auf einem Gelände, *»auf dem die Lokomotivschuppen und die Werkstätten standen, in denen sich die ›Regie‹, die französische Besatzungs-Eisenbahn (während der Rheinlandbesetzung nach*

Rechteckschuppen mit Schiebebühne im alten Bahnbetriebswerk Derendorf um 1932

22
23
24
25
26
27
28
29
30

78 382

dem Ersten Weltkrieg) eingenistet hatte. Dort standen in jener bösen Zeit dutzende von betriebsunfähigen Maschinen; es war ein wahrer Lokomotiv-Friedhof; und auf den Gleisen dahinter türmten sich die Trümmer aus zusammengestoßenen Zügen.« Als das alte Bahnbetriebswerk auf der Ostseite aufgegeben wurde, verlagerte sich die Abstellung und Pflege der Lokomotiven zunächst auf die Westseite an der Tußmannstraße südlich der Jülicher Straße. Dort stand ein Rundschuppen mit 14 Ständen und den nötigen Versorgungsanlagen zur Verfügung. Die Anlage war bald zu klein und nicht erweiterungsfähig, so daß das neue Betriebswerk an der Rather Straße längst fällig war.

In die Zeit der großen Umbauten auf der Strecke Düsseldorf – Duisburg fällt auch die Erneuerung oder der Neubau von Empfangsgebäuden mit den zugehörigen Bahnsteiganlagen in Angermund, Kalkum und Unterrath. Die Ziegelbauten der kleineren Stationen paßten sich dem damaligen Baustil an. Mit Nachdruck wurde ebenso an den zahlreichen Überführungen auf der Strecke zwischen Düsseldorf und Duisburg gearbeitet. Am 21. Juli 1941 konnte das neue Gleispaar für den Fernverkehr östlich der vorhandenen Gleise zwischen Düsseldorf und Duisburg in Betrieb genommen werden, das seit 1929 geplant war. Dem Nahverkehr stand nunmehr das bisherige Gleispaar – aber mit neuen Bahnsteigen und zum Teil neuen Bahnhöfen – zur Verfügung, wodurch die Voraussetzung zur Einführung des Ruhr-Schnellverkehrs im Taktfahrplan geschaffen war. Durch die Kriegsereignisse kam allerdings der Weiterbau von Bahnanlagen für den Schnellverkehr zum Erliegen. Düsseldorf besaß ein Jahr nach Ausbruch des Zweiten Weltkriegs einen nahezu neuen Hauptbahnhof und ein höchst leistungsfähiges Eisenbahnnetz. Bald begannen jedoch die schweren Bombenangriffe auf die Stadt, so daß sich die Düsseldorfer an ihren modernen Bahnanlagen nicht lange erfreuen konnten. Der Krieg begann sein Zerstörungswerk!

◁ Bahnbetriebswerk Derendorf um 1938. Oben: Lokomotive auf der Drehscheibe vor dem Rundschuppen; unten: Wassernehmen und Rauchkammerlösche entfernen

7. Neubeginn nach dem Zweiten Weltkrieg

Die Eisenbahnanlagen in Trümmern

Welch ein Abstand, nicht nur in Jahren gemessen, liegt zwischen der heutigen Situation der Bundesbahn und den Trümmern der damaligen Reichsbahn, die der Zweite Weltkrieg zurückgelassen hatte! Aus der Kriegszeit gibt es wenige Dokumente über die Eisenbahnen in Düsseldorf. Die Berichterstattung während des Krieges wurde streng kontrolliert und hart zensiert. Fotografieren war für Eisenbahner und Außenstehende sehr gewagt. Trotzdem gibt es einige Bilddokumente und Hinweise zu diesem traurigen Kapitel der Eisenbahngeschichte Düsseldorfs.
Der Reichsbahn fiel im Krieg die Hauptlast im Transportwesen zu. An den Wänden der Reichsbahn-Gebäude erschien die Parole: »Räder müssen rollen für den Sieg.« Personal und Material der Eisenbahn wurden bis zum Letzten zur Kriegsführung und Verteidigung ausgenutzt. Reserven gab es kaum mehr, der Eisenbahnapparat blutete allmählich aus. Im Personenverkehr trat am 21. Januar 1940 ein nach Fahr- und Aufenthaltszeiten den Kriegsverhältnissen angepaßter Fahrplan in Kraft. Von den bisherigen Fernzügen wurde nur noch ein Teil für den regelmäßigen Verkehr gefahren. Wie auf anderen Bahnhöfen gab es auch in Düsseldorf Zulassungskarten zur Benutzung der Züge. Gesellschafts- und Verwal-

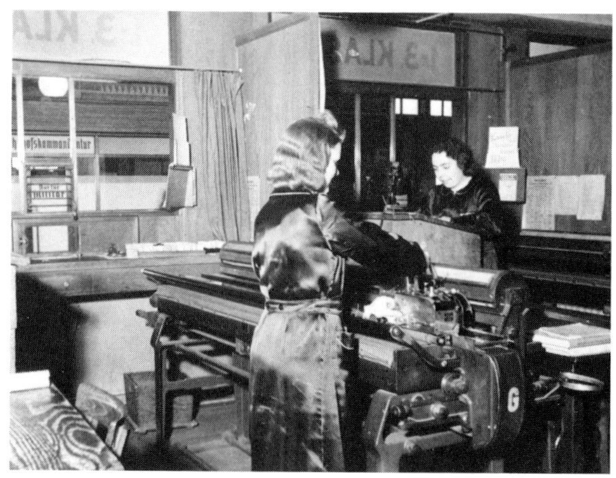

Kundendienst an den Fahrkartenschaltern 1941 (oben) und Einsatz von Frauen am Fahrkartendrucker im Zweiten Weltkrieg (unten)

Kriegseinsatz von Frauen im Zugbegleitdienst des Hauptbahnhofs 1941

tungssonderzüge fielen weg, dafür nahm der Wehrmacht-Urlauberverkehr einen wichtigen Platz ein. Mit dem 15. Januar 1940 entfielen alle Fahrpreisermäßigungen, die unnötigen Mehrverkehr zur Folge hatten. Frauen ersetzten immer häufiger Arbeitsplätze der Männer. Im Vordergrund des außerordentlich starken Güterverkehrs stand die Versorgung der Bevölkerung mit Kohle und Lebensmitteln sowie die Durchführung kriegswichtiger Transporte für die Wehrmacht, die wehrwichtige Industrie und Landwirtschaft. Die Verteilung des knappen Wagenraumes wurde von Tag zu Tag schwieriger. Im Kriegswinter 1940/41 war die strenge Kälte der »Verkehrsfeind Nr. 1«. Trotz des eingeschränkten Fahrplans nahm der Personenverkehr 1943 weiter zu, wie aus dem Geschäftsbericht der Reichsbahn zu entnehmen ist. Bei der Räumung der Städte, die durch Luftangriffe heimgesucht worden waren, gab es Beförderungsaufgaben größten Umfangs. Ab Mitte 1944 wurde der planmäßige Fernverkehr weiter eingeschränkt, nur die »SFR-Züge« zur Bedienung des Fronturlauberverkehrs und einzelne Tages-D-Züge mit Auslandsanschlüssen standen noch zur Verfügung. Freiwerdende Lokomotiven und Zugbegleitpersonal wurden für den kriegswichtigen Güterverkehr gebraucht. Ende 1944 kam der Reisezugverkehr im Westen an Rhein und Ruhr praktisch zum Erliegen. Die Zerstörung der Eisenbahnanlagen durch Bom-

Beseitigen von Blindgängern im Kriegswinter 1943, Zuhilfenahme der Güterzuglokomotive 44 670 (oben), Zerstörung der Bahnsteighalle 1943 (unten)

Aufräumungsarbeiten im zerstörten Empfangsgebäude 1942. Oben: am Uhrenturm, unten: in der Eingangshalle

benangriffe und die Vernichtung von Wagen und Lokomotiven durch Bordwaffenbeschuß der Gegner nahm weiter zu, und am 19. März 1945 wurde der berüchtigte Befehl der »verbrannten Erde« ausgegeben. Beim Rückzug der Wehrmacht sollten Brücken aller Art, Gleisanlagen, Stellwerke, Betriebs- und Werkstätteneinrichtungen nachhaltig zerstört werden. Inzwischen wa-

Zustand des Empfangsgebäudes und Verwüstungen auf dem Bahnhofsvorplatz gegen Kriegsende 1945 (oben) und Zerstörung der Ladestraße des früheren Eilgüterbahnhofs an der Harkortstraße 1943 (unten)

Folgen der Luftangriffe auf die Bahnanlagen 1943. Oben: Bahnhof Bilk, unten: Bahnhof Gerresheim

ren Truppenverbände der 9. US-Army in den ersten Märztagen des letzten Kriegsjahres aus dem Raum Aachen bis Neuss an den Rhein vorgestoßen und standen vor Düsseldorf.

Als Folge der Bombenangriffe lagen große Teile der Stadt in Trümmern. Die Zerstörung aus der Luft begann etwa ein Jahr nach Ausbruch des Zweiten Weltkriegs. Am 14. Mai 1940 fielen die ersten Bomben am Hermannplatz und an der Dorotheenstraße. Die eigentliche Vernichtung, der die Hälfte der Stadt zum Opfer fallen sollte, trat mit dem Großangriff am 1. August 1942 ein. Bei einem weiteren Angriff etwa ein Jahr später wurden die Bahnanlagen und die Straßenzüge zwischen Hauptbahnhof und Derendorf schwer getroffen. Am Ende der Luftangriffe umfaßten die Brandstellen mehrere Quadratkilometer. 1200 Tote lagen unter den Trümmern, 3000 Menschen waren verwundet. Insgesamt neun schwere, 234 mittlere und leichte Angriffe aus der Luft hatten die Stadt angeschlagen. Bevor die Kampfhandlungen zu Ende gingen, erlebte die Stadt einige besonders schwere Wochen, denn Düsseldorf war rund sieben Wochen lang Frontgebiet und geriet unter Artilleriebeschuß, wodurch weitere Opfer unter der Zivilbevölkerung zu beklagen waren und noch zahlreiche Gebäude restlos vernichtet wurden. Als amerikanische Panzerverbände am 3. März 1945 in Oberkassel über die Luegallee zum Rhein vorstießen, waren die Rheinbrücken im Stadtgebiet, darunter die Hammer Eisenbahnbrücke, von deutschen Truppen gesprengt worden. Amerikanische Kampfverbände kesselten die Stadt von Norden, Osten und Süden ein. Auf Befehl der deutschen Heeresgruppe B sollte gerade in und um Düsseldorf der letzte Widerstand geleistet werden, nachdem manche Ruhrgebietsstädte kampflos von deutschen Truppen geräumt worden waren. Es kam nicht mehr dazu, nachdem sich der Stab der Heeresgruppe am 16. April bei Haan aufgelöst hatte und die ihr unterstellten Einheiten den Widerstand aufgaben. Am 17. April 1945 rückten acht Panzer und 800 Infanteristen der 97. amerikanischen Infanteriedivision über die Kölner Straße in die Innenstadt ein, ohne daß noch ein einziger Schuß fiel. Von den 540000 Einwohnern, die bei Kriegsausbruch in der Stadt zu Hause waren, haben schätzungsweise nur 235000 das Ende des Krieges in Düsseldorf überlebt.

Der Krieg hinterließ eine schreckliche Bilanz. In

der Stadt herrschte wie überall im Lande nach der Kapitulation ein Chaos. Die staatliche Ordnung und Verwaltung sowie die Versorgung der Bevölkerung waren zusammengebrochen. Unübersehbar groß waren die Zerstörungen. Verkehrsverbindungen gab es nicht mehr, und die Industrie lag praktisch still; auch für Düsseldorf war die »Stunde Null« angebrochen.

Ingangsetzen der Eisenbahn

In den Frühlingstagen des Jahres 1945 stand Düsseldorf wieder am Beginn einer neuen Epoche. Besatzung durch fremde Truppen und Zerstörung durch Kriegsereignisse hatte die Stadt zwar mehrfach erlebt, aber vor solch einer Trümmerwüste, verbunden mit dem Ende jeder Selbständigkeit, hatten die Düsseldorfer noch nie gestanden. Zunächst galt es, die Versorgung mit Gas, Wasser und Strom wieder in Gang zu bringen. Nur in äußerst schwierigen Verhandlungen konnte die provisorisch eingerichtete Stadtverwaltung von der Militär-Regierung die Zustimmung zu vielen lebensnotwendigen Maßnahmen erlangen. An der Situation änderte sich nichts, als am 12. Juni die amerikanischen Besatzungstruppen von britischen abgelöst wurden.
Karl Klauka, Bundesbahndirektor a. D., damals zur »Stunde Null« als Betriebsamtsvorstand in Düsseldorf eingesetzt, schreibt über den Wiederbeginn: *»Während in und um Berlin noch gekämpft wird, zieht mit den amerikanischen Truppen der Friede in Düsseldorf ein. Das Military Government (MG), die Militär-Regierung, wird von den Engländern gestellt und findet seinen Sitz im Stahlhof. Für das öffentliche Verkehrswesen in der besetzten Stadt ist Maj. Hubbard von den Royal Engineers zuständig. Er bestimmt, was im Schienen- und Straßenverkehr ›in highest military priority‹ zu geschehen hat. Tagtäglich muß von den deutschen Amtsleitern (Post, Eisenbahn, Straßenbahn, Stadtverwaltung) sowie den Werkdirektoren (Elektrizitäts-, Industrie- und Städtische Werke) Bericht über den Fortgang der Aufräumungsarbeiten erstattet werden, natürlich in Englisch, was unter Zuhilfenahme von Zeichenstift und Kartenmaterial nicht schwierig ist. Im Düsseldorfer Hauptbahnhof dreht sich zu dieser Zeit noch kein Rad. Alle Zufahrtsstrecken sind blockiert durch Schäden an Brücken, am Oberbau und an den Signalanlagen. Die Bahnsteige, Treppen und Unterführungen können nur noch teilweise benutzt werden, und die Überdachung ist in Konstruktion und Abdeckung erheblich zerstört, Trümmerräumung ist das Gebot der Stunde. Vom Oberamtmann bis zum letzten Bahnhofsarbeiter sind alle mit Hacke und Spaten am Werk, um die Schuttmassen zu beseitigen und die Fahrwege freizumachen.«*
Die Reihenfolge dieser Arbeiten wird von der Militär-Regierung diktiert. Die Ost-West-Eisenbahnverbindung genießt Vorrang. Als erstes müssen die im Düsseldorfer Hafen lagernden Kohlevorräte (40 000 Tonnen) zum Elektrizitätswerk abgefahren werden, um eine Stromversorgung in der besetzten Stadt zu ermöglichen. Vier Eisenbahnbrücken und die Durchfahrt durch den Bilker Bahnhof nebst Hafenbahn-Abzweigung sind wiederherzustellen. Mit Hilfe einer vom Military Government erbetenen Pionier-Einheit der amerikanischen Streitkräfte wird der Überbau der Brücken Oberbilker Allee (West) mit schwerem Gerät gehoben und in die unbeschädigt gebliebenen Widerlager abgesetzt. Ernstliche Sorgen bereitet nur die nachhaltig zerstörte Überführung über die Völklinger Straße. Alle vier Überbauten liegen schwer beschädigt auf der Straßenfahrbahn. Die Widerlager sind nach der Sprengung durch abrückende Wehrmachts-Pioniere völlig zerstört, so daß selbst eine provisorische Wiederherstellung längere Zeit beanspruchen würde. Wegen der Dringlichkeit bleibt nur der folgen-

schwere Entschluß – und das ist später von Seiten der Stadt den Eisenbahnern zum Vorwurf gemacht worden –, die Unterführung mit Trümmerschutt zuzuschütten. Die kleineren Schäden an anderen Brücken können schnell beseitigt werden, da inzwischen die ehemaligen Brückenbau-Firmen in Düsseldorf und Neuss erschienen sind und kräftig mithelfen, ohne Bestellzettel und ohne Aussicht auf umgehende Bezahlung, allein auf mündliche Absprache. Die Arbeiten sind für die Militär-Regierung so dringend, daß beteiligte Eisenbahner- und Firmenangehörige eine »Curfew exemption«, eine Ausnahme-Genehmigung, für das Betreten der Straßen in der Stadt während der Sperrzeit ohne Schwierigkeit erhalten.

Klauka berichtet weiter: *»Inzwischen hat das Bahnbetriebswerk im Abstellbahnhof Wersten ein paar Dampflokomotiven betriebsfähig gemacht und mit Kohle, Wasser, Öl und Streusand ausgerüstet. Der Kohlevorrat im Bahnbetriebswerk bleibt übrigens von Seiten der Militär-Regierung unangetastet. Er ist ausschließlich für Eisenbahnzwecke reserviert. Unter diesen Voraussetzungen scheint es nunmehr möglich, den Eisenbahnbetrieb örtlich wiederaufzunehmen. Am Sonntag, dem 29. April 1945, um 10.30 Uhr fährt der erste Zug, ein Kohlenzug aus dem Hafenbahnhof zum Güterbahnhof Grafenberg und weiter in den Gleisanschluß des Düsseldorfer Elektrizitätswerks. Die Fahrt kann nur als Rangierfahrt auf Sicht und ohne Signalbedienung über Bilk, Hauptbahnhof, Derendorf – hier Umsetzen der Lokomotive an das andere Zugende – und über das Tiefgleis Abzweigstelle ›Dora‹ nach Grafenberg durchgeführt werden. Die von dem Kohlenzug zurückgelegte Strecke beträgt zwar nur 13,8 Kilometer, erfordert aber durch das ›Kopfmachen‹ und das Umsetzen der Lokomotive und das Auf-Sicht-Fahren rund zwei Stunden. Die Überlegung, wieviel Züge täglich abzufahren sind und wieviele leere Güterwagen gesucht und herangebracht werden müssen, erübrigt sich angesichts der geringen Abladekapazität des Elektrizitätswerks. Es bleibt zunächst bei dem gemeinsam verabredeten Abruf-Verfahren eines jeden Zuges.«*

Die anfängliche Zurückhaltung der Militär-Regierung gegenüber dem ehemaligen Gegner ist einer vertrauensvollen Zusammenarbeit gewichen, obgleich in Mitteldeutschland noch immer Krieg geführt wird. Ab sofort entfällt die tägliche Berichterstattung bei der Militär-Regierung durch den ›Superintendent for the whole district of railway‹, dem örtlichen Betriebsamtsvorstand, der nur noch einmal in der Woche zum Rapport zu erscheinen hat. Inzwischen sind Räumungs- und Wiederherstellungsarbeiten auf dem Streckenabschnitt Richtung Wuppertal angelaufen. Diese Strecke ist vor allem aus militärischen Gründen wichtig. Nachdem in den letzten April-Tagen 1945 bereits mit einer Motor-Draisine (SKl) von Gerresheim über die Betriebsstellen Hardt, Flingern, Dora (Tiefgleis) und Derendorf bis zum Düsseldorfer Hauptbahnhof gefahren wurde, wird nach Forträumen der Brückentrümmer am Kreuzungsbauwerk der Güterzugstrecke Rath – Eller an der Höherhofstraße und Beseitigen der Oberbau- und Signalschäden ein bescheidener Personenzugverkehr Düsseldorf – Wuppertal eingerichtet. Am Montag, dem 7. Mai 1945, einen Tag vor dem Waffenstillstand, ist es dann soweit, daß der erste Personenzug – ein Dienstpersonenzug (Dstp 4000/4001) – von Wuppertal nach Düsseldorf und zurück verkehrt, nachdem die Zugfahrt tagelang vorher auf allen Bahnhöfen der Strecke durch einen provisorischen Aushang bekanntgegeben worden war.

Nur auf Umwegen gelangt der erste Zug in den Hauptbahnhof, denn im Norden ist das Kreuzungsbauwerk der Duisburger Strecke völlig zerstört und kann in kurzer Zeit nicht wieder aufgebaut werden. Um das Hindernis im Streckenverlauf zu umgehen, fährt der Zug über die Abzweigstelle Dora in den Bahnhof Derendorf, wendet, ohne die Lokomotive wegen des zeitlichen Aufwandes umzustellen, und setzt seine Fahrt als geschobene Rangierabteilung zum drei Kilometer entfernten Hauptbahnhof in das gerade fertiggestellte Bahnsteiggleis 5 fort. Die Bestimmungen der Fahrdienstvorschriften (FV) und des Signalbuchs (SB) werden trotz nachkriegsbedingter Verhältnisse eingehalten, indem der Schaffner auf dem Trittbrett des ersten Wagens des geschobenen Zuges die Sicherung der Zugfahrt übernimmt. Diese Methode funktionierte nur bei Tageslicht. Auf der Rückfahrt wird der Zug bis Derendorf geschoben und nach »Kopfmachen« ordnungsgemäß als Reisezug – mit Lokomotive voran – in Richtung Wuppertal weitergefahren. Anfangs verkehrt der Zug zum »Nulltarif«, bis aus dem Dienstpersonenzug ein öffentlicher Reisezug wird. Über weitere Reparaturarbeiten an Düsseldorfs Eisenbahnanlagen schreibt Klauka: *»Auch auf der Nord-Süd-Strecke kommen die Reparaturarbeiten voran. Am Donnerstag, dem 17. Mai 1945, noch vor den Pfingsttagen, kann die Strecke über Reisholz und Benrath nach Köln zweigleisig und mit provisorischer Signalbedienung befahren werden. Die verhältnismäßig schnellen Erfolge zur Ingangsetzung des Eisenbahnbetriebs sind nicht allein auf die Fähigkeit zum Improvisieren zurückzuführen, sondern auch dem Zufall zu verdanken, daß nicht sämtliche Anlagen durch Bombentreffer, Tieffliegerangriffe oder Sprengung zerstört worden waren. So konnte auf der Strecke Richtung Gerresheim die 19,0 Meter lange Zweigelenkbogen-Brücke über die Dorotheenstraße an der Abzweigstelle Dora mit vier Gleisen in durchgehendem Schotterbett, die bereits zur Sprengung vorbereitet war, von beherzten Männern und Frauen der dort wohnenden Bevölkerung entschärft und vor der Zerstörung bewahrt werden. Ebenso sind auf der Nord-Süd-Strecke die Brücken über die Oberbilker Allee (Ost), Krupp-, Emma- und Siegburger Straße intakt geblieben, so daß die Aus- und Einfahrten zum Abstellbahnhof – wenn auch zunächst noch ohne Signalsicherung – befahren werden können.«*

Nördlich des Hauptbahnhofs Richtung Duisburg sind die Zerstörungen schwerwiegender. Die Franklin-Brücke über den Richtungs- und Ausfahrgleisen des Bahnhofs Derendorf ist noch im letzten Augenblick vor dem Einmarsch der Amerikaner gesprengt worden. Die Trümmer liegen in voller Breite quer über sämtlichen 38 Gleisen. Sprengmittel dürfen zur Trümmerbeseitigung von deutscher Seite auf Anordnung der Militär-Regierung nicht benutzt werden, so daß das Zerkleinern der Trümmer von Hand viel Mühe und Schweiß und natürlich Zeit kostet. Nach Beseitigen der Schäden am Oberbau, an den Bahnsteigkanten und an den Signalanlagen können in Derendorf die Zugfahrten auf den östlich gelegenen Personenzuggleisen Ende Mai 1945 aufgenommen werden. Auch die kleineren Schäden in Unterrath, Kalkum, Angermund und Großenbaum sind in verhältnismäßig kurzer Zeit behoben. Verbleibende Schadstellen werden auf dem viergleI-

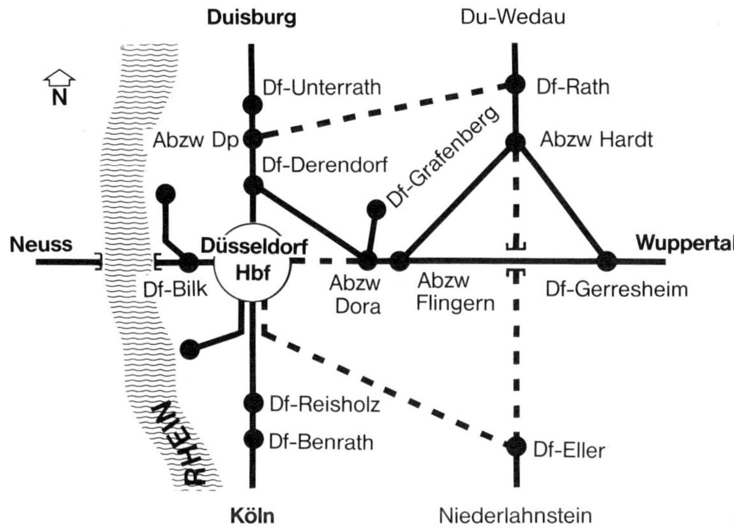

Erste Verbindungen im Eisenbahnnetz der Stadt Düsseldorf nach der »Stunde Null« 1945 (ausgezogene Linien)

sigen Abschnitt Richtung Duisburg durch Ausweichen auf Nachbargleise umfahren. Eines Tages stellt die Militär-Regierung fest, daß die Strecke nicht genügend ausgelastet sei, so daß die Ferngleise abgebaut und verladen werden müssen, um Reparaturarbeiten auf der Ruhr-Sieg-Strecke ausführen zu können.

Für Zugfahrten von Derendorf nach Rath werden Umwege über die Abzweigstellen Dora und Hardt oder über das Tiefgleis bis Gerresheim und weiter über die Güterzugstrecke Rath (– Eller) in Kauf genommen, denn die planmäßige Verbindung ist an mehreren Stellen unterbrochen. Fahrten vom Hauptbahnhof nach Eller, Hilden und Solingen-Ohligs finden bis auf weiteres nicht statt, denn die Überführungen über die Darmstädter-, Karlsruher- und Gumbert-Straße sind durch Sprengungen nachhaltig zerstört. Die zerstörte Eisenbahnbrücke an der Gumbertstraße sperrt den Straßenverkehr derart, daß sie auf Anordnung der Militär-Regierung von einer amerikanischen Pionier-Einheit gesprengt werden muß. Vorher konnten sich nur Fußgänger durch die kompakten Trümmer hindurchschlängeln. Die Sprengung geschieht am Sonnabend, dem 19. Mai 1945, morgens um 9.30 Uhr, wobei im Umkreis von einigen hundert Meter die letzten im Krieg noch heil gebliebenen Fensterscheiben in den Häusern zu Bruch gehen.

Seit dem Einmarsch der amerikanischen Truppen am 17. April 1945 wurden die zerstörten Eisenbahnanlagen hauptsächlich von 800 bis 1000 Eisenbahnern bei denkbar schlechter Ernährungslage, unzureichenden Wohnverhältnissen, fehlendem Großgerät und mangelhafter Ersatzteilversorgung soweit wieder hergestellt, daß der Eisenbahn-Knotenpunkt Düsseldorf am 1. Juni 1945 wieder aus Richtung Wuppertal, Köln und Duisburg zu erreichen ist. Lediglich die Verbindung mit Eller bleibt unterbrochen, ebenso die Verbindung mit Neuss wegen der zerstörten Hammer Eisenbahnbrücke über den Rhein. Rings um den Düsseldorfer Hauptbahnhof sind nach Angaben von Klauka bei Kriegsende von insgesamt 13 Brücken sieben vollständig zerstört, zwei schwer und vier leicht beschädigt. Das bedeutet, daß über die Hälfte aller Brücken für längere Zeit ausfällt und die Schadstellen zunächst umgangen werden müssen. Außer dem schwer beschädigten Empfangsgebäude im Hauptbahnhof sind die Gebäudeschäden an den Bahnhofsgebäuden, Güterschuppen, Lokomotiv- und Wagenschuppen, Aufenthaltsgebäuden für Rangierer und Wagenmeister, Stellwerken und Abzweigstellen mit etwa 40 Prozent des Bauvolumens anzusetzen. Bis zur Beseitigung dieser Schäden werden für die Unterbringung des Bedienungspersonals, zum Beispiel bei Wiederinbetriebnahme einer Strecke, Holzkauen zur Verfügung gestellt, die leicht zu transportieren und schnell einzurichten sind. Bemerkenswert ist, daß das verkabelte Fernsprechnetz der Eisenbahn ständig in Betrieb blieb. Die fernmündliche Verbindung mit der Reichsbahn-Direktion in Wuppertal und den Nachbar-Direktionen in Essen und Köln ist nie abgerissen. Es war sogar möglich und wurde mit Erfolg versucht, über das 128-paarige Fernkabel unter Vorwahl 999 mit der Reichsbahn-Hauptverwaltung Berlin im Befehls-Bunker zu sprechen, in einer Zeit, als die Eroberung der Stadt durch die Rote Armee noch in vollem Gange war. Wie später bekannt wurde, soll dieses Kabel erst nach dem Waffenstillstand durch die sowjetischen Besatzungstruppen in Mitteldeutschland unterbrochen worden sein.

Es dauerte noch drei Jahre, bis die Zeitschrift »Reichsbahn« berichten konnte, daß die unmittelbar dem Eisenbahnbetrieb dienenden Anlagen größtenteils repariert und neun Zehntel aller zerstörten Brücken wieder passierbar seien. Die deutschen Eisenbahnen existierten wieder, zehrten aber von ihrer Substanz.

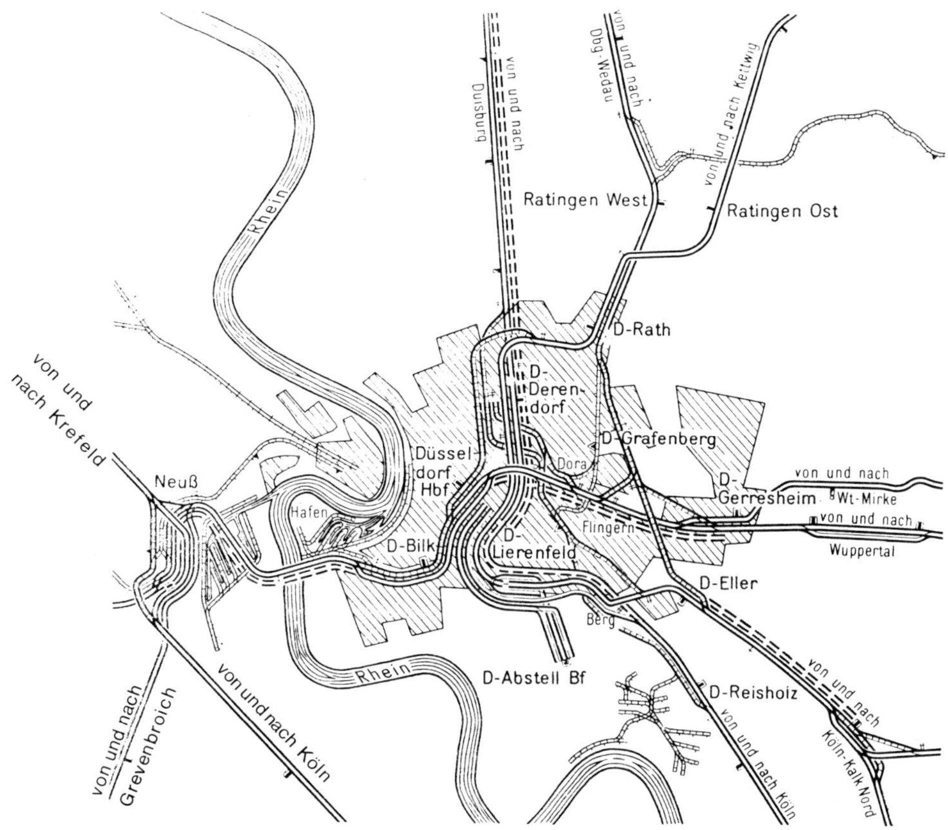

Strecken und Bahnhöfe im Raume Düsseldorf um 1953. Gestrichelte Linien: ehemalige Strecken vor dem Zweiten Weltkrieg

Der Wiederaufbau beginnt

Die Düsseldorfer mußten auf den Wiederaufbau ihres »Bahnhofs« lange warten. In den Nachkriegsjahren galt es zunächst, die Bahnsteige und Gleise von den Trümmern der eingestürzten Bahnsteighalle zu befreien, um den Zugverkehr wieder in Gang zu bringen. Das Empfangsgebäude war ausgebrannt und schwer beschädigt. Bombeneinschläge hatten ihre Spuren hinterlassen. Die große Eingangshalle erhielt zunächst ein Notdach in Stockwerkshöhe. Im Hauptpersonentunnel mußte die Gleisbrücke der Gleise 5 und 6 durch eine Behelfsstütze abgefangen werden, denn die Walzträger in Beton waren durch einen Bombentreffer angeknickt. Reklameflächen verdeckten diese Stütze, die erst zwanzig Jahre später wieder entfernt wurde, als der Schaden behoben war. Für die Reparatur war es höchste Zeit, denn durch die vielen undichten Stellen drang immer mehr Regenwasser in den Tunnel ein, so daß die Wasserabführung bald zum Problem wurde.

1950 schrieb das Rhein-Echo: *»Der Krieg hat gerade dem Düsseldorfer Bezirk übel mitgespielt ... Die technischen Anlagen hier sind die am meisten zerstörten in ganz Deutschland ... Auch unser Hauptbahnhof-Empfangsgebäude ist im Krieg zu Schaden gekommen. Es bietet bis zum heutigen Tag einen niederschmetternden Anblick. Die Bundesbahn hat aber, wie hinlänglich bekannt ist, kein Geld zur Verfügung. Für 570000 Mark könnte der*

Hauptbahnhof wieder in seinen früheren Zustand zurückversetzt werden.«
Eine genauere Kalkulation ergab, daß die genannte Summe bei weitem nicht ausreichte, denn es mußten mehr als drei Millionen DM verfügbar sein. Der Stadt Düsseldorf lag der Wiederaufbau so sehr am Herzen, daß sie der Bundesbahn einen Aufbaukredit anbot. Sie wollte unter allen Umständen »ihren« Bahnhof in alter Form wieder hergerichtet wissen. 1951 legte die Bundesbahndirektion Wuppertal Pläne zum Wiederaufbau des Empfangsgebäudes auf den Tisch, während gleichzeitig zwischen *»Stadt und Wirtschaft um die zur Instandsetzung aller Betriebsanlagen erforderlichen Kredite in Höhe von rund 2,5 Millionen DM«* verhandelt wurde, wie aus den Düsseldorfer Nachrichten vom 29. September 1951 hervorging.
Die Wiederaufbaupläne sahen vor, die ausgebrannte Eingangshalle im großen und ganzen dem früheren Zustand anzupassen, statt der ehemaligen Holzbalkendecke eine neuartige und feuerfeste Rabitzdecke einzubauen, die früheren Mosaikfenster durch normal verglaste zu ersetzen, die Wände neu zu verputzen und den Travertinsockel auszubessern. In der Eingangshalle und im Hauptpersonentunnel sollten Läden für Obst und Südfrüchte, Bücher und Zeitschriften sowie Tabakwaren untergebracht werden. Der Wechselstube wurde ihr ehemaliger Platz wieder zugewiesen. Statt der zerstörten Werksteinbekleidung des Haupteingangs war eine Verblendung aus Muschelkalkstein mit einem Basaltsockel vorgesehen. Vierzehn große und übersichtlich gestaltete Fahrkartenschalter füllten die östliche Hälfte der Südhalle aus. Eine nicht zum Bauwerk passende Reklamebeleuchtung am Uhrenturm konnte nach langen Diskussionen beim Wiederaufbau schließlich abgewehrt werden.
Am 23. März 1953 begannen endlich die langersehnten Wiederaufbauarbeiten am Empfangsgebäude, nachdem die Stadt Düsseldorf einen Drei-Millionen-Kredit zur Verfügung gestellt hatte. Die Bundesbahn richtete ein Neubauamt ein und ließ als erstes die südliche Halle mit den Fahrkartenverkaufsräumen herrichten, die bereits ein Jahr später zur Verfügung standen. Dann folgten Arbeiten in der großen Eingangshalle und im Nordflügel. Zum Schluß kam der Südflügel an die Reihe, wo Diensträume untergebracht wurden und der Verkehrsverein ein neues Büro erhielt. Mit der Wiedereröffnung des Bahnhofs-Restaurants am 2. März 1956 war zweifelsohne ein Höhepunkt im Wiederaufbau erreicht. *»Als die Bundesbahndirektion Wuppertal daran dachte, ihre verkehrspolitische Visitenkarte, den Hauptbahnhof der nordrhein-westfälischen Landeshauptstadt, würdig und zugleich dem Stil der Stadt entsprechend auszugestalten, konnte sie nichts Klügeres tun, als Heinz Stockheim & Co. zu dieser Aufgabe als Pächter heranzuziehen«,* schrieben die Düsseldorfer Stadtnachrichten. Darin ist weiter zu lesen: *»Nun ist – von einigen häßlichen Mängeln auf den Bahnsteigen abgesehen – das letzte Stück des Bahnhofsgebäudes, der große Hauptspeisesaal samt den nebenliegenden Clubräumen, in einer Weise wiederhergestellt, daß auch die 300000 DM Nachschußkredit die Bundesbahn nicht reuen werden ... Der Hauptbahnhof legt den Bundesbahnreisenden nunmehr bezüglich Düsseldorfs ein so begeisternd schönes Versprechen ab..., daß das neue Restaurant des Düsseldorfer Hauptbahnhofs beim internationalen Reisepublikum bald einen Namen haben wird und die Reisedispositionen zugunsten Düsseldorfs zu beeinflussen vermag ... Die Eröffnungsreden waren von wohltuender Kürze und atmeten eine Zufriedenheit, wie beim lieben Gott am Abend des sechsten Schöpfungstages ... Heinz Stockheim dankte in seinen Begrüßungsworten der Bundesbahn für die großzügige Art, in der sie seinen Absichten gefolgt sei, nämlich etwas Vorbildliches zu schaffen mit einer so persönlichen Note, wie man sie von einem Bahnhofsrestaurant kaum erwarte ... Mit einem musikalisch diskret*

Oben: Empfangsgebäude mit Bahnhofsvorplatz in den fünfziger Jahren. – Darunter links: Speisesaal im Bahnhofsrestaurant und Schnell-Restaurant im Erdgeschoß (rechts) in den siebziger Jahren

untermalten, bemerkenswerten kalten Bufett als erster, überzeugender Leistungsprobe des Hauses schloß der Festakt.« Der neue Hauptspeiseraum bot 250 Personen Platz. Zur Empore führte eine breit ausladende, geschwungene Treppe. Die angrenzenden Konferenzzimmer waren auf intime Behaglichkeit abgestimmt. Die Pläne des Pächters Heinz Stockheim reichten über das Gebotene hinaus. Ihm schwebte auch eine allgemein und jederzeit zugängliche Stadtküche als angeschlossene gastronomische Einrichtung vor. In dieser Richtung ist auch die Eröffnung eines Schnellrestaurants in dem unteren Stockwerk am 20. Dezember 1961 zu sehen, zu einer Zeit, als Selbstbedienung in den Gaststätten in Mode kam. 14 Jahre nach Kriegsende wurde die Bahnsteighalle wieder hergerichtet, so daß die spöttische Bezeichnung »Wasserbahnhof« aus den Zeilen der Presse verschwinden konnte. Bis dahin waren nur die Mittelteile der Bahnsteige überdacht. Nach der Überdachung kamen die Aufsichtsgebäude auf den Bahnsteigen an die Reihe. *»Es wird auch wirklich Zeit, daß die billigen Baracken verschwinden«,* schrieb die Düsseldorfer Stadtpost am 5. August 1959 und meinte die provisorische Unterbringung der Aufsichtsbeamten. Da die Züge länger wurden und viele Sonderzüge den Bahnhof Düsseldorf, insbesondere während der Ferienmonate, berührten, mußten die Bahnsteige 3 und 7 verlängert werden. Die bereits erwähnte Zeitung wies darauf hin, daß der Nordtunnel immer wichtiger würde und bald mehr als früher benutzt werde vor allem dann, wenn tatsächlich die Bahnsteigsperren – vielleicht in gar nicht allzulanger Zeit – wegfallen sollten. Und die Düsseldorfer Nachrichten gaben 1960 der Hoffnung Ausdruck, daß *»zum dritten und hoffentlich für alle Zeiten zum letzten Male«* der schwer von Bomben angeschlagene Hauptbahnhof würdig aufgerichtet werde, nichtsahnend, daß sich zwanzig Jahre später erneut die Bagger in den Bahnhof wühlen und ihm zum vierten Male mit aller Gründlichkeit zu einem neuen Antlitz verhelfen würden.

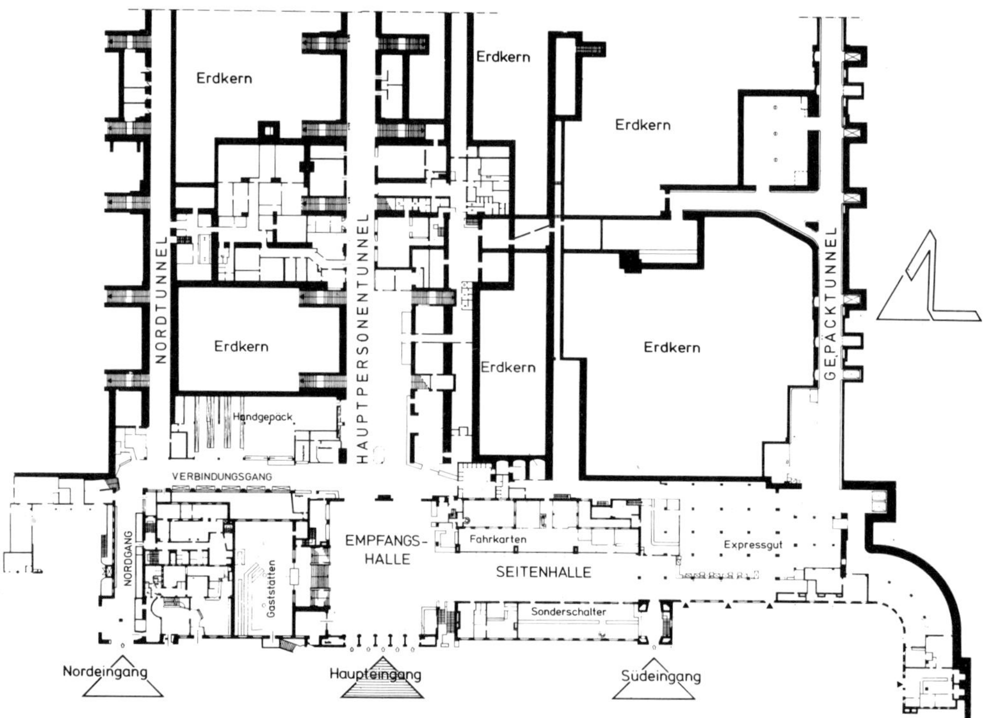

Grundriß des Empfangsgebäudes und der Zugangstunnel vor dem Umbau 1980

Zugang zum Hauptpersonentunnel mit Sperren 1957 (oben), Eingang in den nur 6 Meter breiten Hauptpersonentunnel (Mitte) und Blick in die südliche Empfangshalle mit Fahrkartenausgabe und Kundendiensträumen (unten) in den siebziger Jahren

Luftaufnahme des Hauptbahnhofs um 1970 (Freig. RP Df 19 E 565)

Eisenbahn und Generalverkehrsplanung der Stadt Düsseldorf

»Die Untersuchungen über einen Generalverkehrsplan der Stadt Düsseldorf sind abgeschlossen.« Mit diesem Satz leitete Professor Tamms, Beigeordneter der Landeshauptstadt, ein Schreiben vom 21. Juni 1961 an die Bundesbahn ein, in dem die ersten Bände des Generalverkehrsplanes angekündigt wurden. Düsseldorf hatte es wie kaum eine andere deutsche Großstadt nach dem Zweiten Weltkrieg verstanden, eine umfassende Verkehrsuntersuchung zu betreiben und eine weit vorausschauende Generalverkehrsplanung aufzustellen. Der Stadt kam zugute, daß die Rheinisch-Westfälische Technische Hochschule Aachen vom Land Nordrhein-Westfalen mit umfassenden Untersuchungen für einen landeswei-

ten Generalverkehrsplan beauftragt worden war.

Ausgangspunkt der Planungen war unter anderem der Leitplanentwurf der Stadt Düsseldorf aus dem Jahre 1954. Ausführlich stellte der Oberstadtdirektor 1952 in einer Broschüre dar, welche Eisenbahnprobleme in den Leitplan eingegangen seien und in Zukunft gemeistert werden müssen. Hierzu rechneten:

I. Im Gebiet der Eisenbahndirektion Wuppertal:
   1. Ausbau und Umbau des Verschiebebahnhofs Eller
   2. Verlegung des Personenbahnhofs Eller
   3. Umgestaltung des Güterbahnhofs Derendorf
   4. Umgestaltung des Hauptbahnhofs und des Postbetriebsbahnhofs
   5. Ausbau des Bahnhofs Bilk
   6. Aufhebung der Strecke Grafenberg – Rath
   7. Herstellen der Verbindungskurven:
      a) Eller – Gerresheim
      b) Eller – Industriegleis südlich Höherweg
      c) Grafenberg – Eller
   8. Aufhebung einer Teilstrecke zwischen Bahnhof Grafenberg und Lierenfeld
   9. Aufhöhen der Strecke Hauptbahnhof – Bahnhof Benrath
   10. Hochlegung der Güterzugstrecke Rath – Eller
   11. Anlage eines Hafenbahnhofs in Reisholz und Erweiterung des Güterbahnhofs Reisholz
   12. Anlage eines Flughafen-Bahnhofs in Kalkum

II. Im Gebiet der Eisenbahndirektion Köln:
   Verlegung des Oberkasseler Bahnhofs

III. Allgemein:
   1. Elektrifizierung des Eisenbahnnetzes
   2. Erweiterung des Nahschnellverkehrs
      a) Ringverkehr
      b) Fahrzeugübergang von Schnellstraßenbahnen auf Bundesbahnstrecken
   3. Änderung von Fernverkehrsverbindungen.

Heute, nach vierzig Jahren Wiederaufbau der Eisenbahnanlagen, sieht die Bilanz für Düsseldorf nicht schlecht aus, denn viele der kühnen Pläne sind in Erfüllung gegangen, manches ist hinzugekommen, und einige Probleme sind nicht mehr aktuell.

Die Elektrifizierung setzt ein

Am 27. April 1950 gab das Land Nordrhein-Westfalen unter seinem damaligen Ministerpräsidenten Karl Arnold eine Denkschrift mit dem Titel: *»Die Elektrifizierung des Eisenbahnverkehrs an Rhein und Ruhr und auf den Verbindungsstrecken nach Süddeutschland«* heraus. Düsseldorf sollte in die elektrisch betriebene Nord-Süd-Achse Duisburg – Köln eingebunden werden, wobei der Wiederaufbau des dritten und vierten Streckengleises zwischen Düsseldorf und Duisburg vorausgesetzt wurde, denn dieser Streckenabschnitt galt 1950 als der am meisten frequentierte im Bundesgebiet. Die Leistungsfähigkeit der Strecke war mit 115 Zügen je Tag und Richtung erschöpft, so daß mehrere Schnellzüge über die Güterzugstrecke Rath – Eller umgeleitet und manche Berufszüge bei Überholung durch Fernzüge an die Seite gestellt werden mußten. Erstaunlich ist heute, daß die Ost-West-Verbindung Wuppertal – Neuss und die linksrheinische Verbindung über Neuss nach Köln für die Elektrifizierung nebensächlich erschienen. Der Düsseldorfer Oberstadtdirektor versäumte es nicht, auf die Unzulänglichkeit der Elektrifizierungspläne hinzuweisen und setzte sich unter anderem auch für die Elektrifizierung der Strecke Düsseldorf – Kettwig – Essen ein. Auf dieser Strecke bestand 1953 bereits ein starrer Fahrplan als einziger im Raume Düsseldorf, so daß – von kleinen Abweichungen abgesehen – stündlich von Düsseldorf nach Essen und zurück gefahren werden konnte. Übrigens gab es im benachbarten Wuppertal vor der Elektrifizierung auch einen Taktfahrplan mit Dampf-Schiebebetrieb.

Unter Berücksichtigung späterer Elektrifizierung und notwendiger Leistungssteigerung der Betriebsanlagen wurde der Ausbau des viergleisigen Streckenabschnitts zwischen Hauptbahnhof und Abstellbahnhof Wersten zügig vorangetrieben. Die Eisenbahnbrücken Oberbilker Allee,

Volksgarten- und Emmastraße, sowie die Stützmauer Leersenstraße in Höhe des Volksgartens wurden angepaßt, um ab Fahrplanwechsel vom 17. Mai 1953 an viergleisig fahren zu können. Gleichzeitig wurde Raum für zwei weitere Gleise Richtung Köln geschaffen. Die Stadt wartete auf die Fertigstellung der Überführung Volksgartenstraße, um die Straßenbahnlinie 6 – wie sie damals hieß – endlich über die Kruppstraße hinaus bis zum Hennekamp verlängern zu können. Von den 25 einzelnen Streckengleisen rund um den Hauptbahnhof, die vor dem Zweiten Weltkrieg vorhanden waren, fehlten 1953 noch sieben, darunter die beiden Ferngleise Richtung Duisburg, das dritte und vierte Gleis zwischen Hauptbahnhof und Gerresheim und zwischen Bilk und Neuss sowie das Ferngleis vom Hauptbahnhof bis Abzweigstelle Berg Richtung Köln. Letzteres wurde bis zur Aufnahme des elektrischen Betriebes fertig. Von Eller bis Hilden blieb ein unangenehmer Engpaß durch Überlagerung des empfindlichen Personenzugverkehrs Richtung Solingen mit dem starken Güterzugverkehr von Duisburg-Wedau nach Köln-Gremberg bestehen, wo in Lastrichtung täglich Züge mit insgesamt 80000 Bruttotonnen verkehrten.

Zwischen Düsseldorf und Duisburg waren die Voraussetzungen für die Elektrifizierung günstig, denn hier wurden die Bahnanlagen, insbesondere die lichten Räume unter den Brücken, bereits auf den elektrischen Zugbetrieb ausgerichtet, als der Ruhr-Schnellverkehr vor dem Zweiten Weltkrieg mit elektrischen Triebwagenzügen beginnen sollte. An älteren Straßenüberführungen mußten Gleisabsenkungen vorgenommen werden, wie sie heute deutlich zum Beispiel unter der Grafenberger Allee / Am Wehrhahn wahrzunehmen sind. Für die Erkrather Straße entstand im Zuge der Elektrifizierung ein neuer Überbau. Damals begann auch der Neubau der Straßenüberführung Heinrich-Ehrhardt-Straße. Im Bahnhof Derendorf wurden der Wiederaufbau des Verbindungsgleises zur Abzweigstelle Vogelsang an der Rather Strecke und die Auflösung der durchgehenden Weichenstraße am Nordende des Bahnhofs eingeleitet. Auch im Hauptbahnhof setzten umfangreiche Gleisbauarbeiten ein, so daß in den Jahren 1955 und 1956 für die Elektrifizierung 115 Weicheneinheiten um- oder ausgebaut und damit bessere Fahrstraßen geschaffen wurden.

Bevor ein Elektrifizierungsabkommen zwischen dem Land Nordrhein-Westfalen und der Deutschen Bundesbahn am 21. April 1953 zustande kam, gab es im Lande noch heftige Auseinandersetzungen über die Wahl des Stromsystems. Gegner des in Deutschland gängigen »16⅔ Hertz-Systems« wollten die Bundesbahn zwingen, nur Strom aus Nordrhein-Westfalen im Bahnnetz zu verwenden. Dann hätte eine Stromfrequenz von 50 Hertz in Angleichung an die Stromversorgungsunternehmen des Landes gewählt werden müssen. Schließlich gelang es der Bundesbahn, sich mit ihrer eigenen Stromversorgung und dem Bau von Fernleitungen durchzusetzen.

Weil zunächst keinerlei Verbindung mit dem elektrifizierten Netz in Süddeutschland hergestellt werden konnte, sprach man von einer »Inselelektrifizierung«. Im Raume Düsseldorf mußten 42 Kilometer Streckengleise und 85 Kilometer Bahnhofsgleise mit Oberleitungen für eine Fahrgeschwindigkeit bis 160 Kilometer je Stunde ausgerüstet werden. In und um Düsseldorf waren in einem rund 27 Kilometer umfassenden Streckennetz 860 Fahrleitungsmaste aufzustellen. Im Hauptbahnhof spannten sich die Oberleitungen zunächst nur über die Gleise 10 bis 18. Im Oktober 1956 erreichte die Elektrifizierung ihren südlichen Endpunkt im Abstellbahnhof Düsseldorf. Der Abstellbahnhof konnte die neuen, für das elektrische Netz vorgesehenen Triebwagen ohne große Umbauten aufnehmen, da auch eine 250 Meter lange Wagenhalle zur Verfügung stand.

Bei der beginnenden Elektrifizierung im Ruhrge-

Bahnstromversorgung aus dem Kohlekraftwerk »Lausward« der Stadt Düsseldorf

Aufnahme des elektrischen Zugbetriebs zwischen Hamm und Düsseldorf 1957

biet erlangte Düsseldorf auch als Stromlieferant für das Eisenbahnnetz an Rhein und Ruhr Bedeutung, denn im Kraftwerk Lausward der Stadtwerke Düsseldorf gesellte sich ein 25 Megawatt (MW)-Turbogenerator der Bundesbahn zu den anderen Maschinenaggregaten. Vom Kraftwerk Lausward führt eine 110 Kilovolt-Bahnstromleitung zum Schaltwerk Gerresheim, das mit den Unterwerken in Duisburg, Dortmund und weiteren Unterwerken in Köln und Süddeutschland verbunden ist. 1960 wurde in Lausward die zweite Maschine mit einer Leistung von 34 Megawatt und 1963 eine dritte mit 40 Megawatt für die Bahnstromversorgung aufgestellt.

Als die ersten Elektrifizierungsarbeiten abgeschlossen waren, fand am Samstag, dem 1. Juni 1957, im Düsseldorfer Hauptbahnhof ein Festakt statt. In Hamm (Westf.) startete um 10 Uhr der erste elektrische Triebwagen mit Ehrengästen, an ihrer Spitze Bundesverkehrsminister Seebohm, Bundesbahnpräsident Oeftering und Ministerpräsident Steinhoff. Die Gäste wurden im Hauptbahnhof von Oberbürgermeister Glock im Namen der Landeshauptstadt begrüßt. Mit dem neuen Fahrplanabschnitt eröffnete der erste Triebwagen am 2. Juni 1957 bei Abfahrt um 5.35 Uhr in Düsseldorf nach Hamm (Westf.) den elektrischen Zugbetrieb. Der neue dreiteilige Triebwagen gehörte zur Baureihe ET 30 (heute 430), von denen zunächst 18 Einheiten im elektrifizierten Inselnetz eingesetzt wurden. Die leichten Triebwagen ET 30 legten die 130 Kilometer lange Strecke Düsseldorf – Hamm (Westf.) trotz ihrer zahlreichen Halte in derselben Zeit zurück wie ein Schnellzug, der von den schweren Dampflokomotiven der Baureihe 01 oder 03 gezogen wurde. Um die Betriebsführung zu entspannen und weitere Verbesserungen im Nord-Süd-Verkehr herbeizuführen, mußte 1958 das dritte und vierte Streckengleis zwischen Düsseldorf und Duisburg wieder aufgebaut werden.

Anschließend ging die Elektrifizierung zügig weiter. Es entstanden Fahrleitungsanlagen an den Ferngleisen von Hamm (Westf.) über Essen, Duisburg, Düsseldorf, Köln nach Remagen (16. April 1959), wo der Lückenschluß mit dem südlichen Netz hergestellt werden konnte, nach Neuss und weiter nach Köln linksrheinisch (27. Mai 1962), nach Krefeld und schließlich nach Hochdahl

(26. Mai 1963) beziehungsweise Hagen (1964). Der Streckenabschnitt Rath – Eller kam 1962 hinzu. Kleinere Verbindungsstrecken, zum Beispiel nach Rath und Hilden, wurden von der Elektrifizierung nicht ausgeschlossen. Am linken Niederrhein fehlte 1967 nur noch der 17 Kilometer lange Streckenabschnitt zwischen Neuss und Mönchengladbach, um Düsseldorf auf elektrischem Wege mit Mönchengladbach und Aachen zu verbinden. Der durch Elektrifizierung erzielte Fahrzeitgewinn läßt sich besonders deutlich auf dem Streckenabschnitt Düsseldorf – Wuppertal erkennen, wie folgende Gegenüberstellung zeigt:

Fahrzeit in Minuten	bisher		künftig	
	N-Zug	E-Zug	N-Zug	E-Zug
bis Erkrath	12	10	8	–
bis Wt-Vohwinkel	30	25–28	20	14–16
bis Wt-Elberfeld	40	33–37	30	20–22

Der beachtliche Fahrzeitgewinn ist unter anderem darauf zurückzuführen, daß der Schiebebetrieb mit Dampflokomotiven auf der Steilstrecke zwischen Erkrath und Hochdahl eingestellt werden konnte und der Betriebshalt zum Ansetzen der Schiebelokomotive entfiel.

Seit 1961 erschienen auch Akkumulator-Triebwagen (Baureihe ETA 150) im Düsseldorfer Hauptbahnhof. Sie trugen zur Ablösung der restlichen Dampfzüge auf den Strecken von Düsseldorf über Neandertal-Mettmann nach Wuppertal-Wichlinghausen oder über Neuss nach Kaarst bei und ersetzten die bis 1961 verkehrenden Schienenbusse. Mit ihren 74 Sitzplätzen im Triebwagen und 84 Sitzplätzen im Steuerwagen sind sie besonders wegen ihres ruhigen Laufes bei den Fahrgästen beliebt. Die letzte Dampflokomotive verließ den Hauptbahnhof am 31. Mai 1965.

Mit der Elektrifizierung fast aller rund um Düsseldorf gelegenen Strecken mußte auch eine Dienststelle für die Erhaltung und Erneuerung der ortsfesten Anlagen der elektrischen Zugförderung geschaffen werden. So entstand am 1. Januar 1957 die Fahrleitungsmeisterei Düsseldorf. Ursprünglich sollte sie auf der Nordostseite des Hauptbahnhofs an der Schlägelstraße untergebracht werden. Eine bessere Lösung ergab sich durch die Standortwahl zwischen den Streckeneinmündungen aus Richtung Köln und Neuss an der Hüttenstraße, wo die letzte Drehscheibe des Hauptbahnhofs weichen mußte. Die heutige Dienststelle, das »Betriebswerk Düsseldorf 2« (Bw 2) hat rund 370 Mitarbeiter, besitzt 40 Fahrzeuge verschiedenster Art und betreut unter anderem 855 Kilometer Oberleitungen, 61 Kilometer Speiseleitungen, ein Unterwerk und sieben Schaltposten und sorgt für ordnungsgemäße Beleuchtung in rund 1 946 000 Kubikmeter umbauten Raum. Auffällig tritt sie in Erscheinung, wenn einer ihrer fünf gelben Turmtriebwagen zu Unterhaltungs- oder Reparaturarbeiten an den Oberleitungen vorfährt.

Ein vielseitiges Zugangebot

»Der Name sagt viel«, schreibt Heinrich Heine in seinen Reisebildern. Gilt das auch für die Züge im Düsseldorfer Hauptbahnhof? 57 Prozent aller Reisenden kennen den Namen ihres Zuges, wenige kennen die Zugnummer. 8 Prozent halten Zugnamen für überflüssig, aber 87 Prozent wünschen sie. Der »Rheingold« ist der einzige heute noch verkehrende Trans-Europa-Expreß (TEE 6/7) der Bundesbahn. Er fährt zwischen Amsterdam und Basel über Düsseldorf, besitzt einen Flügelzug bis München (– Salzburg) und ist aus Wagen der 1. Klasse, einem Speise- und einem Clubwagen zusammengesetzt. In Düsseldorf besteht auf zwei der insgesamt fünf Intercity-Linien im Regelfall jede Stunde Abfahrgelegenheit mit Intercity-Zügen, die aus Wagen der 1. und 2. Klasse gebildet sind. Hamburg, Hannover, Frank-

Autoreisezuganlage an der Harkortstraße um 1978

furt (Main) und München sind zur Zeit Endpunkte beider Linien. Ab Düsseldorf ist jede deutsche Großstadt in kurzer Reisezeit zu erreichen. Der »Lufthansa Airport-Expreß«, für Fluggäste der Lufthansa benutzbar, stellt seit 1983 viermal täglich eine unmittelbare Zugverbindung zwischen den Flughäfen Düsseldorf und Frankfurt (Main) her. *»Er ist ein Blickfang auf der Strecke zwischen Düsseldorf und Frankfurt«,* schreibt die Neue Rhein-Zeitung am 26. März 1985, und weiter heißt es: *»Der Airport-Expreß der Lufthansa gilt als erste Adresse unter bundesdeutschen Bahnen. Ein Zug mit internationalem Flair, in dem Passagiere auf komfortable Weise den Weg zwischen zwei Flughäfen zurücklegen.«*

Über Düsseldorf besteht ein reichhaltiges Angebot an Fern-Expreß-Verbindungen. *»Die Fern-Expreß-Züge verbinden alle Ballungsräume mit den schönsten Urlaubsgebieten im Süden unseres Landes und in Österreich. Mit zahlreichen Kurswagenverbindungen erreichen Sie viele Ferienorte, ohne umzusteigen.«* Mit diesen Worten wendet sich das Kursbuch der Deutschen Bundesbahn an die Reisenden. Zu diesen Zügen (FD-Zügen) gehören unter anderem: »Wörthersee« FD 210/211 Dortmund Hbf – Klagenfurt Hbf, »Donau-

Düsseldorf Hbf

18.00

	Zeit	Zug	Verlauf	Gleis
	18.01	D 716 🍷	Duisburg 18.15 – Oberhausen 18.23 – Gelsenk 18.39 – **Dortmund 19.04**	19
	18.03	D 346 ✕ 🧳	**Köln 18.28**	17
⚒ außer ⑥	18.05	8726 🧳	**Krefeld 18.30**	5
⑤	18.07 ▢	D 1730 2. Kl	**Köln 18.32**	18
⚒ außer ⑥	18.08	5437 🧳	Wuppertal-Vohwinkel 18.31 – W-Elberfeld 18.42 – Schwelm 19.00 – Gevelsberg 19.12 – **Hagen 19.26**	7
	18.09	8136 †: 8138 🧳	Neuss 18.23 – Grevenbroich 18.41 – Bedburg 18.56 – **Düren 19.21**	4
	18.14	TEE 6 1. Kl. ✕	*Rheingold* Duisburg 18.26 – Emmerich 19.01 – Utrecht 20.06 – **Amsterdam 20.36** Hält nicht in Oberhausen	19
⚒ außer ⑥	18.16	5432	Neuss 18.28 – M'gladbach 18.49 – Rheydt 18.57 – **Aachen 19.57**	6
⚒ außer ⑥	18.17	E 3037	Duisburg 18.30 – Oberhausen 18.38 – Bottrop 18.51 – Marl Mitte 19.12 – Haltern 19.20 – **Münster 19.48**	20
⑤	18.18	D 1930 2. Kl	**Köln 18.43**	18
	18.23	IC 512 ✕	*Wetterstein* Essen 18.55 – Dortmund 19.18 – Bielefeld 20.01 – **Hannover 20.49** (hält nicht in Bochum)	19
⚒	18.23	E 3159 🧳 2)	Wuppertal-Vohwinkel 18.37 – W-Elberfeld 18.43 – Schwelm 18.57 – Ennepetal 19.02 – **Hagen 19.12**	7
⑦ nicht 16. VI. auch 17. VI.	18.24 ▢	D 1831 2. Kl 🍷	Hagen 19.09 – Hamm 19.47 – Münster 20.09 – Hamburg Hbf 22.46 – Hamburg-Altona 23.00 – Rendsburg 0.23 – **Flensburg 1.09** Hält nicht in Bremen	9
	18.28	IC 130 ✕	*Merkur* Köln 18.50 – Bonn 19.11 – Koblenz 19.45 – Wiesbaden 20.41 – **Frankfurt 21.11**	17
	18.29	IC 124 ✕	*Erasmus* Duisburg 18.41 – Oberhausen 18.49 – Emmerich 19.20 – **Amsterdam 20.59**	20
⚒ außer ⑥	18.29	E 3214 🧳	Ohne Halt bis SG-Ohligs 18.44 – **Remscheid-Lennep 19.15** – Wuppertal-Oberbarmen 19.30 Ab Solingen-Ohligs als Zug des Nahverkehrs	12
	18.34	IC 501 ✕	*Rheinblitz* Köln 18.56 – Bonn 19.22 – Mainz 20.47 – Mannheim 21.27 – Karlsruhe 22.00 – **Basel Bad 23.40** Köln: A. Frankfurt Flughafen 20.58 – Nürnberg 23.34 Mannheim: A. Stuttgart 22.51	18
	18.35	IC 508 ✕	*Kommodore* Essen 19.00 – Bochum 19.10 – Dortmund 19.25 – Münster 19.55 – Bremen 21.11 – **Hamburg Hbf 22.07** – HH-Altona 22.21	19
	18.38	D 1836	D-Benrath 18.45 – Langenfeld 18.51 – LEV Mitte 18.58 – ■ y) – **Köln 19.12**	17
	18.38	5439	Wuppertal-Vohwinkel 19.01 – W-Elberfeld 19.12 – Schwelm 19.30 – Gevelsberg 19.42 – **Hagen 19.56** ⚒ außer ⑤ und vor † 2 Züge im Gleis; bitte Zugbeschriftung beachten.	4
	18.39	D 720 🧳 🍷	Duisburg 18.53 – Oberhausen 19.05 – Gelsenk 19.24 – **Dortmund 19.55**	10
⑦ nicht 16. VI. auch 17. VI.	18.41 ▢	D 1749	Duisburg 18.55 – Essen 19.12 – Bochum 19.23 – Dortmund 19.40 – Bielefeld 20.41 – **Hannover 22.04**	20
⚒ außer ⑥	18.42	8140 🧳	Neuss 18.55 – Grevenbroich 19.16 – Bedburg 19.35 – **Düren 19.55**	6
⑥ und †	18.46	5434 🧳 6)	Neuss 18.58 – **Mönchengladbach 19.20**	5
⑦ nicht 16. VI. auch 17. VI.	18.48 ▢	D 1937 2. Kl	Essen 19.24 – Recklingh 19.52 – Münster 20.25 – Bremen 21.56 – Hamburg Hbf 23.06 – HH-Altona 23.26 – Neumünster 0.25 – **Kiel 0.47**	9
⑤ bis 13. IX., ⑦ 16. VI.	18.48	D 9215 🍷	**Autoreisezug Bozen 7.45** Nur für Reisende mit Auto (Ladeschluß 18.10)	1*
	18.49	D 205 🧳 🍷	**Schlaf- und Liegewagenzug** *Riviera-Express* Brig 3.55 – Arona 6.05 – Genua 9.07 – **Ventimiglia 13.18** → Mailand L 6.43 – Rom Term. 13.39	18

Keine Sitzwagen; Schlaf- oder Liegewagenkarten erforderlich

	Zeit	Zug	Verlauf	Gleis
⚒ außer ⑥	18.50	6283 🧳	**Mettmann 19.12**	9
⚒ außer ⑥	18.54	E 3018 🧳	D-Benrath 19.01 – Langenfeld 19.09 – Leverkusen-Küppersteg 19.14 – LEV Mitte 19.19 – ■ y) – **Köln 19.33**	17
⚒ außer ⑥	18.56	5534 🧳	Neuss 19.08 – **Mönchengladbach 19.29**	6

19.00

18.00

	Zeit	Zug	Verlauf	Gleis
	18.00	D 346	**Berlin Friedrstr 10.33** – B-Zoo 10.56 – Helmstedt – Hannover – Bielefeld – Dortmund – Essen – Duisburg vorne: Kurswagen Bad Harzburg 12.45	17
⚒ außer ⑥	18.04	5437	**Aachen 16.33** – Mönchengladbach – Neuss	7
⑤	18.04	D 1730	**Hamburg-Altona 13.29** – Hamburg Hbf – Bremen – Münster – Recklinghausen – Oberhausen – Duisburg	18
⚒ außer ⑥	18.08	E 3037	**Köln 17.30** – Leverkusen Mitte – D-Benrath	20
	18.12	TEE 6	*Rheingold* **Basel SBB 13.08** – Karlsruhe – Mannheim – Mainz – Bonn – Köln vorne: Kurswagen Salzburg 9.50 – München 11.41	19
⑤	18.16	D 1930	**Flensburg 11.54** – HH-Altona – Hamburg Hbf – Bremen – Münster – Recklinghausen – Oberhausen – Duisburg	18
	18.21	IC 512	*Wetterstein* **Mittenwald 9.43** – Garm-Partenk – München 11.52 – Stuttgart – Mannheim – Mainz – Bonn – Köln	19
⑦ nicht 16. VI. auch 17. VI.	18.22	D 1831	**Mönchengladbach 18.00** – Neuss	9
	18.23	5434	**Hagen 17.04** – Gevelsberg – Wuppertal-Elberfeld	5
	18.24	S	**Dortmund 16.57** – Bochum – Essen – Duisburg	11
	18.26	IC 130	*Merkur* **Kopenhagen 9.20** – Puttgarden – Hamburg – Bremen – Münster – Dortmund – Bochum – Essen Mitte: Kurswagen Hamburg-Altona 14.24	17
	18.27	IC 124	*Erasmus* **Innsbruck 9.40** – Kufstein – München 11.57 – Würzburg – Frankfurt Hbf – F Flughafen – Mainz – Bonn – Köln	20
	18.27	E 5439	**Mönchengladbach 18.04** – Neuss – Düsseldorf-Bilk	4
	18.32	IC 501	*Rheinblitz* **Hannover 16.12** – Bielefeld – Dortmund – Essen	18
	18.33	IC 508	*Kommodore* **Frankfurt 15.49** – Wiesbaden – Bonn – Köln	19
	18.35	D 720	**Passau 9.34** – Nürnberg – Würzburg – Frankfurt – Mainz – Koblenz – Bonn-Beuel – Köln – Neuss vorne: Kurswagen Bayerisch Eisenstein 8.37; Kurswagen (⚒ außer ⑥ Bad Steben 8.27) – Hof 9.35 Mitte: Kurswagen Bad Kissingen 11.51 – Würzburg; Kurswagen Crailsheim 11.29 – Bad Mergentheim 12.20	10
	18.36	D 1836	**Norddeich Mole 14.23** – Münster – Recklinghausen – Essen – Duisburg (bis Münster mit D 919)	17
⑦ nicht 16. VI. auch 17. VI.	18.38	D 1749	**Köln 18.12**	20
⚒ außer ⑥	18.43	8135	**Düren 17.34** – Bedburg – Grevenbroich – Neuss	7
	18.44	D 1452	**Karl-Marx-Stadt 7.54** – Erfurt – Bebra – Kassel – Altenbeken – Hamm – Dortmund – Oberhausen – Duisburg	⚒ außer ⑥: 5; ⑥, †: 4
⑦ nicht 16. VI. auch 17. VI.	18.45	D 1937	**Köln 18.12** – Neuss	9
⚒ außer ⑥	18.47	8721	**Krefeld 18.21**	4
⚒ außer ⑥	18.50	E 3018	**Dortmund 17.52** – Bochum – Essen – Duisburg	17
⚒ außer ⑥	18.53	5534	**Wuppertal-Oberbarmen 18.09** – Wuppertal-Elberfeld	6
	18.56	FD 722	*Berchtesgadener Land* **Berchtesgaden 8.03** – Rosenheim – München – Würzburg – Frankfurt – Wiesbaden – Koblenz – Bonn – Köln hinten: Kurswagen Salzburg 8.45	20
⚒ außer ⑥	18.59	5539	**Mönchengladbach 18.25** – Neuss	9

19.00

Kurier« FD 220/221 Dortmund Hbf – Wien Westbf, »Bodensee« FD 702/703 Münster (Westf) Hbf – Konstanz, »Allgäu« FD 712/713 Dortmund Hbf – Oberstdorf und »Berchtesgadener Land« FD 722/733 Dortmund Hbf – Berchtesgaden Hbf. Wer sich von seinem Personenkraftwagen im Urlaub nicht trennen möchte, kann ab Düsseldorf mit einem Autoreisezug zum Beispiel nach Biarritz, Bozen, Frejus-St-Raphael, Lindau, Ljubljana, Lörrach, Milano, München, Narbonne, Salzburg oder Villach fahren. Auch zahlreiche internationale Züge berühren Düsseldorf, zum Beispiel zwischen Paris und Hamburg, Paris und Warschau, Amsterdam und Rom, Dortmund und Ventimiglia, Dortmund und Athen, Amsterdam und Milano, Paris und Kopenhagen oder Paris und Moskau. Wer heute das Fahrplanangebot im Düsseldorfer Hauptbahnhof studiert, wird auf rund 800 regelmäßig verkehrende Personenzüge stoßen. Rechnet man die im Kursbuch nicht enthaltenen Zugfahrten hinzu, kommt man auf eine Spitzenbelastung bis zu 1100 Zügen je Tag. Im Reisezentrum des Hauptbahnhofs werden im Tagesdurchschnitt rund 2900 Fahrausweise verkauft, zusätzlich allein 370 nur für den großräumigen Bereich des Verkehrsverbundes »Rhein-Ruhr«. Über Automaten gelangen 3400 Fahrausweise in die Hände der Reisenden. Als Gepäck- und Expreßgut sind täglich rund 3200 Sendungen Ortsgut und 4600 Sendungen Umladegut abzufertigen. 1984 konnten im Autoreisezugdienst rund 15990 Personenkraftwagen im Ein- und Ausgang gezählt werden. Der Düsseldorfer Hauptbahnhof rechnet zu den wenigen großen Personenbahnhöfen, wo der Autofahrer seinen Wagen unmittelbar am Gleis parken kann. Auf der Ostseite des Bahnhofs steht ein Parkhaus zur Verfügung, das über die Kölner oder Eller Straße zugänglich ist.

Ausschnitt aus Abfahrt- (links) und Ankunftplan (rechts) 1985

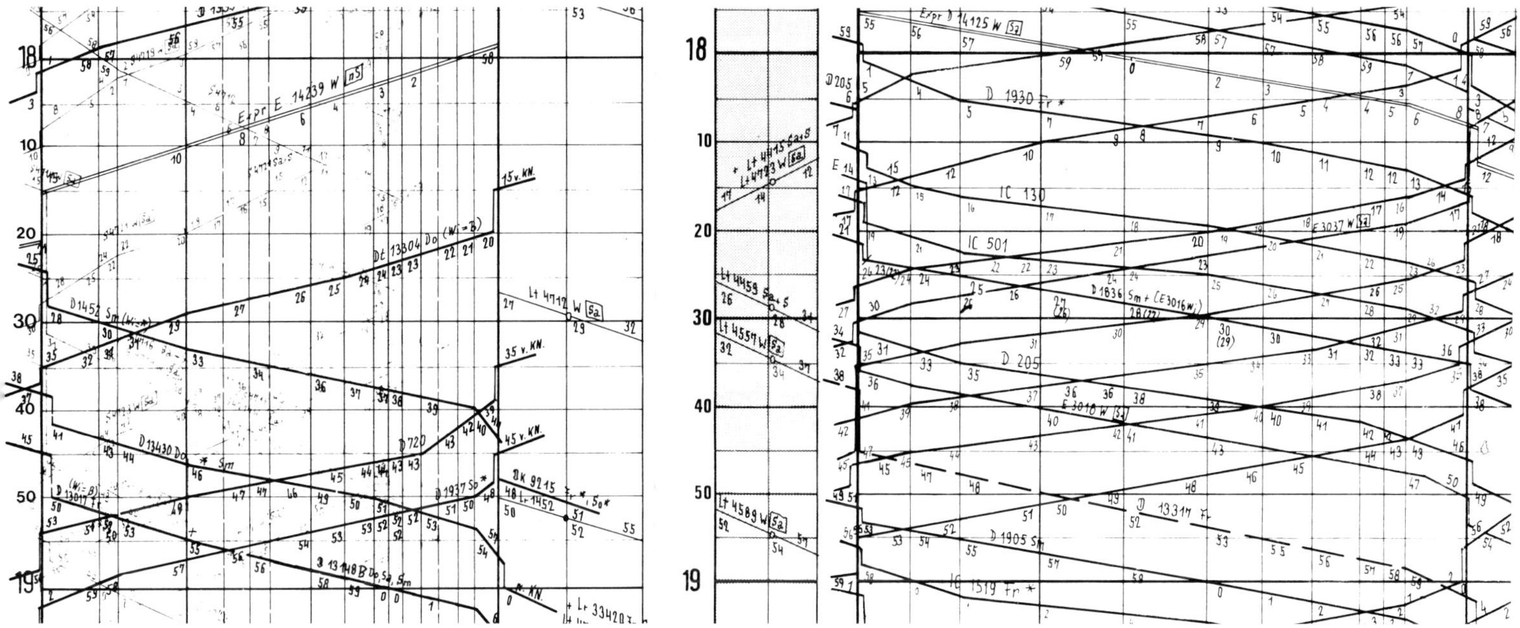

Ausschnitt aus einem Bildfahrplan des Streckenabschnittes Duisburg – Düsseldorf 1985. Links: »Ortsverkehrs«-, rechts: »Fernverkehrsgleise«

Der Bahnhof ist auch mit Bahnbussen zu erreichen, zum Beispiel aus Richtung Grevenbroich, Mönchengladbach, Kaldenkirchen, Essen und Wuppertal-Vohwinkel.

Bis der gegenwärtige Leistungsstandard im Personenverkehr erreicht wurde, mußte nach Kriegsende ein langer Weg zurückgelegt werden. Am 20. Juni 1948 trat für die westlichen Besatzungszonen die Währungsreform in Kraft. In Westdeutschland füllten sich über Nacht die Schaufenster, Läger und Speisekarten, aber fast vom gleichen Zeitpunkt an gab es ab Düsseldorf keine Zugverbindungen mehr nach Westberlin, denn dort begann die Blockade der Stadt. Am 6. Dezember 1948 trat im Vereinigten Wirtschaftsgebiet des Westens ein neuer Fahrplan in Kraft, der mehr Züge bei höheren Geschwindigkeiten und andere Verbesserungen brachte. Über Düsseldorf verkehrte zwischen Dortmund und Frankfurt (Main) wieder ein Schnelltriebwagen (Dt 49/50). Die Zeitschrift »Der Eisenbahner« berichtete: *»Alle Reisezüge sind wieder geheizt, alle D- und Eilzüge und ein Teil der Personenzüge haben wieder Licht. Seitdem die Fenster nicht mehr zum Einsteigen benutzt werden, sieht man kaum noch zertrümmerte Fensterscheiben. Ordnung, Sauberkeit und Hygiene haben in den Zügen erfreulich zugenommen. Auch auf den Bahnsteigen, in den Bahnhofsräumen und Wartesälen ist der Aufenthalt angenehmer geworden.«* So normalisierte sich der Eisenbahnverkehr bei der Deutschen Bundesbahn, die als Nachfolgerin der Deutschen Reichsbahn mit Wirkung vom 7. September 1949 ins Leben gerufen wurde.

8. Die Eisenbahn stellt sich dem Wettbewerb im Güterverkehr

Güteraustausch über die Schiene

In Deutschland wie andernorts begann die Industrialisierung in den Kohlerevieren. Die Kohle zog die Stahlerzeugung nach sich. An Rhein und Ruhr wuchs zur Jahrhundertwende eine weite Industrielandschaft heran. Dank der Eisenbahn stand erstmals ein Transportmittel zur Verfügung, mit dessem Hilfe Rohstoffe in ausreichender Menge den Produktionsstätten zugeführt und Erzeugnisse zur Weiterverarbeitung abtransportiert werden konnten. In der Peripherie der Stahlproduktion entstanden metallverarbeitende Fabriken, die ohne Schienenanschluß nicht hätten existieren können. Die Industrialisierung griff auch auf Düsseldorf über, dessen Standort am Rande des Ruhrreviers für den Aufbau von Fabriken günstig erschien und wo sich halbkreisförmig um die Stadt Industrie mit Gleisanschlüssen entwickelte. Die ehemalige Untere Ruhrtalbahn, östlich des heutigen Stadtteils Flingern gelegen, eignete sich besonders gut als Sammel- und Verteilerschiene für Güterwagen im Stadtgebiet von Nord nach Süd.
Heute stehen den Eisenbahnanlagen in Düsseldorf insgesamt 462 Hektar Fläche zur Verfügung bei einer Ausdehnung der Stadt von rund 21690 Hektar, davon für Güter- und Rangierbahnhöfe 237, Streckengleise mit Haltepunkten 118, Personenbahnhöfe 41, Abstellanlagen 23, Lokomotiv- und Wagenbetriebswerke 16 und für sonstige Eisenbahnanlagen 27 Hektar. Somit nehmen die dem Eisenbahnbetrieb dienenden Flächen 2,13 Prozent des Stadtgebietes in Anspruch; in Frankfurt (Main) sind es 2,21; in Duisburg 2,53 und in München 3,15 Prozent, ferner in Hamburg, Dortmund und Essen jeweils 1,06; 1,64 und 1,90 Prozent. Die statistischen Angaben lassen erkennen, daß Güter- und Rangierbahnhöfe den höchsten Flächenbedarf für Eisenbahnanlagen aufweisen; im ganzen gesehen fällt die Ausdehnung mit zwei bis drei Prozent in den genannten Städten bescheiden aus.
In Düsseldorf sind die einst am Stadtrand gelegenen Bahnhöfe inzwischen ganz im Stadtgefüge aufgegangen, auch die heute noch vorhandenen rund 200 Gleisanschlüsse. Aus den Gleisanschlüssen gelangen täglich rund 2000 Wagen ins Netz der Bundesbahn. Das für Düsseldorf spezifische Wagenladungsgut besteht aus Eisen- und Stahlerzeugnissen, Produkten der Papierindustrie, der Waschmittel- und Seifenproduktion und Glasindustrie. Während der zahlreichen Messen und Ausstellungen herrscht bei den Gepäck- und Güterabfertigungen ein regelrechtes Stoßgeschäft. Das Jahresaufkommen an Frachtstückgut auf der Schiene beträgt in Düsseldorf rund 60000 Tonnen.

Leitplan der Stadt Düsseldorf 1957 zur Aufteilung in Wohn-, Geschäfts- und Kleingewerbegebiete sowie Wohngebiete mit folgenden Stadtteilen:

1. Lohausen, 2. Stockum, 3. Unterrath, 4. Lörick, 5. Niederkassel, 6. Oberkassel, 7. Heerdt, 8. Hamm, 9. Bilk, 10. Volmerswerth, 11. Flehe, 12. Oberbilk, 13. Stadt-Mitte, 14. Derendorf, 15. Lichtenbroich, 16. Rath, 17. Mörsenbroich, 18. Grafenberg, 19. Flingern, 20. Gerresheim, 21. Vennhausen, 22. Lierenfeld, 23. Eller, 24. Hassels, 25. Garath, 26. Urdenbach, 27. Benrath, 28. Reisholz, 29. Itter, 30. Himmelgeist, 31. Holthausen, 32. Wersten, 33. Schabernack.

Derendorf im Zentrum des Güterverkehrs

Derendorf ist der wichtigste Bahnhof für den Güterverkehr. Die ersten Anlagen zum Rangieren der Wagen wurden 1889 in Betrieb genommen. 1935 verzeichnete der Bahnhof 1400 Wagen je Tag im Ausgang, heute verlassen ihn bis zu 2600 Wagen täglich. Als »Knotenpunkt«-Bahnhof übernimmt Derendorf auch Rangieraufgaben für die »Satelliten« Bilk, Rath, Grafenberg, Lierenfeld, Reisholz und den Hafenbahnhof. Stückgüter werden in der Güterabfertigung an der Schirmerstraße empfangen und abgesandt oder innerbetrieblich in der dortigen Umladeanlage umgeschlagen. Eine ortsansässige Zolldienststelle dient dem Geschäftsverkehr mit dem Ausland. Entlang der Westseite des Bahnhofs befinden sich Gleisanschlüsse und Ladestellen verschiedener Firmen, darunter des Großmarkts und der Fleischversorgung.

Der rund 811000 Quadratmeter umfassende, zwischen den Stadtteilen Derendorf und Mörsenbroich in Nord-Süd-Richtung gelegene, rund fünf Kilometer lange Bahnhof ist an die Strecken Richtung Duisburg Hbf, Rath / Duisburg-Wedau / Essen, Gerresheim / Wuppertal, Grafenberg, Lierenfeld / Eller / Köln, Lierenfeld / Reisholz / Köln und Bilk / Neuss optimal angebunden. Vom Höxter Weg im Norden bis zur Franklinstraße im Süden gibt es fünf Straßenüberführungen in rund 700 Meter Abstand. Derendorf arbeitet als »einseitiger Rangierbahnhof« und besitzt zwei Ablaufberge, über die die Wagen aus der Einfahrgruppe in die Eilgut- und Frachtengruppe nach Süden rollen. Derendorf verlassen und erreichen Güterzüge verschiedener Gattungen und Richtungen, darunter Zu- und Abbringer zu und von TEEM-, InterCargo- und Schnellgüterzügen in Duisburg Hbf und Köln-Eifeltor mit hochwertigen und eilbedürftigen Gütern. Manche Frachtenzüge rollen über Derendorf unmittelbar zu Großabnehmern, ohne rangieren zu müssen. Hierzu zählen Kohlenzüge für die Hafenbahn und das städtische Kraftwerk in Flingern.

Rath an der Güterzugmagistrale Ruhrgebiet-Süddeutschland

Im Norden der Stadt, an der Güterzugmagistrale Ruhrgebiet / Süddeutschland, liegt der Güter- und Rangierbahnhof Rath. Er hat wichtige Sammler- und Verteileraufgaben für die Satelliten Lintorf, Ratingen West, Ratingen Ost und Eller. Nur letzterer liegt auf Düsseldorfer Stadtgebiet. Rath hat große Bedeutung als Industrieanschluß der Firma Mannesmann, die ihren Güterverkehr mit werkseigenen Lokomotiven über einen Übergabebahnhof abwickelt. Die Werksgeschichte von Mannesmann begann dort mit der Suche nach einem geeigneten Baugrundstück auf Düsseldorfer Gebiet im Jahre 1897. Als sich schließlich ein Baugrundstück in Rath anbot, verweigerte die Eisenbahndirektion Elberfeld einen Gleisanschluß. Sie verwies die Firmenleitung nach Reisholz, wo die Industrieansiedlung in vollem Gange war. Da für Mannesmann Reisholz nicht in Frage kam – auch wegen der dort angesiedelten Konkurrenten –, ersuchte die Firma um Baugenehmigung des Gleisanschlusses beim Eisenbahn-Ministerium in Berlin, wo dem Antrag stattgegeben wurde. Vor Baubeginn verlangte die Eisenbahnverwaltung den Ersatz des Bahnüberganges an der Liliencronstraße durch eine Straßenüberführung. Die täglich zweimalige Bedienung des gewünschten Anschlußgleises hätte das Überqueren des Bahnüberganges noch mehr erschwert, nachdem bereits sechs stark befahrene Bahnhofsgleise die Straße kreuzten. Mannesmann mußte die Kosten der Bahnübergangsbeseitigung tragen; lediglich die Hälfte der eingesparten Personalausgaben des Schrankenwärters konnte in kapitalisierter Form von den Baukosten abgezogen werden. Im November 1900 begann das »Rather Walzwerk« – wie es damals hieß – seine Produktion von nahtlos gewalzten Rohren. Das Produktionsergebnis stieg zwischen 1913 und 1933 von 63000 auf 140000 Tonnen jährlich an. Die Werksanlagen dehnten sich zusehends aus, so daß der ursprünglich bescheidene Gleisanschluß zu einem werkseigenen Übergabebahnhof mit rund 16 Kilometer Gleisanlagen heranwuchs. Sechs eigene normalspurige Lokomotiven besorgten vor dem Zweiten Weltkrieg das Zustellen und Abholen der Güterwagen für das Werk. Neben dem Normalspur-Netz entwickelte sich für werksinterne Transporte zwischen den Betriebshallen und Magazinen ein schmalspuriges Kleinbahn-Netz, wo sieben für den schweren Kleinbahnverkehr geeignete Lokomotiven eingesetzt wurden. Im letzten Weltkrieg stark zerstört, nach Kriegsende demontiert, inzwi-

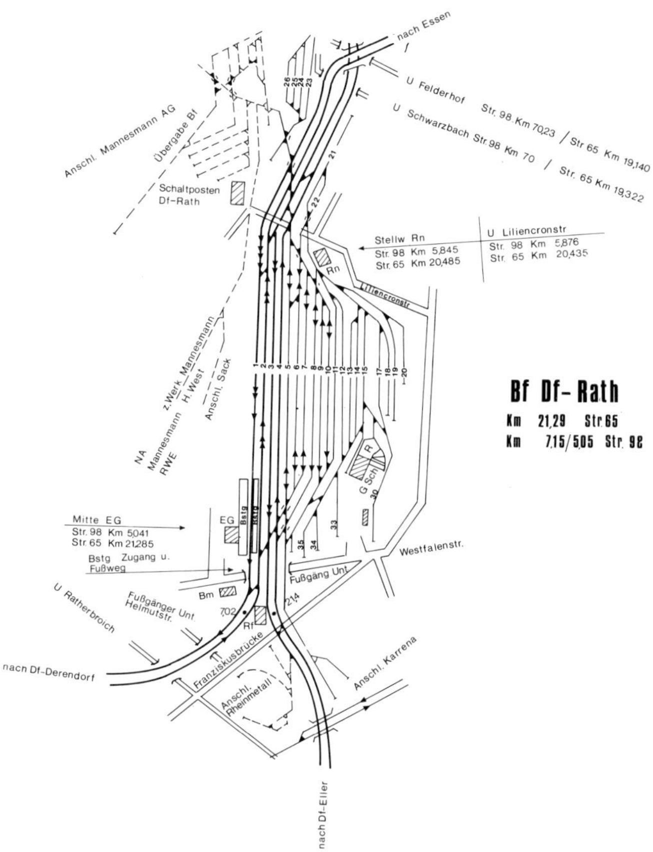

Lageplan Güterbahnhof Rath mit Gleisanschlüssen 1980

Übergabebahnhof Mannesmann in Rath 1985

schen wiederaufgebaut, modernisiert und erweitert, bringen die »Mannesmann-Röhrenwerke Rath« heute beachtliche Gütermengen über den Bahnhof Rath auf die Schiene. Der Bahnhof verzeichnet jährlich rund 16000 Wagen im Versand und 14000 im Empfang.

Reisholz als wichtiger Güterbahnhof im Süden der Stadt

Am 20. Dezember 1845 rollte der erste Zug der Köln-Mindener Eisenbahngesellschaft von Köln-Deutz nach Düsseldorf. Er hielt auch im Bahnhof Benrath, in einem kleinen Dorf südlich von Düsseldorf. Noch konnte niemand ahnen, welche Bedeutung der Schienenstrang für den Güterverkehr eines Tages haben würde. Unternehmer kamen aus der Eifel und dem Westerwald, aus dem Bergischen und aus dem Ausland und errichteten Fabriken, meist an oder in der Nähe des neuen Verkehrsweges. Einer unter ihnen war Hermann Heye, der am 14. Juni 1898 die »Industrieterrains Düsseldorf-Reisholz AG« (IDR) gründete. Man befand sich mitten in der sogenannten »Gründerzeit«. Im ersten Geschäftsbericht der IDR wurde genau beschrieben, was sich die Gesellschaft vorgenommen hatte: *»Zweck der Gesellschaft ist,*

Personenbahnhof Reisholz um 1933

ihre zwischen Düsseldorf und Benrath gelegenen, in erheblicher Frontausdehnung an die Staatsbahnlinie Düsseldorf – Köln wie an den Rheinstrom grenzenden und von der elektrischen Straßenbahn Düsseldorf – Benrath durchschnittenen, großen hochwasserfreien Terrains, welche durch die natürliche Lage wie alle sonstigen Vorbedingungen zur Erschließung für industrielle Anlagen und für jede damit in Zusammenhang stehende weitere Entwicklung vorzüglich geeignet sind, dieser Verwertung entgegenzuführen.« Das Statut der IDR enthielt unter anderem den Hinweis auf die Anlage von Bahnhöfen, Anschlußgleisen und deren Betrieb. Weil die Verkehrserschließung außerordentlich bedeutend war, wurde nördlich von Benrath bei der Eisenbahnblockstelle »Reisholz« ein Übergabebahnhof gebaut und am 15. Juni 1899 in Betrieb genommen. Kurze Zeit nach Inbetriebnahme des Bahnhofs wurden bereits sieben Fabriken über sieben Kilometer Anschlußgleise bedient. 1901 führte auch ein Gleis zu dem neuen Umschlagplatz an der Rheinwerft.

Bis 1914 hatte die IDR einen ganzen Stadtteil erschlossen und Bauland in großem Umfang bereitgestellt. Sie beförderte inzwischen jährlich rund 109000 Waggons auf 16 Kilometer Gleisen. 46 Betriebe hingen an der Anschlußbahn. Im Ersten Weltkrieg ließ die Blütezeit des Unternehmens nach, danach ging es langsam wieder aufwärts. 1929 war die Gemeinde Benrath Gegenstand eines heftigen Eingemeindungskampfes, der schließlich zur Eingliederung in die Stadt Düsseldorf führte. Nunmehr lag das gesamte Terrain auf Düsseldorfer Stadtgebiet. Gegen Ende der dreißiger Jahre, als sich das Wirtschaftswachstum wieder stabilisierte, konnte die IDR erneut investieren und ihre Bahnanlagen weiter ausdehnen. Inzwischen brachten die Jahre 1937 bis 1942 neue Rekorde im Güterverkehr der IDR. Die Zahl der beförderten Güterwagen kletterte unaufhörlich nach oben, bis eine Stagnation im Zweiten Weltkrieg eintrat. 1945 sank die Zahl auf 19500 Wagen. Mit dem beginnenden Wiederaufbau vollbrachte die Anschlußbahn neue Beförderungsleistungen von weit über 100000 Waggons. Ihr kam zugute, daß die Kriegsschäden an den Gleisanlagen nicht besonders schwer waren und mit eigenen Mitteln schnell behoben werden konnten. Die sechs Lokomotiven des Unternehmens hatten den Krieg unversehrt überstanden.

1951 wurde Düsseldorf Allein-Aktionär des ehemaligen Heye'schen IDR-Besitzes. Die Stadt betrieb eine innere Erneuerung des Unternehmens, schaffte unter anderem sechs Diesellokomotiven an, musterte die alten Dampflokomotiven aus, baute 1974 einen neuen Lokomotivschuppen mit Werkstatt, errichtete ein Drucktastenstellwerk mit modernen elektrischen Signalen und überholte die Gleis- und Weichenanlagen. Der Übergabebahnhof verfügt nunmehr über 24 Gleise mit Nutzlängen zwischen 74 und 450 Metern sowie zwei Rangierseilzuganlagen. Zur Anschlußbahn gehören 42 Gleisanschlüsse, zwei eigene Ladegleise, ein Gleisdreieck, zwei Rangierbahnhöfe und insgesamt 18,1 Kilometer Strecke mit 64 Weichen. Von den 16 Bahnübergängen sind zehn technisch gesichert. Im Dezember 1981 wurde der siebenmillionste beladene Güterwagen seit Gründung der Bahn befördert. Das entspricht einer Leistung von etwa 150 Millionen Tonnen Güter. Müßte das jährliche Transportvolumen von zwei Millionen Tonnen Güter auf der Straße transportiert werden, gäbe es im Industriegebiet Reisholz etwa 140000 Lastkraftwagen mehr. Die Stadt Düsseldorf nutzte die Möglichkeit, über die IDR Grundstückspolitik zu betreiben. Der IDR fiel eine entscheidende Rolle zu bei der größten Sanierung in der Innenstadt, als das Oberbilker Stahlwerk sein Gelände östlich des Bahnhofs räumen sollte. Der Industriekomplex von 110000 Quadratmetern Fläche mit 1000 Arbeitsplätzen gehörte zum Mannesmann-Konzern, der in Reisholz das »Stahl- und Röhrenwerk Reisholz GmbH« besitzt. In einem Umlegungsverfahren konnte erreicht werden, daß die IDR aus ihrem Grundbesitz rund 79000 Quadratmeter in Reisholz einbrachte und dafür 1985 rund 30000 Quadratmeter in Oberbilk erwarb. Für die Stadt Düsseldorf war damit der Weg zur Bebauung auf der Ostseite des Hauptbahnhofs frei und eine Öffnung nach Oberbilk städtebaulich endlich möglich.

Industrieterrains Düsseldorf-Reisholz

Aktiengesellschaft

Düsseldorf-Reisholz,

errichtet am 14. Juni 1898.

Lage. Das zur Bürgermeisterei Benrath gehörige Gelände der Industrieterrains Düsseldorf-Reisholz Aktiengesellschaft im rheinisch-westfälischen Industriegebiete, **in der Nähe der Industrie- und Handelsstädte Düsseldorf und Köln**, bietet für jede Industrie eine hervorragend günstige Lage, nachdem dasselbe durch **grosse Bahn-, Rheinwerft- und Strassenanlagen** für den Verkehr erschlossen ist.

An der Haupt-Staatsbahnlinie **Düsseldorf-Benrath-Köln**, in einer Entfernung von 7 km von Düsseldorf-Hauptbahnhof und 2,5 km von Bahnhof Benrath, ist der Staatsbahnhof,

Düsseldorf-Reisholz

errichtet und seit Juli 1899 in Betrieb genommen.

Der Bahnhof ist für den Personen- und Güterverkehr (Stückgut und Wagenladungen), also für den **vollen Verkehr** und **besonders für die Bedienung von Privatanschlussgleisen eingerichtet**. An diesen Bahnhof, der vollständig von dem **über 1700 Morgen grossen Gelände der Aktien-Gesellschaft** eingeschlossen ist, werden vermittelst des Uebergabebahnhofs der Gesellschaft Anschlüsse für industrielle Anlagen etc. gewährt.

Das Terrain liegt zwischen der Staatsbahn und dem Rheinstrom, wird durchschnitten durch die Düsseldorf-Kölner Provinzialstrasse und umfasst ausser den Gütern Kappeler Hof, Oberheid und Niederheid noch mehrere hundert Morgen anderweit erworbene Grundstücke.

In unmittelbarer Nähe des Terrains liegen die Ortschaften **Benrath, Holthausen, Itter, Urdenbach, Himmelgeist, Wersten** und **Eller**.

Verkehrsbedingungen. Das Terrain ist erreichbar:

a) **durch die Staatseisenbahn.** Die Fahrzeit von Düsseldorf-Hauptbahnhof bis zum Bahnhof Düsseldorf-Reisholz beträgt 10 Minuten.

Es halten z. Zt. täglich

21 Personenzüge in der Richtung von Düsseldorf-Hauptbahnhof nach Düsseldorf-Reisholz und

18 Personenzüge in der Richtung von Düsseldorf-Reisholz nach Düsseldorf-Hauptbahnhof;

b) **vom Rhein her durch das Rheinwerft.** Ein allen Anforderungen entsprechendes, mit Bahngleisen, Kranbühnen, Dampfkranen, elektrischer Beleuchtung versehenes Rheinwerft verbindet die auf dem Gelände der Gesellschaft angesiedelten und sich ansiedelnden Werke direkt mit dem Rheine wie mit der Staatsbahn.

Diese Rheinverbindung, hochwasserfrei gelegen, ist für eine rationell arbeitende Industrie von ganz besonderer Bedeutung.

c) **durch die elektrische Bahn Düsseldorf-Benrath-Hilden-Ohligs-Vohwinkel**, die auf der Düsseldorf-Kölner Provinzialstrasse durch das Industriegelände fährt;

d) **vom Bahnhof Eller her**, der etwa 3 km entfernt liegt;

e) durch **direkte Verbindung** mit der **Stadtfernsprechstelle Düsseldorf**.

Arbeiterverhältnisse. Die Arbeiterverhältnisse sind günstige; geeignete Arbeitskräfte sind in genügender Zahl vorhanden. Die Gegend ist bevölkert und von zahlreichen Arbeitern bewohnt. Die Bürgermeisterei Benrath hat über 22000 Seelen. Auch bewirkt die unmittelbare Nähe der grossen Stadt Düsseldorf einen ständigen Zuzug von Arbeitern. Besondere Arbeiterzüge sind auf der Staatsbahn wie auf der elektrischen Bahn eingelegt. Diese Bahnen gewähren den Arbeitern Wochenfahrkarten zu ermässigten Preisen.

Häuser, Bebauung, Strassen. Arbeiterwohnhäuser, Landhäuser und Geschäftshäuser sind sowohl auf dem Gelände der Gesellschaft wie in der nächsten Umgebung in grosser Zahl errichtet und werden auf Wunsch den sich ansiedelnden Werken vermietet oder verkauft.

Neue Strassenzüge sind geschaffen, grössere Grundstückskomplexe für die Errichtung von Wohnhäusern sind erschlossen.

Gas, Wasser und Elektrizität. Gasleitung und Gemeindewasserleitung sind vorhanden. Elektrische Energie für Licht und Kraft liefert das Rheinisch-Westfälische Elektrizitätswerk unter für den Verbraucher günstigen Bedingungen.

Grundstückspreise. Die Grundstückspreise sind den gebotenen grossen Vorteilen gegenüber mässige; sie richten sich je nach der Lage und Grösse des beanspruchten Terrains.

Die Gesellschaft **verkauft** und **vermietet** Terrains in Parzellen jeder Grösse.

Industrielle Niederlassungen. Alle diese Einrichtungen und Vorzüge haben es bewirkt, dass in einem verhältnissmässig kurzen Zeitraume auf dem Gelände der Gesellschaft ein reges geschäftliches Leben sich entwickelt hat und eine grosse Anzahl industrieller Werke bereits errichtet ist.

Düsseldorf-Reisholz 1907.

Geschäftsbericht der Industrieterrains Düsseldorf-Reisholz (IDR) 1907

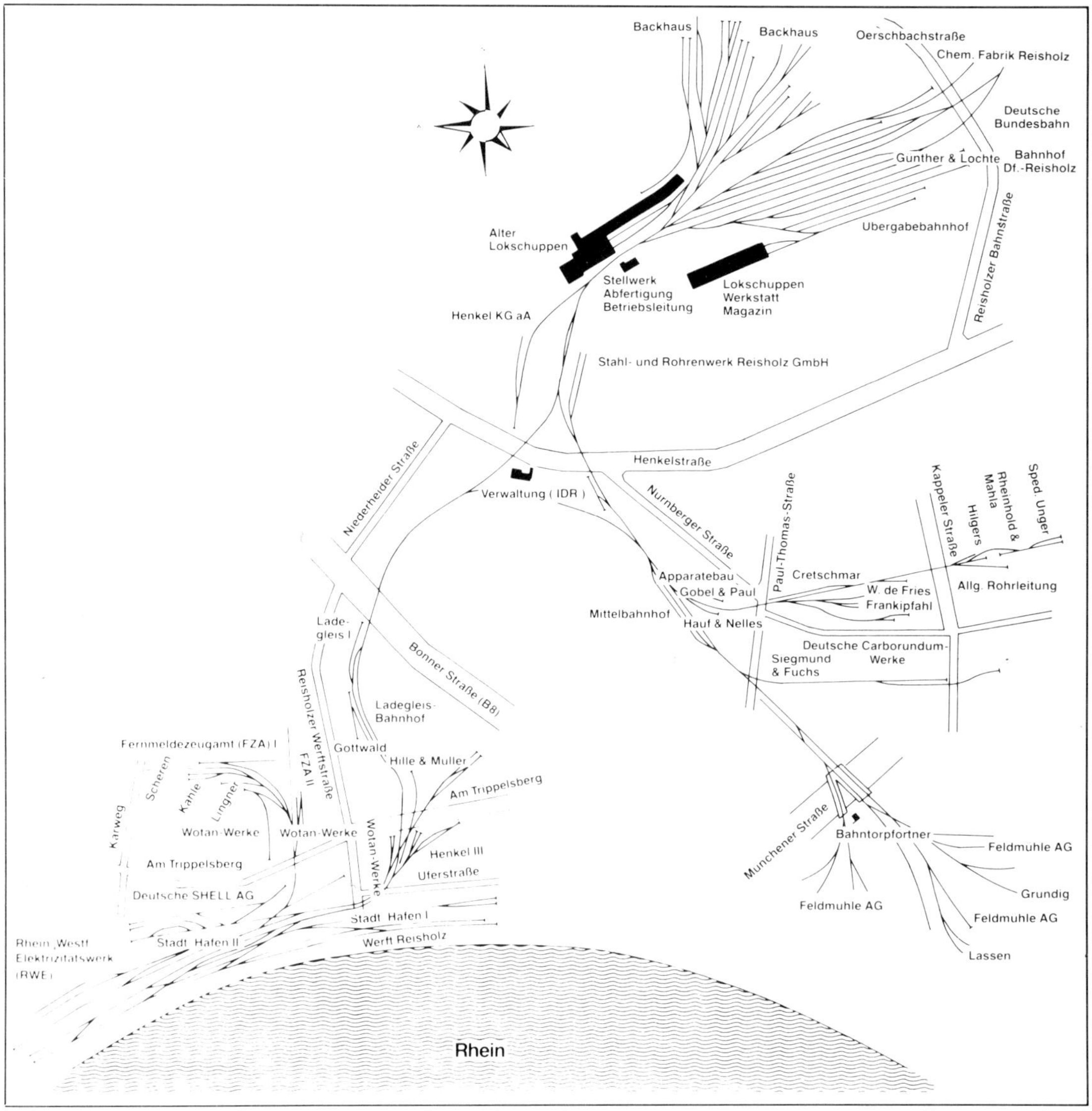

Lageplan der Gleisanlagen der Industrieterrains Düsseldorf-Reisholz und der städtischen Hafenbahn Reisholz um 1981

Zu den wichtigsten Gleisanschließern im Süden der Stadt Düsseldorf rechnet die weltbekannte Firma »Henkel«. Ihre zahlreichen Gleise und Ladestellen demonstrieren in eindrucksvoller Weise die Bedeutung und Ausdehnung privater Eisenbahnanlagen. Der Gleisanschluß »Henkel« ist einer der ältesten in Düsseldorf. Der Firmengründer Fritz Henkel wagte 1899 beim Umzug von Düsseldorf-Flingern in den Vorort Holthausen einen »Sprung auf die grüne Wiese«. Dort bot die bereits erwähnte Gesellschaft zur Ansiedlung von Industrieunternehmen, nämlich die Industrieterrains Düsseldorf-Reisholz AG, dem Firmengründer fünf Hektar gut geeignetes Betriebsgelände mit Ausdehnungsmöglichkeit und Anbindung an Schiene und Rheinstrom an. Als im März 1900 die Produktion mit 80 Mitarbeitern begann, transportierten noch Pferdewagen die Henkel-Produkte. Das erste Produkt, welches von der Firma hergestellt wurde, war Henkel's Bleich-Soda. 1901 gab es immerhin schon zwei Eisenbahnwaggons im Werk, die von Hand bewegt wurden. Bald arbeiteten Spillanlagen, um Wagen über Seilzugeinrichtungen zu verschieben. 1911 besaß das Werk seine erste Werkslokomotive. Die Gleisanlagen erreichten Mitte der sechziger Jahre rund 23 Kilometer Länge. Heute sind an fast 42 Kilometer Gleise im Werk etwa 150 Ladestellen angeschlossen. Von 1962 bis 1966 entstand ein neuer werkseigener Bahnhof am Nordrand der Fabrik, wo die Verteilung der Güterwagen vorgenommen wird und die Übergabezüge nach Reisholz zusammengestellt werden. 1960 besaß die Werksbahn 212 eigene und 101 angemietete Kesselwagen, 173 Güterwagen verschiedener Bauart und fünf Lokomotiven. Die Dampflokomotiven wurden ab 1966 gegen Diesellokomotiven ausgetauscht. Über den Gleisanschluß gelangen auch Rohstoffe in das Werk, wie Öle, Fette, Sand, Soda, Perborate und Phosphate, außerdem große Mengen Kohle. Vier von zehn in Düsseldorf bereitgestellten Güterwagen transportieren Henkel-Produkte und füllen etwa 70 ausgelastete Güterzüge jedes Jahr. Als Transportgut wird wöchentlich einmal Wasserglas in einem geschlossenen Güterzug mit vierachsigen Kesselwagen abtransportiert. Von Derendorf aus, wo die meisten Güterwagen für den Gleisanschluß gesammelt werden, besteht eine eingleisige Verbindung über Lierenfeld nach Reisholz. Auf dem Rhein

Werksgelände der Firma Henkel. Oben: Privat-Kesselwagen auf Werksgleisen um 1959, unten: Rangieren mit der Dampfspeicherlokomotive »Fritz« um 1926

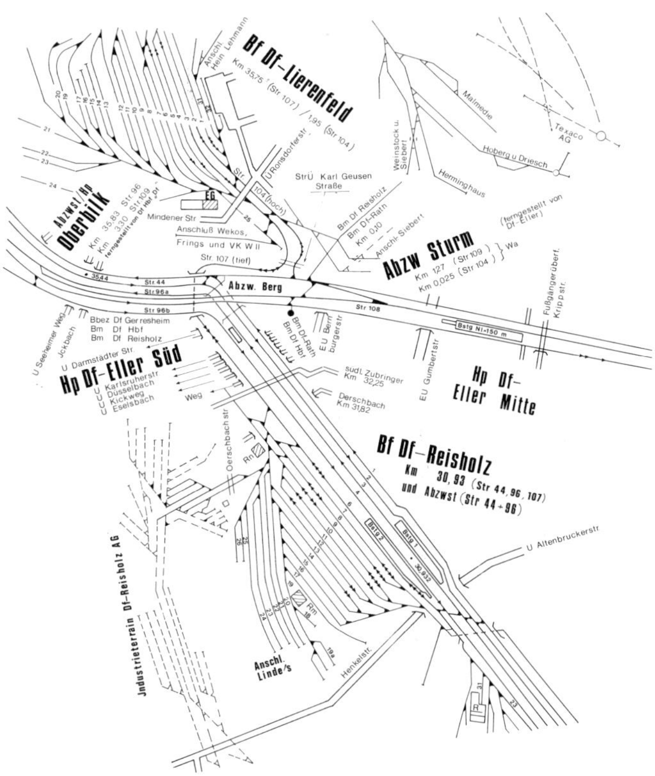

Güterbahnhof Lierenfeld mit Stellwerk »Lf« (oben) und Güterbahnhof Reisholz mit Stellwerk »Rn« (unten) 1985

Links: Lageplan der Güterbahnhöfe Lierenfeld und Reisholz mit Gleisanschlüssen 1980

Rangierbetrieb mit Diesel-Kleinlokomotive Baureihe 333 der DB im Güerbahnhof Bilk 1985

gelangen Rohstoffe zum werkseigenen Hafen und von hier aus mit Kesselwagen über die Hafenbahn in das Werksgelände. Allein 400 Privatwagen der Firma Henkel, insbesondere private Kesselwagen, fahren im innerbetrieblichen Verkehr oder pendeln zwischen Werksgelände und Hafen. 1976 zählte die Firma als einer der größten Industriebetriebe Düsseldorfs 14000 Mitarbeiter auf einem Firmengelände von 120 Hektar.
Von den rund 200 Güterwagen, die täglich im Bahnhof Reisholz aufkommen, entfällt etwa die Hälfte auf den Gleisanschluß der Henkel-Werke. Um seine Rangieraufgaben bewältigen zu können, verfügt der Bahnhof über einen Ablaufberg mit Gleiswaage und radargesteuerten Gleisbremsen. Der Güterbahnhof versorgt auch die Gleisanschlüsse in Benrath, Langenfeld (Rhld.) und Leverkusen-Küppersteg.

Container für Bilk und Umschlaggut für den Hafen

Im Reigen der Güterbahnhöfe nimmt Bilk eine Sonderstellung ein, denn in diesem an der Strecke Düsseldorf – Neuss gelegenen Bahnhof werden vornehmlich Großbehälter (Container) umgeschlagen. Bilk wurde 1966 als Standort gewählt, weil hier Freiflächen und Gleisanlagen nach Wegfall des Stückgutverkehrs zur Verfügung standen und eine funktionsfähige Güterabfertigung vorhanden war. Der Container-Bahnhof

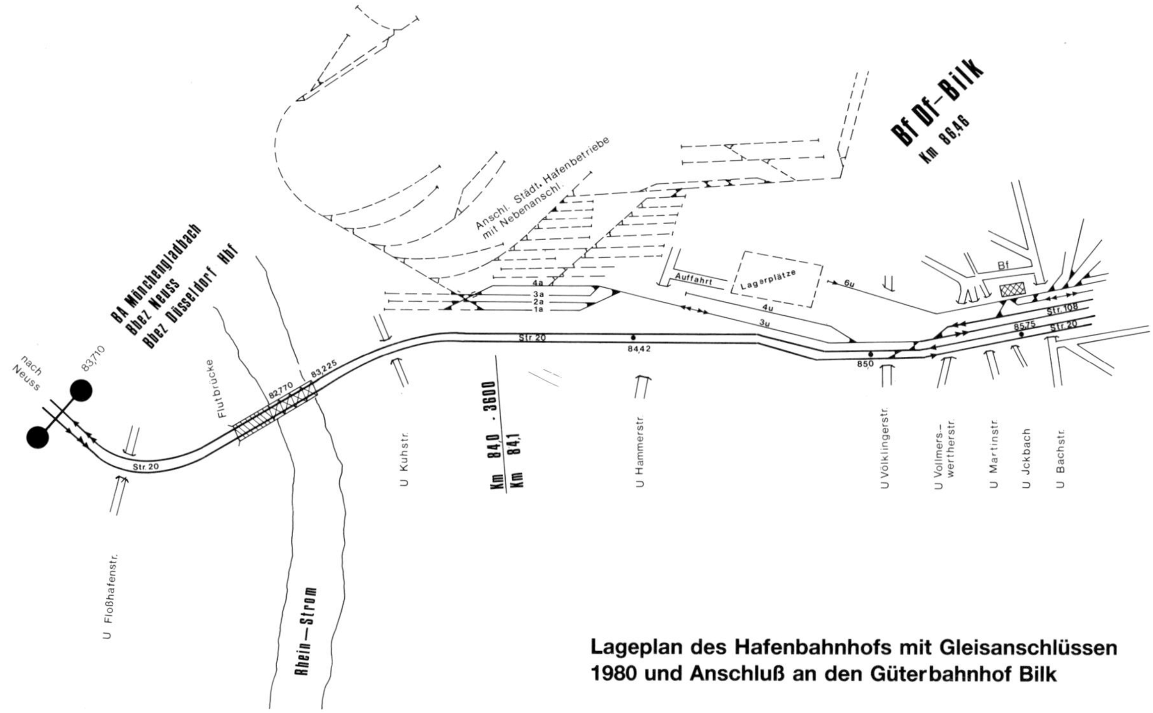

Lageplan des Hafenbahnhofs mit Gleisanschlüssen 1980 und Anschluß an den Güterbahnhof Bilk

hat eine günstige Lage zur Innenstadt, ist über die Bach- und Friedrichstraße an das Straßennetz angeschlossen und wird unmittelbar von den schnellfahrenden Eilgüterzügen aus Richtung Neuss und Duisburg erreicht. Früher wurden auch Lastkraftwagen von Bilk aus im Huckepackverkehr befördert. Bald waren jedoch die Bahnhofsanlagen dem Verkehr nicht mehr gewachsen, so daß heute Lastkraftwagen in Neuss verladen werden. Ein schienenfahrbarer Portalkran mit 8 Meter Hubhöhe kann 35 Tonnen schwere Container heben und sie mit seinem Greifzangengeschirr von Eisenbahnwagen auf Lastkraftwagen umsetzen. Monatlich gelangen rund 800 Contai-

Containerumschlag im Düsseldorfer Hafen 1985

ner mit Güterzügen nach Bilk, und werktäglich werden rund 40 Lastkraftwagen be- oder entladen.
Zwei Kilometer westlich des Bahnhofs Bilk arbeitet die Städtische Hafenbahn. Sie bedient den Hafenbahnhof, die zahlreichen Gleisanlagen des Hafens und das Kraftwerk Lausward. Der dem Übergabe- und Rangierverkehr dienende Hafenbahnhof ist mit den Gleisanlagen der Bundesbahn verknüpft. Auch die Werftanlagen in Heerdt und Reisholz gehören zum Betriebsbereich der Hafenbahn, die seit 1895 besteht. Ihre Beförderungsleistungen stiegen von 26672 Tonnen im Jahre 1896 auf 2,074 Millionen Tonnen im Jahre 1970 an. Heute sind die Beförderungsmengen rückläufig. 1983 belief sich das Wagenaufkommen auf rund 21800 im Haupthafen, 9400 in Reisholz und 1950 in Heerdt bei einem Güterstrom von insgesamt 1,141 Millionen Tonnen. Insbesondere befördert die Eisenbahn Erze, Kohle, Torf, Steine, Erden, Bindemittel und Nichteisenmetalle aus den Häfen und vornehmlich chemische Erzeugnisse in Gegenrichtung. Das Großkraftwerk Lausward ist Hauptabnehmer der über die Schiene oder auf dem Wasserwege zugeführten Kohle. Von insgesamt 46,34 Kilometer Gleislänge entfielen 1983 rund 37,68 Kilometer auf den Haupthafen; 5,13 auf Reisholz und 3,53 auf Heerdt. Vor dem Zweiten Weltkrieg arbeiteten neun Rangiermannschaften bei einem Personalbestand von 70 bis 80 Mann der Hafenbahn, heute ist der Personalbestand auf die Hälfte gesunken. Früher mußten bei gleicher Tonnage wesentlich mehr Güterwagen bewegt werden als heute, denn das Ladegewicht ist inzwischen von fünf auf zehn und mehr Tonnen angewachsen. Spezialwagen, wie sie zum Beispiel für den Kohle- oder Erztransport benutzt werden, fassen 55 Tonnen Fracht. Nach weitgehender Rationalisierung des Hafenbahnbetriebs sind auch die sieben Schrankenwärter, die 1960 noch tätig waren, zurückgezogen worden.

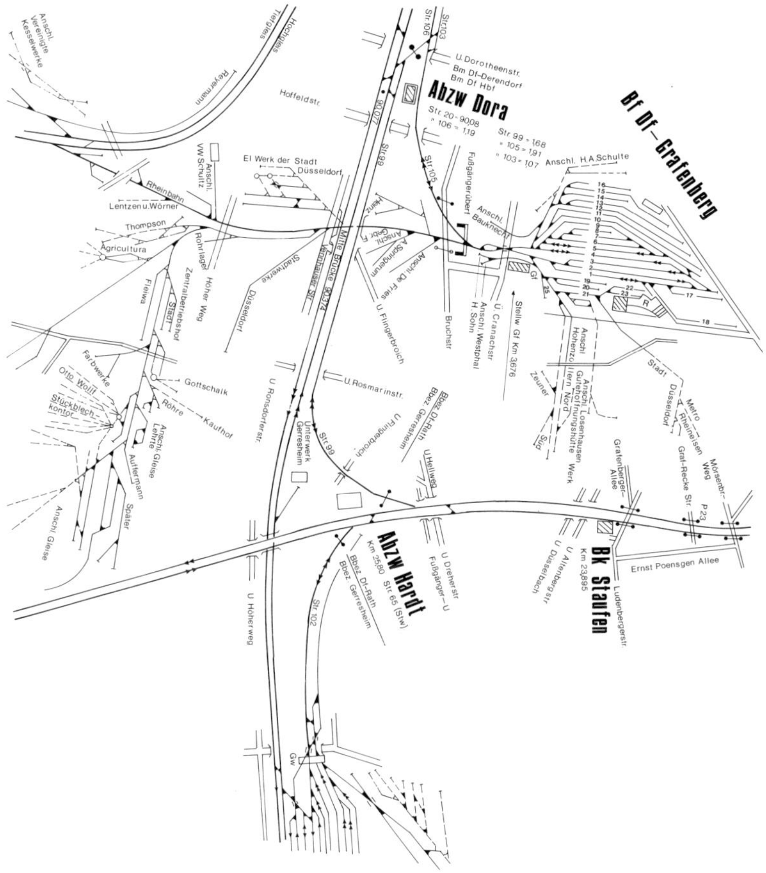

Lageplan des Güterbahnhofs Grafenberg mit Gleisanschlüssen 1980

Die Bahnhöfe Grafenberg und Lierenfeld im Schatten der Personenverkehrsanlagen

Im Schatten der Hauptstrecken Düsseldorfs liegen die Güterbahnhöfe Grafenberg und Lierenfeld. Ersterer erschließt das Industrie- und Gewerbegebiet im nordöstlichen Stadtteil zwischen Grafenberger Allee und Erkrather Straße. Der in Kopfform angelegte Bahnhof besitzt 16 Aufstellgleise von maximal 400 Meter Länge, fünf Ladegleise sowie Rampen- und Schuppengleise. Nicht weniger als 47 Gleisanschlüsse hängen am

Güterbahnhof Grafenberg mit Stellwerk »Gf« 1985

Bahnhof. Westlich des Bahnhofs befinden sich zwei, östlich sieben und südlich 38 Gleisanschlüsse. Die von Derendorf kommenden Übergabezüge gelangen über die Strecke Düsseldorf – Wuppertal hinter der Dorotheenstraße auf einem Verbindungsgleis zum Bahnhof Grafenberg. Hier übernimmt eine Rangierlokomotive die Verteilung der etwa 70 bis 90 täglich anrollenden Güterwagen. Die Rangierlokomotive bedient auch das Elektrizitätswerk der Stadt Düsseldorf am Höherweg, wenn der mit Kohle beladene Güterzug aus Moers wöchentlich einmal in Grafenberg eintrifft. Nach Verbreitern und Ausbau der Erkrather Straße besteht keine durchgehende Schienenverbindung mehr von Grafenberg zum benachbarten Güterbahnhof Lierenfeld. Heute gibt es nur noch Schienenverbindungen über Derendorf, Eller und Reisholz. Der Güterbahnhof Lierenfeld besitzt 14 Aufstellgleise zum Sammeln und Verteilen von Wagen für die öffentlichen Ladestellen und die zahlreichen Gleisanschlüsse, außerdem Ladestellen für den öffentlichen Verkehr.

Weitere Umschlagplätze zur Abrundung des Angebots

Nach dem Zweiten Weltkrieg entstand nordwestlich des Düsseldorfer Hauptbahnhofs in den Jahren 1970 bis 1976 eine moderne Paketumschlagstelle der Deutschen Bundespost mit etwa 1400 Beschäftigten. Bereits beim Bau des »Central Personen Bahnhofs« erhielt die Preußische Post eigene Betriebsanlagen. Aus einem bescheidenen Nebengebäude am nördlichen Ende des ehemaligen Empfangsgebäudes auf dem »Wilhelmplatz« entwickelte sich im Laufe der Zeit eine beachtliche Postverladeanlage mit Verwaltungsgebäude. Heute besitzt die Bundespost beidseits der Worringer Straße bis hin zur Kölner Straße weitaus mehr Fläche als vor dem letzten Weltkrieg. Die große Paketumschlaghalle ist mit sechs Rampengleisen von insgesamt 800 Meter Länge ausgerüstet, die an die Bahnhofsgleise 1 bis 3 angeschlossen sind. Nach dem Entladen der Bahnpostwagen gelangen die Pakete zur Vorverteilungsstelle des Postamts 2, wohin auch die Pakete von den Straßenposten, Selbstbu-

Zustellung von Güterwagen für den Postbahnhof während der Umbauarbeiten im Hauptbahnhof 1983

chern und der öffentlichen Annahmestelle transportiert werden. Nach dem Sortieren der täglich rund 90000 anfallenden Pakete wird das Postgut in Bahnpostwagen für den Fernbereich, in Container-Straßenfahrzeuge für den Nahbereich oder in Lastkraftwagen für den Ortsbereich umgeschlagen. Die Pakete werden meistens in Privatgüterwagen der Bundespost mit besonders großem Fassungsvermögen befördert. Sie sind mit breiten Schiebetüren oder Schiebewänden ausgerüstet und eignen sich für Höchstgeschwindigkeiten bis 120 Kilometer je Stunde. Schnellfahrende Güterzüge sorgen im Post-Güterzugnetz für den zügigen Pakettransport über große Entfernungen. Zum Postamt 2 in Düsseldorf gehört außerdem eine Päckchen-Umschlagstelle, die Tag für Tag durchschnittlich 25000 Päckchen auf über 580 Zielorte im Bundesgebiet zu verteilen hat, wovon ein großer Teil über Bahnposten transportiert wird. Nachts herrscht auf den Bahnsteigen des Hauptbahnhofs an den Expreßgutzügen ein emsiges Ein- und Ausladen von Postgut, wobei mit Briefen gefüllte Postbeutel ausgetauscht werden. Von und zu den Bahnsteigen gelangt das Postgut über besondere Gepäckaufzüge durch einen speziellen Posttunnel.

Die Betrachtung des Eisenbahngüterverkehrs in Düsseldorf wäre unvollständig, würde nicht auf die Ladegleise und Anschlußstellen der Bahnhöfe Eller, Gerresheim, Kalkum und Oberkassel hingewiesen, auch wenn deren Bedeutung rückläufig ist. Südlich des Flughafen-Schutzbauwerks befinden sich an der Strecke Duisburg – Düsseldorf bei Unterrath die großen Lagerhallen der Firma Kaufring, deren Gleisanschluß über den Bahnhof Kalkum von Derendorf aus bedient wird. In den Stadtteilen Oberkassel, Niederkassel und Heerdt gibt es auch einige Gleisanschlüsse, die von einem Industriestammgleis in der Trasse der ehemaligen »Aachen-Düsseldorfer Eisenbahn« abzweigen und vom Bahnhof Neuss versorgt werden. Wegen des rückläufigen Wagenaufkommens wird bereits eine teilweise Auflassung der Gleisanlagen erwogen.

9. Die S-Bahn hält Einzug

S-Bahn-Pläne reifen heran

In Düsseldorf besinnt man sich nach dem Zweiten Weltkrieg recht bald des öffentlichen Personennahverkehrs auf der Schiene. Die einstigen Pläne für eine Ruhr-Schnellbahn sind noch nicht vergessen, und die verkehrliche Erschließung der Trabantenstadt Garath, der neuen Stadt im Süden, stand zur Diskussion. Die Stadt Düsseldorf ließ eine »Studie über den Bau einer S-Bahn im Raume Düsseldorf« ausarbeiten und bat die zuständige Bundesbahndirektion Wuppertal um Stellungnahme. Sie erstellte am 30. August 1961 einen »Untersuchungsbericht über die Errichtung eines Nahschnellverkehrs Düsseldorf Hbf – Düsseldorf Garath« und am 2. Dezember 1963 einen »Zweiten Untersuchungsbericht über die Einrichtung eines Nahschnellverkehrs Langenfeld – Düsseldorf Hbf – Ratingen Ost«. Damit rückte der Vorschlag des Eisenbahningenieurs und Verkehrsplaners Steffens, Düsseldorf, aus dem Jahre 1954 in greifbare Nähe, wie er später auf vielen Gebieten realisiert werden konnte. Steffens schlug vor, die Eisenbahnstrecken nach Kalkum, Rath, Langenfeld, Erkrath und Neuss auszubauen, in einem Taktfahrplan mit schnellen elektrischen Triebwagen zu befahren und durch zusätzliche Haltepunkte zu ergänzen. Er rechnete sich Fahrzeiten von 14 Minuten zwischen Garath und Wehrhahn oder von 10 Minuten zwischen Hauptbahnhof und Neuss aus.

Die S-Bahn (Stadt-Schnellbahn) sollte zwei Hauptaufgaben erfüllen:

- Bedienung des Pendlerverkehrs zwischen dem Umland und der Landeshauptstadt
- Bedienung eines Teils des innerstädtischen öffentlichen Verkehrs, soweit die vorhandenen Eisenbahnanlagen günstige Voraussetzungen bieten.

Schließlich wurde von verschiedenen Seiten darauf hingewiesen, daß der S-Bahn-Verkehr Düsseldorfs mit dem S-Bahn-Verkehr des Ruhrgebietes zu verknüpfen wäre, wenn an der Ruhr eines Tages S-Bahn-Züge fahren sollten. Wesentliche Meinungsverschiedenheiten bestanden nur über die Endpunkte der einzelnen Linien und die Anzahl der zusätzlichen Haltepunkte. Das Land Nordrhein-Westfalen zog Mitte der sechziger Jahre Konsequenzen aus der aufkommenden Verkehrsdiskussion und ließ einen Generalverkehrsplan für das gesamte Land erarbeiten, der in Einzelplänen später fortgeschrieben und zum Beispiel als »S-Bahn- und Stadtbahn-Bedarfsplan« Grundlage zur Förderung des S-Bahn- und Stadtbahn-Verkehrs in Nordrhein-Westfalen wurde.

In den sechziger Jahren stellte auch der Gesetzgeber wichtige Weichen zur Finanzierung des öffentlichen Personennahverkehrs. 1964 legte eine Gruppe von Verkehrssachverständigen den Enquête-Bericht über die im Auftrage der Bundesregierung durchgeführte Untersuchung von

Maßnahmen zur Verbesserung der Verkehrsverhältnisse der Gemeinden vor. Sechs Jahre nach Auftreten der Sachverständigenkommission erschien das Gemeindeverkehrsfinanzierungsgesetz (GVFG) am 18. März 1971 und regelte die Finanzierungsmöglichkeit zur Verbesserung der Verkehrsverhältnisse in den Gemeinden durch Zuschüsse der öffentlichen Hand, nachdem bereits durch das Steueränderungsgesetz von 1966 der Weg über die Inanspruchnahme der Mineralölsteuer gewiesen worden war. Damit war der Durchbruch für den Bau von S-Bahnen und Stadtbahnen im Bundesgebiet Anfang der siebziger Jahre erreicht. Bereits lange vorher waren die Stadt Düsseldorf, das Land Nordrhein-Westfalen und die Deutsche Bundesbahn ihrem Ziel zum Bau der Düsseldorfer S-Bahn entgegengeschritten und hatten die anstehenden Probleme der Finanzierung und Tarifgestaltung von sich aus bewältigt.

Für Düsseldorf beginnt der S-Bahn-Bau

»Endlich ist es soweit: Am Donnerstag um 10.15 Uhr werden Ministerpräsident Dr. Meyers, der Präsident der Deutschen Bundesbahn, Professor Dr. Oeftering, und Oberbürgermeister Müller das Abkommen zur Einrichtung einer Stadtschnellbahn im Sitzungssaal der Staatskanzlei am Mannesmannufer feierlich unterzeichnen«, berichteten die Düsseldorfer Stadtnachrichten am 27. August 1964. Weiter hieß es: *»Das Land Nordrhein-Westfalen, die Stadt Düsseldorf und die Deutsche Bundesbahn wollen in organisatorischer und finanzieller Zusammenarbeit die Bundesbahnstrecke zwischen Langenfeld (Rhld.) und Ratingen-Ost zu einer S-Bahn ausbauen, die mit Haltepunkten in den verschiedenen Stadtteilen Düsseldorfs vor allem die neue Wohnstadt Garath mit dem Hauptbahnhof durch schnelle Triebwagen in dichter Zugfolge verbinden soll.«*
Der Weg zur ersten S-Bahn-Strecke in Düsseldorf und zum beginnenden S-Bahn-Neubau nach dem Zweiten Weltkrieg in Deutschland konnte nur geebnet werden, indem sich die Stadt Düsseldorf, die Deutsche Bundesbahn und das Land Nordrhein-Westfalen am 14. Juli 1964 zur gemeinsamen Finanzierung des Projekts entschlossen und einen entsprechenden Ausführungsvertrag aufstellten. In diesem Vertrag wurde festgehalten, daß die Deutsche Bundesbahn für den nicht kostendeckend zu betreibenden Nahverkehr von Investitionskosten freigestellt werden muß. Die Investitionen sollten aus Darlehen des Landes und der Stadt Düsseldorf bestritten werden, die nur zu verzinsen waren, wenn entsprechende Überschüsse aus dem späteren S-Bahn-Betrieb erwirtschaftet würden.
52 Millionen DM waren veranschlagt, um die erste S-Bahn-Strecke von Ratingen Ost nach Langenfeld (Rhld.) zu bauen. Die geringe Investitionssumme zeugt nicht nur von äußerster Sparsamkeit beim ersten Spatenstich für die Düsseldorfer S-Bahn, sondern deutet auch darauf hin, daß Vorleistungen bereits vorhanden waren. Im Zuge des viergleisigen Ausbaus von Duisburg nach Köln wurden vor dem Zweiten Weltkrieg unter anderem zwischen Düsseldorf und Benrath Brücken und Stützmauern für die zusätzlichen Nahverkehrsgleise angepaßt und ein drittes Streckengleis vom Hauptbahnhof bis in Höhe des späteren S-Bahn-Haltepunktes Eller Süd verlegt. Außerdem besaß die Bundesbahn zahlreiche Grundstücke, die ihre Vorgängerin, die Reichsbahn, erworben hatte.
Die Grundsteinlegung an der neuen S-Bahn-Station Garath war am 10. Juni 1966 Ausgangspunkt verschiedener Baumaßnahmen zwischen Ratingen Ost und Langenfeld (Rhld.). Auch der Hauptbahnhof blieb von Umbauarbeiten nicht verschont. Hier wurden Spurplanänderungen vorge-

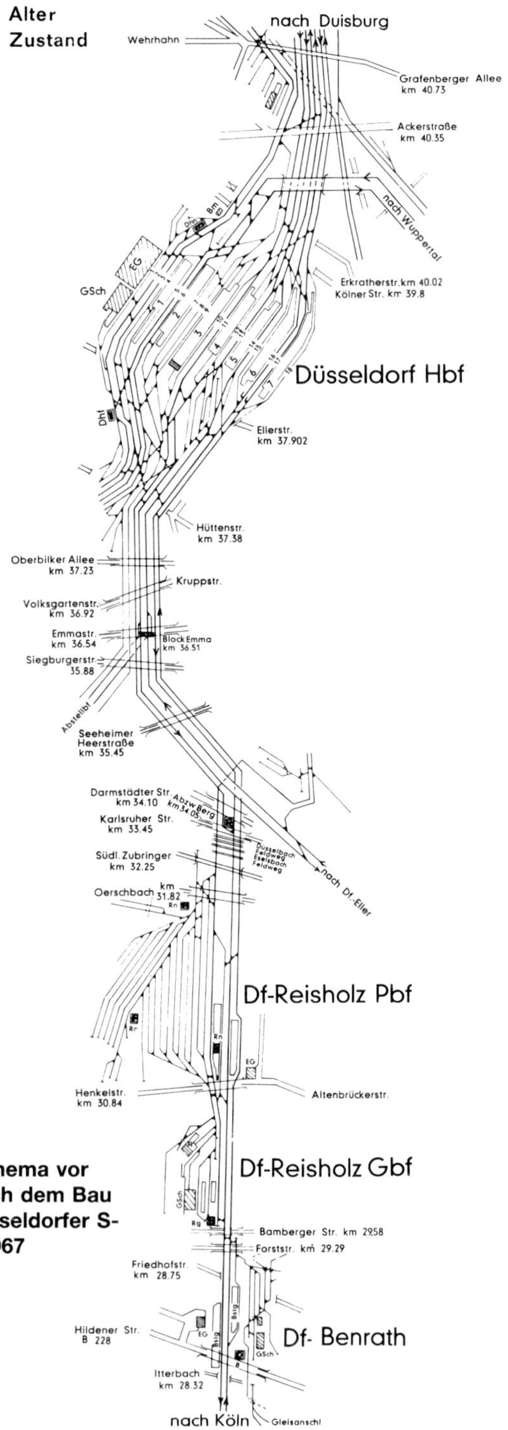

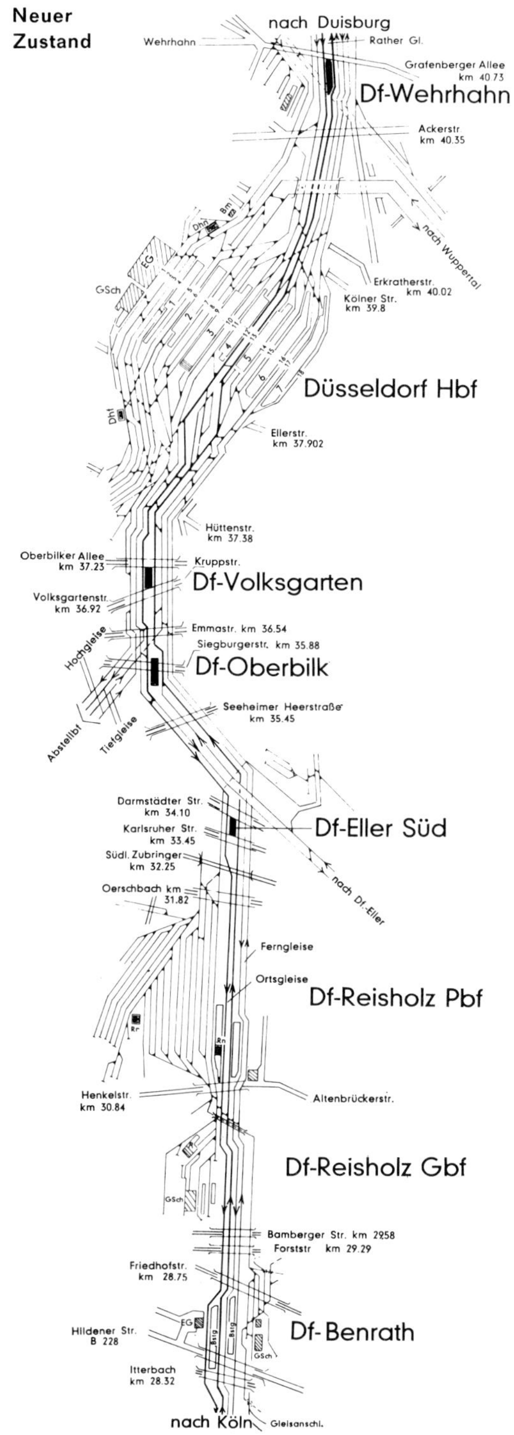

Gleisschema vor und nach dem Bau der Düsseldorfer S-Bahn 1967

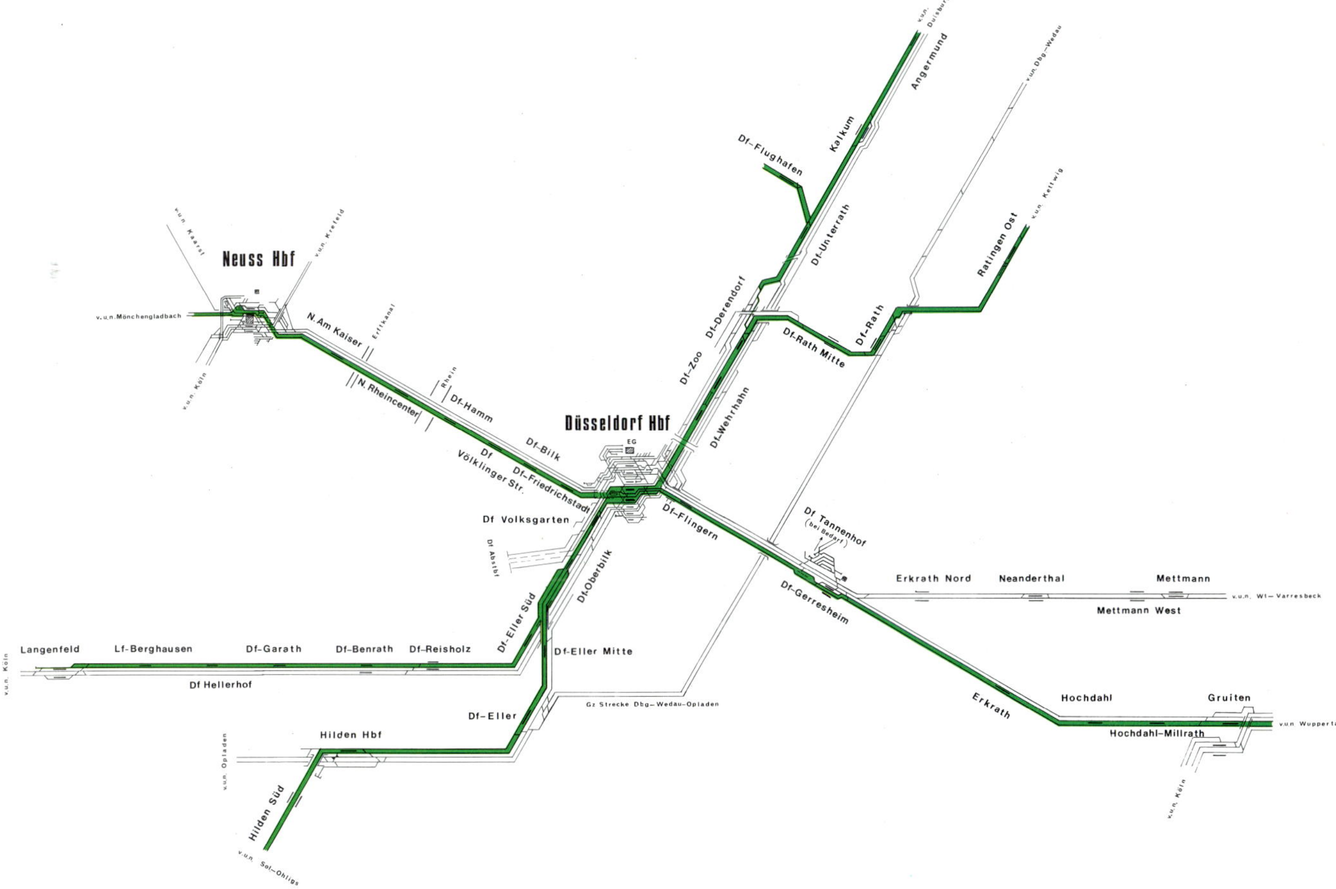

S-Bahn-Netz im Raume Düsseldorf, Planungs-, Betriebs- und Bauzustand 1985
grün: S-Bahn-Strecken
schwarz: übrige wichtige Eisenbahnstrecken

Streckenausbau für die Ost-West-S-Bahn. Links: im Bahnhof Gerresheim, links Gleisanschluß der Gerresheimer Glashütte (Freig. RP Df 04 S 94, 1985)

Rechts: in Flingern, Kreuzungspunkt der historischen Trasse der »Ruhrtalbahn« am Kraftwerk der Stadt Düsseldorf (Freig. RP Df 04 R 266, 1984)

Bau eines neuen Haltepunktes für die Ost-West-S-Bahn.

Oben: am Kuhtor/Hafen in Hamm (Freig. RP Df 04 R 245, 1984)

Links: an der Dorotheenstraße in Flingern (Freig. RP Df 04 S 119, 1985)

S-Bahn-Haltepunkt Wehrhahn 1983
Verknüpfung mit der Straßenbahn

S-Bahn-Zug »Rhein-Ruhr«

Radsatzwechsel an einem S-Bahn-Wagen im Betriebswerk Düsseldorf 1

Abstellbahnhof im Stadtteil Wersten. Links: Abstell- und Zugbildungsgleise, Mitte: Wagenhalle, rechts: Wasserturm und Heizkraftwerk
(Freig. RP Df 04 S 96, 1985)

Container-Bahnhof Bilk
(Freig. RP Df 04 R 264, 1984)

nommen, um die Ein- und Ausfahrgeschwindigkeit zu erhöhen und den Bahnsteig 6 für Fernzüge der Richtungen Duisburg und Köln auf 400 Meter zu verlängern. Zum Abstellen oder Wenden (Richtungswechsel) entstanden besondere Gleise am Südkopf des Hauptbahnhofs und nördlich des Bahnsteigs Wehrhahn.

In knapp dreijähriger Bauzeit mußten beim S-Bahn-Bau 250000 Kubikmeter Erde bewegt, 46 Kilometer Gleise neu verlegt, 1200 laufende Meter Stützmauer von durchschnittlich 3 Meter Höhe und 3300 Meter neue Bahnsteigkanten hergestellt werden. Die Aufzählung der Baumaßnahmen wäre unvollständig, wenn nicht der Bau von vier Eisenbahnüberführungen, vier Personentunnel, eines Überwerfungsbauwerks und von 16 Überbauten an vorhandenen Brücken neben der Verbreiterung von 11 Eisenbahnüberführungen erwähnt würden. Auch an Oberleitungsanlagen für den elektrischen Zugbetrieb, Nachrichtenanlagen und Signaleinrichtungen und der Ausstattung der S-Bahn-Station mit Aufenthaltsräumen,

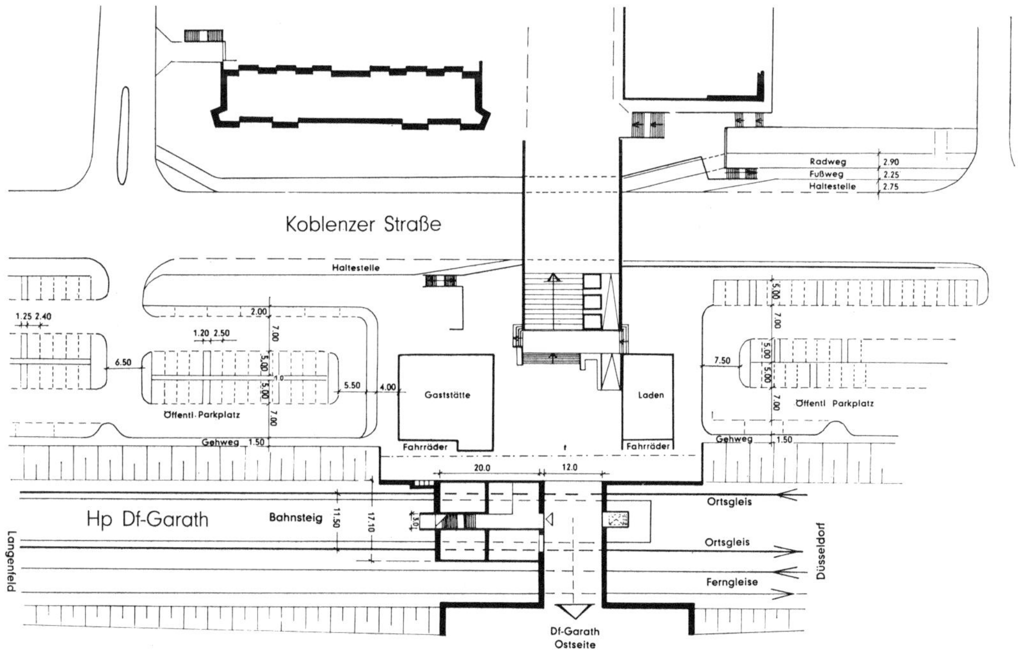

S-Bahn-Haltepunkt Garath 1967. Oben: Grundriß, unten: Querschnitt

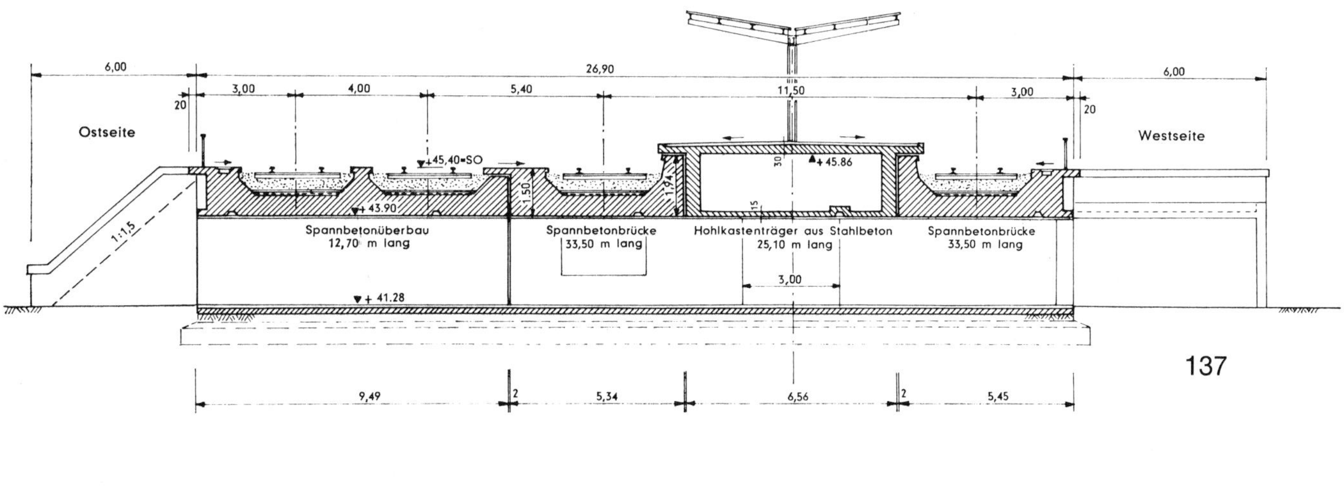

Treppenzugängen und Überdachungen wurde gearbeitet. Trotz dieser Leistung mahnten die Düsseldorfer Nachrichten am 16. November 1966, daß von den versprochenen neuen S-Bahn-Stationen noch sechs nicht im Bau seien. In der Tat konnten die Bauziele bis zur Eröffnung der ersten Düsseldorfer S-Bahn nicht alle erreicht werden. Dank der Anstrengung aller Beteiligter gelang es am 28. September 1967 den S-Bahn-Betrieb auf dem Teilabschnitt Ratingen Ost – Düsseldorf Hbf – Garath aufzunehmen. Damit wurde der erste Schritt in Richtung auf ein leistungsfähiges S-Bahn-Netz für die Landeshauptstadt und auf das geplante Nahschnellverkehrsnetz an Rhein und Ruhr getan. Im April 1968 konnte auch die neue S-Bahn-Station »Oberbilk« mit einem Leistungsangebot von 110 S-Bahn-Zügen und 48 Nahverkehrszügen, letztere von und nach Solingen/Remscheid, eröffnet werden. Die neue Station bot Umsteigemöglichkeiten auf die Rheinbahnlinien 10 und 18 sowie die Buslinien 56, 58 und 66. Ende des Jahres 1968 öffnete die neue S-Bahn-Station »Volksgarten« ihre Tore und ein Jahr später die Station »Zoo«, nachdem die Arbeiten an der neuen Franklinbrücke zwischen Rethel- und Moltkestraße zum Abschluß gekommen waren und den neuen Zugang zum Bahnsteig freigaben. Am 12. Dezember 1968 konnte schließlich die erste Düsseldorfer S-Bahn auf ihrer gesamten 30,4 Kilometer langen Strecke von Ratingen Ost über Düsseldorf Hbf nach Langenfeld (Rhld.) in Betrieb genommen werden, nachdem am 26. Mai 1968 der S-Bahn-Betrieb auch über Ratingen Ost hinaus bis Essen Hbf ausgedehnt worden war. Da die Beseitigung der restlichen sieben Bahnübergänge zwischen Garath und Langenfeld (Rhld.) noch ausstand, wurde vorerst nur ein eingleisiger Streckenabschnitt bis Langenfeld (Rhld.) eingerichtet. Bei Garath fuhren die S-Bahn-Züge in den eingleisigen Abschnitt ein und wendeten an einem Behelfsbahnsteig nördlich der Bahnhofstraße in Langenfeld (Rhld.), um die Schrankenschließzeiten dieser belebten Straße nicht noch mehr zu verlängern. Erst nach Beseitigen aller Bahnübergänge wurde westlich des bereits in Betrieb befindlichen S-Bahn-Gleises ein zweites Gleis angelegt, so daß eine dichtere Zugfolge möglich erschien. Der Behelfsbahnsteig in Langenfeld (Rhld.) ist bis zum heutigen Tag südlicher Endpunkt der Düsseldorfer S-Bahn und wird als Provisorium erst bei einer Weiterführung der S-Bahn nach Köln aufgegeben.

Wenige Wochen vor Aufnahme des S-Bahn-Betriebs bis Langenfeld (Rhld.) wurde in den Düsseldorfer Nachrichten der Ruf zur Verdichtung des Zugangebots der S-Bahn laut. *»Was den Kölnern und Frankfurtern seit kurzem die U-Bahn, ist den Düsseldorfern schon lange die S-Bahn«,* verkündete die Zeitung. Weiter hieß es in dem Artikel vom 29. Oktober 1968: *»Die immer noch steigende Zahl der Fahrgäste zeugt von der Beliebtheit dieser echten Schnellbahn, die den Bürger vor allem in den Flutzeiten schnell und reibungslos von den Außenbezirken in den Stadtkern und umgekehrt gelangen läßt.«* Statt des 15-Minuten-Taktes wurde ein Zugfolgeabstand von 10 Minuten während des Berufsverkehrs gefordert. Bereits in Benrath und in Rath seien die Züge so voll, *»daß man Sitzplätze suchen muß«.* Dem Drängen auf Verbesserung des Zugangebots wurde 1970 nachgegeben, als der durchgehende zweigleisige Betrieb bis Langenfeld (Rhld.) einen 20-Minuten-Takt erlaubte und während der Verkehrsspitzen sogar eine Taktverdichtung auf 10 Minuten zwischen Ratingen Ost und Garath zuließ. Die zusätzlichen Züge der »S 6«, wie die S-Bahn-Linie von Essen Hbf über Ratingen Ost und Düsseldorf Hbf bis Langenfeld (Rhld.) später genannt wurde, wendeten im Bahnhof Ratingen Ost und in Garath, dort unter Benutzung der bis heute bestehenden Weichenverbindung. Endgültig vollendet wurde die erste S-Bahn-Strecke in Düsseldorf mit dem Bau des letzten vorgesehenen Hal-

Erprobung des elektrischen Nahverkehrs-Triebwagens ET 27 im Vorlaufstadium des Düsseldorfer S-Bahn-Verkehrs um 1965

tepunktes am Südende der Stadt, der unter dem Namen »Hellerhof« am 15. Dezember 1982 in Betrieb ging.

»Die Aufnahme des Düsseldorfer S-Bahn-Betriebes war bei der Zugförderung zunächst nicht ganz ohne Probleme« schrieb Dr.-Ing. Eckhardt als Präsident der Bundesbahndirektion Wuppertal 1969. Mit den versuchsweise eingesetzten Nahverkehrstriebwagen ET 27, die speziell für den Schnellbahnverkehr entwickelt worden waren, scheiterte der Probebetrieb, da sie den Betriebsanforderungen und dem Fahrgastaufkommen nicht gewachsen waren. Statt der dreiteiligen Triebwagen wurden Wendezüge eingesetzt, die aus einer Lokomotive der Baureihe E 41 (später in 141 umbenannt), aus einem 1./2. Klasse (ABnb) – und zwei 2. Klasse (Bnb) – sowie einem Wendezugsteuerwagen (BDnrzf) und in den Flutstunden aus einem weiteren Bnb-Wagen gebildet waren. Solche Wagen sind allgemein als »Silberlinge« bekannt, denn sie tragen silberglänzende, nichtrostende Blechverkleidung. Anfänglich traten durch das sehr häufige Anfahren und Bremsen bei den Lokomotiven und Steuerwagen Störungen der Lastschaltelemente durch Verschmutzen der Maschinenräume infolge des Bremsstaubes auf. Erst mit dem Einsatz von umgerüsteten Maschinen und dem Einbau von Sonderausrüstungen in den Wendezugwagen gingen die Störungen zurück. Nach Lieferung der elektrischen Triebwagenzüge ET 420, die erstmals im Großraum München eingesetzt wurden, konnten die Wendezüge auch auf der S 6 durch Triebwagenzüge abgelöst werden.

Die neue Düsseldorfer S-Bahn galt auch auf dem Gebiet des Tarifwesens als fortschrittliches Nahverkehrsmittel. Am 1. Oktober 1967 wurde auf der S-Bahn ein Sondertarif unter der Bezeichnung: »Deutscher Eisenbahn-Personen-, Gepäck- und Expreßguttarif für den S-Bahn-Verkehr auf der Strecke Langenfeld (Rhld.) – Düsseldorf – Ratingen – Essen sowie den Übergangsverkehr zwischen der Deutschen Bundesbahn und der Rheinischen Bahngesellschaft AG Düsseldorf (Düsseldorfer S-Bahn-Tarif)« in Kraft gesetzt. Die wesentlichen Abweichungen gegenüber dem üb-

S-Bahn-Züge im Raume Düsseldorf, oben: Beginn des S-Bahn-Betriebs mit Wendezügen aus Bn-Wagen (»Silberlingen«) und der Lokomotive Baureihe 141. Unten: Ablösung der ersten Generation durch den Triebwagenzug ET 420

lichen Entfernungstarif lagen in der Zusammenfassung der Entfernungsstufen in sieben Preiszonen. Der Tarif sah acht Fahrkartengattungen vor. Schwerbeschädigte wurden entgegen sonstiger Tarifbestimmungen unentgeltlich befördert. Neu war die Beschränkung der Geltungsdauer der Einzelfahrausweise auf den Lösungstag und der Ausschluß von Fahrtunterbrechungen.
Die Chronik der ersten Düsseldorfer S-Bahn wäre unvollständig, würde nicht auch jener schwere Unfall erwähnt, der die S-Bahn bald nach ihrer Eröffnung traf und seit Bestehen der Eisenbahn im Raume Düsseldorf überhaupt als einziger schwerer Eisenbahnbetriebsunfall zu verzeichnen ist: Am 15. August 1969 fuhr der aus Richtung Garath kommende S-Bahn-Zug 4445 um 22.12 Uhr südlich des Bahnhofs Reisholz etwa in Höhe der Henkelstraße dem Richtung Köln fahrenden Eilzug 788 in die Flanke. Der aus Amsterdam kommende E 788 befuhr die S-Bahn-Gleise und sollte am Südende des Bahnhofs Reisholz über die vorhandene Weichenverbindung auf das Ferngleis nach Köln übergeleitet werden. Gleichzeitig näherte sich von Süden der S-Bahn-Zug 4445 Richtung Düsseldorf. Für diesen Zug, der bei Annäherung des E 788 bereits in Benrath abgefahren war, lag die signalmäßig gesicherte Fahrstraße fest. Der Fahrdienstleiter disponierte kurzfristig um und wechselte die Fahrstraße, denn er wollte zuerst den E 788 überleiten und dann dem S-Bahn-Zug Einfahrt geben, um den E 788 nicht zu verzögern. Zu diesem Zeitpunkt war jedoch der S-Bahn-Zug am Fahrtstellung zeigenden Vorsignal schon vorbeigefahren, so daß der Triebfahrzeugführer das in Haltstellung gewechselte Hauptsignal nicht mehr rechtzeitig wahrnehmen konnte. Mitten auf der Weichenstraße wurde der E 788 gerammt, so daß beide Züge entgleisten. Entgleiste Wagen des E 788 wurden hierbei in den Lichtraum des Ferngleises Köln – Düsseldorf geschoben, wo sich gerade der Expreßzug 3049 näherte. Ein Zusammenprall des Expreß 3049 mit den entgleisten Fahrzeugen war unvermeidlich, so daß die Lokomotive des auffahrenden Zuges mit mehreren Wagen entgleiste und über die unmittelbar neben dem Gleis befindliche Böschung abstürzte. Nach dem Unfall waren die Streckengleise etwa für einen Zeitraum von 24 Stunden gesperrt. Bei dem schweren Eisenbahnunglück waren vier Tote und 50 Verletzte zu beklagen.

In 13 Minuten vom Hauptbahnhof zum Flughafen Düsseldorf

Kurz, aber einprägsam war der Slogan zur Eröffnung der neuen Flughafen-S-Bahn Düsseldorf am 27. Oktober 1975: *»Flügel und Rad unter einem Dach.«* An diesem Tag konnten die Vertreter des Bundes, des Landes Nordrhein-Westfalen, der Landeshauptstadt Düsseldorf, der Flughafen Düsseldorf GmbH und der Deutschen Bundesbahn den ersten Zug der Flughafen-S-Bahn auf die Reise schicken. Bereits einen Tag nach der Eröffnungsfeier im Bahnhof Düsseldorf-Flughafen hatte die neue 9,4 Kilometer lange S-Bahn-Linie S 7 von Düsseldorf über Wehrhahn, Zoo, Derendorf und Unterrath ihre Bewährungsprobe zu bestehen, als über 50000 Menschen die S-Bahn zur An- und Abreise am »Tag der offenen Tür« des Flughafens benutzten.
Pläne, um den Flughafen Düsseldorf an das Netz der Deutschen Bundesbahn anzuschließen, entstanden schon in den sechziger Jahren. Ein Schienenanschluß tauchte im Generalverkehrsplan der Stadt Düsseldorf und des Landes Nordrhein-Westfalen auf und war unter anderem im »Nordrhein-Westfalen-Programm 1975« enthalten. Ende der sechziger Jahre scheiterte der Versuch, einen Pendelbetrieb auf der Schiene zwischen Unterrath und dem Flughafen einzurichten, denn die Wege vom Abfertigungsgebäude zum

Endpunkt des Gleisanschlusses waren zu weit. Es gab auch Pläne, einen neuen Flughafen-Bahnhof unmittelbar an die Strecke zwischen Unterrath und Kalkum zu bauen, falls neue Abfertigungsanlagen in Eisenbahnnähe errichtet würden. Die Entwicklung verlief jedoch anders, und die Abfertigungsgebäude wurden an alter Stelle im Stadtteil Lohausen erneuert oder durch Neubauten ersetzt. Nun mußte die Eisenbahn ihre Gleise zum Flughafen hinführen.

Grundlage der Baudurchführung und Finanzierung der Flughafen-S-Bahn bildete der Durchführungsvertrag vom 29. Oktober 1973 zwischen dem Land Nordrhein-Westfalen und der Deutschen Bundesbahn unter Zustimmung des Bundesministers für Verkehr. Der S-Bahn-Bau sollte in drei Baustufen vor sich gehen. Zunächst entstand in knapp zweijähriger Bauzeit eine zweigleisige Anschlußstrecke zwischen dem Flughafen und dem Haltepunkt Unterrath an der Bundesbahnstrecke Düsseldorf – Duisburg. Vorab wurden die unterirdischen Bahnhofsanlagen beim Bau des neuen Flughafen-Empfangsgebäudes 1972 im Rohbau miterstellt. Die S-Bahn-Strecke zweigt höhengleich aus den sogenannten »Ortsgleisen« in Unterrath ab, führt in einem engen Gleisbogen zum Flughafen hin, überquert den Kittelbach und gelangt über eine Rampe mit 35,3 Promille Neigung in einen 340 Meter langen Tunnel an einen 230 Meter langen Bahnsteig. Die Bahnsteiggleise können neben S-Bahn-Zügen auch Sonderzüge aufnehmen, die zum Flughafen fahren. Am Ende des Bahnsteigs und in seiner Mitte befinden sich Ausgänge zu den oberirdischen Anlagen des Flughafens und den beiden Terminals. Gepäckbänder und Personenaufzüge erleichtern den Transport des Reisegepäcks. An Automaten und in einer Kundendienststelle der Bundesbahn können Fahrausweise erworben werden. Nördlich des Flughafen-Anschlusses besteht auch ein Gleisanschluß für den Güterverkehr. Das »Tor zur Welt«, wie es in einem Werbetext heißt, öffnet sich dem Reisenden der S-Bahn bereits nach einer Fahrzeit von nur 13 Minuten aus der City. Damit besitzt die Landeshauptstadt Düsseldorf eine der schnellsten Flughafenverbindungen der Welt.

Nach Eröffnen der ersten Betriebsstufe der Flughafen-S-Bahn setzten im September 1976 Bauarbeiten für die zweite ein, um die südöstlichen Stadtteile Lierenfeld, Eller und Vennhausen an das S-Bahn-Netz anzuschließen und die S-Bahn-Verbindung bis Solingen-Ohligs auszudehnen. Zwischen Oberbilk und dem Bahnhof Eller entstand ein 1,6 Kilometer langer dreigleisiger Abschnitt, um den Güter- und Personenfernverkehr vom S-Bahn-Verkehr zu trennen und an der Abzweigstelle »Sturm« auf ein drittes Gleis zu verla-

Erweiterung des Streckenabschnittes Oberbilk – Eller für die S-Bahn 1979

Oben: Einführung der S-Bahn-Trasse in den Flughafen Düsseldorf. Ausgezogene Linie oberirdisch, unterbrochene unterirdisch (Freig. RP Df 19/N 106) – Darunter: Flughafen Düsseldorf: links: S-Bahnhof im Bau 1972; rechts: in Betrieb

gern. Für den Personenfernverkehr ist die Verbindung über Eller und Hilden nach Köln als Umleitungsstrecke unentbehrlich. Der dreigleisige Streckenausbau geschah inmitten eines dicht besiedelten Wohngebietes, wo auch der neue Haltepunkt »Eller Mitte« an der Gumbertstraße entstand. Im Bahnhof Eller wurden die Anlagen dem S-Bahn-Verkehr angepaßt. Zwischen Eller

und Hilden entstand ein besonderes Gleispaar, um die S-Bahn-Züge im Takt unabhängig von der stark belasteten Güterzugstrecke Duisburg-Wedau – Köln-Gremberg über Hilden bis Solingen-Ohligs weiterzuführen. Für die Spaziergänger und Radfahrer steht im gern besuchten Unterbacher Forst eine Fußwegunterführung an Stelle des Bahnübergangs zur Verfügung. Am 28. September 1980 ging die zweite Baustufe der Flughafen-S-Bahn in Betrieb, so daß die 28,9 Kilometer lange Strecke von Solingen-Ohligs bis zum Flughafen durchgehend von der S 7 befahren werden kann.
Nunmehr steht der dritte Bauabschnitt und damit die restlose Fertigstellung der Flughafen-S-Bahn noch aus. Hierfür sind besondere S-Bahn-Gleise von Derendorf bis Unterrath zu bauen, um ein lückenloses Leistungsangebot im 20-Minuten-Takt auch zwischen Hauptbahnhof und Düsseldorf-Flughafen zu gewährleisten. Als Fernziel ist eine bessere Anbindung des Ruhrgebietes durch eine nördliche Einführung der S 1 in den Flughafen-Bahnhof in Aussicht gestellt. Die S-Bahn-Linie S 1 nahm ihren Betrieb bereits am 26. Mai 1974 zwischen Bochum und Duisburg-Großenbaum auf und wurde am 22. Mai 1977 über Großenbaum hinaus bis Düsseldorf Hbf verlängert.

Die Ost-West-S-Bahn

Die Realisierung einer S-Bahn-Verbindung der fünf Großstädte Hagen, Wuppertal, Düsseldorf, Neuss und Mönchengladbach war längst überfällig, als am 18. März 1978 der Durchführungs- und Finanzierungsvertrag für die »Ost-West-S-Bahn« in Mönchengladbach bei einem kleinen Volksfest unterzeichnet wurde. Seit Jahren war eine Art »Bürgerinitiative«, nämlich die »Arbeitsgemeinschaft Ost-West-S-Bahn«, unter Federführung der Stadt Wuppertal tätig, um den Bau der S-Bahn herauszufordern, wobei die Stadt Düsseldorf kräftig mitwirkte.
Nur die am Projekt unmittelbar Beteiligten wußten damals, daß außer dem Rahmenplan für die Infrastruktur und deren Finanzierung nichts vorhanden war, um mit den Bauarbeiten zügig beginnen zu können. Die Entwurfsarbeit und Erstellung von Detailentwürfen, das Erlangen von Baurecht in zahlreichen Planfeststellungsverfahren und die oft langwierigen Zustimmungsverfahren zum Baubeginn bei den Investoren standen noch bevor. Eisenbahner, Ingenieurbüros und bauausführende Firmen haben in den Folgejahren mit viel Fleiß und großer Ausdauer die einzelnen Aufgaben angepackt und schneller als erwartet erledigen können. Treffend beschreibt die Rheinische Presse Düsseldorf am 30. Dezember 1982 die Situation an den Baustellen, wie sie zum Beispiel für die Ein- und Ausfädelung der Ost-West-S-Bahn im Düsseldorfer Hauptbahnhof und für die Anpassung der S-Bahn-Anlagen auf Düsseldorfer Stadtgebiet typisch ist: *»Um die Kosten gering zu halten, wurde bei der bisherigen, vor fünf Jahren begonnenen Planung um Zentimeter gekämpft. Die neuen Gleise sollten möglichst auf den bisherigen Bahnkörper gezwängt werden, um Häuserabrisse und Grundstücksankäufe zu vermeiden. Die Eisenbahner arbeiten mit allen Tricks: So wird die obere Schicht der schräg zulaufenden Bahndämme an mehreren Stellen abgetragen, um eine größere Oberfläche zu erhalten. Reicht die nicht aus, werden Betonpfähle seitlich in den Bahndamm gerammt, die neu aufgeschüttetes Erdreich halten. Aufwendige Stützmauern sind überflüssig, die Zahl der für die S-Bahn abgerissenen Häuser ist an einer Hand abzuzählen. Besonders eng wird es für die S-Bahn-Strecke an den Eisenbahnüberführungen. Sie müssen fast alle verbreitert werden. Die Arbeiten sind schwierig, weil der Zugverkehr nicht behindert werden soll.«*

Verbreiterung des Bahnkörpers für die Ost-West-S-Bahn inmitten enger städtischer Bebauung. Oben: Bau einer Pfahlkopfplatte zwischen Gerresheimer- und Wetterstraße; unten: Bau von Stützmauern und Treppenanlagen des neuen Haltepunktes »Flingern« an der Dorotheenstraße

Von der Stadtgrenze bei Gerresheim bis an den Rhein ist die vorhandene Eisenbahnstrecke viergleisig auszubauen, um die »S 8«, wie die südliche Sammelschiene des Stadt-Schnellbahnverkehrs im S-Bahn-Netz »Rhein-Ruhr-Wupper« genannt wird, in einen 20-Minuten-Takt einzubinden. Im Bahnhof Gerresheim sind umfangreiche Gleisbauarbeiten auszuführen und die Bahnsteige dem S-Bahn-Verkehr anzupassen. Für die abgängigen und unzureichenden Signalanlagen entsteht das neue Spurplanstellwerk »Gf«. Westlich von Gerresheim laufen im Stadtteil Tannenhof die Gleisachsen der S-Bahn-Gleise auseinander, um später – bei Bedarf – einen zusätzlichen Haltepunkt unterzubringen. Unmittelbar hinter dieser Stelle unterfährt die Ost-West-S-Bahn die Güterzugstrecke Rath – Eller. Am Schnittpunkt beider Strecken entsteht unter dem »rollenden Rad« ein erweitertes Kreuzungsbauwerk. Im dicht besiedelten, von zahlreichen Verkehrswegen durchzogenen Stadtteil Flingern sind mehrere Kreuzungsbauwerke umzubauen und anzupassen. Betroffen sind die Eisenbahnüberführungen Ronsdorfer Straße, Ruhrtalbahn / Flingerbroich, Hoffeldstraße und Dorotheenstraße. Unmittelbar hinter der »Abzweigstelle Dora« entsteht an der Dorotheenstraße die neue S-Bahn-Station »Flingern« als wichtiger Verknüpfungspunkt zwischen S-Bahn und Straßenbahn. Schwieriger als an den bisher genannten Stellen gestaltet sich die Ein- und Ausfädelung der neuen S-Bahn-Gleise am Hauptbahnhof. Die parallel zur Fernbahn angelegten S-Bahn-Gleise überqueren höhenfrei die zwei Güterzuggleise der Strecke Derendorf – Lierenfeld, die beiden Ferngleise von und nach Duisburg und das S-Bahn-Gleis Richtung Derendorf. Die neuen S-Bahn-Gleise schwingen sich auf einer Spannbetonbrücke bogenförmig über die fünf Streckengleise. Auch die benachbarten Kreuzungsbauwerke an der Wetter-, Gerresheimer-, Erkrather- und Kölner Straße müssen erneuert oder angepaßt werden.

Südlich des Hauptbahnhofs tauchen die S-Bahngleise Richtung Neuss in einem kurzen Tunnel unter, unterqueren drei wichtige Bahnhofsgleise und erreichen zwischen Oberbilker Allee und Hüttenstraße die neue S-Bahn-Station »Friedrichstadt« mit ihrem 145 Meter langen Inselbahnsteig. Dann führen sie parallel der Ferngleise weiter durch die Stadtteile Friedrichstadt, Bilk und Hamm/Hafen. Westlich des Bahnhofs Bilk wird der Bahnkörper verbreitert, um die S-Bahn-Gleise aufnehmen zu können. Zwischen Volmerswerther- und Völklinger Straße entsteht die neue S-Bahn-Station »Völklinger Straße« und im Einzugsgebiet des Hafens zusätzlich die S-Bahn-Station »Hamm«. Über die neue Hammer Eisenbahnbrücke führt die S-Bahn-Strecke Richtung Neuss weiter und verläßt hier Düsseldorfer Stadtgebiet.

10. S-Bahn-Züge fahren in ihr »Heimat-Bw«

Wersten als Standort des Abstellbahnhofs

Als der Abstellbahnhof Wersten am 1. Dezember 1930 mit den beiden Betriebswerken für Lokomotiven und Personenzugwagen seinen Betrieb aufnahm, gab es in unmittelbarer Nachbarschaft nur eine kleine Siedlung mit der Gaststätte »Düsselheim«. Heute hat sich die städtische Bebauung dem Abstellbahnhof genähert. Die neuen Anlagen in Wersten an der Harff- und Gerberstraße blieben im Kriege fast unbeschädigt. Organisatorisch gehört der Abstellbahnhof heute zum drei Kilometer entfernten Hauptbahnhof. Für die Fahrzeugbehandlung ist die Dienststelle »Bw Düsseldorf 1« mit Sitz im Abstellbahnhof zuständig.

Vom Hauptbahnhof führen vier Streckengleise nach Wersten, davon je zwei Hoch- und Tiefgleise. Im Norden der etwa 1,5 Kilometer langen Gesamtanlage befinden sich 27 Ein-, Ausfahr- und Abstellgleise. Hier werden die einfahrenden Züge aufgenommen und umgebildet, deren Wagen untersucht und gegebenenfalls zur Reparatur ausgesetzt, zusätzliche Wagen eingereiht oder ganze Sonderzüge zusammengestellt und zur Abfahrt in den Hauptbahnhof bereitgehalten. Die Abstellgleise sind mit Wasser-, Luft- und Dampfanschlüssen versehen, so daß die Züge lauffähig geprüft und im Winter vorgeheizt werden können.
Im Mittelteil des Bahnhofs befindet sich die rund 250 Meter lange Wagenhalle mit fünf Gleisen für Reinigungs- und Instandhaltungsarbeiten. Zu

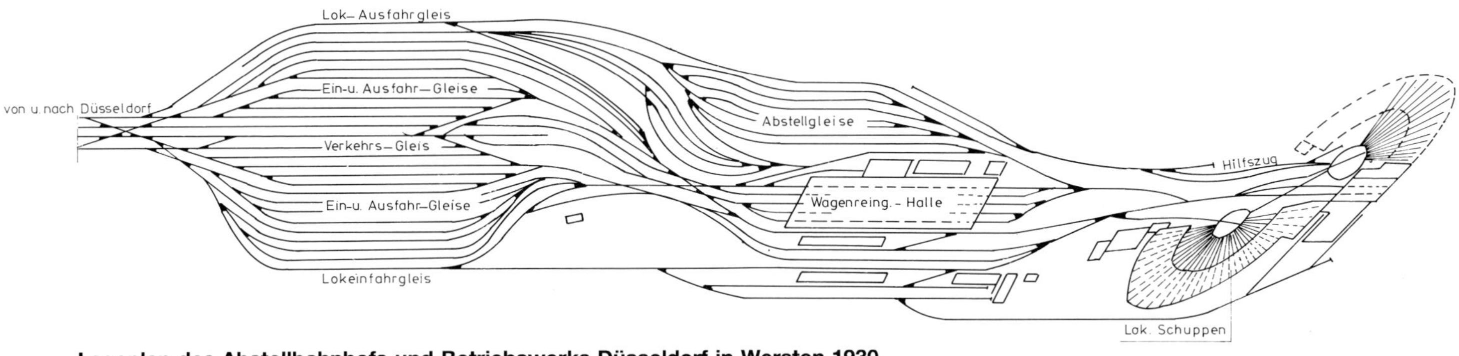

Lageplan des Abstellbahnhofs und Betriebswerks Düsseldorf in Wersten 1930

Abstellbahnhof Düsseldorf um 1935. Oben: Halbrundschuppen, Drehscheiben und Rechteckhalle für Ausbesserungen; unten: Lokomotiv-Bekohlungsanlage

Abstellbahnhof Düsseldorf. Oben: Zugbildungsgleise und Wagenhalle, Lokomotivbekohlungsanlage um 1954, unten: Wagenhalle mit S-Bahn-Wendezügen 1985

Abstellbahnhof Düsseldorf mit Heizkraftwerk und Wasserturm um 1954

den Reinigungsgängen zählen Außenreinigung, Fensterputzen, Polsterreinigen, Staubputzen und Fußbodensäubern. Bei der Außenreinigung schiebt sich der Wagenzug langsam an etwa vier Meter langen Waschbürsten vorbei. Die zur Wagenhalle gehörenden Werkstätten und Hilfswerkstätten sind für die Wartung der Fahrzeuge unentbehrlich. Südlich der Wagenhalle befinden sich die Lokomotivabstell- und -behandlungsanlagen. Als noch Dampflokomotiven dort stationiert waren, durchliefen die Maschinen die Anlage in der Reihenfolge: Bekohlung, Entschlakkung, Reinigung der Rauchkammer von unverbrannten Kohlerückständen (Lösche), Wasserversorgung, Besandung und Ergänzung der Ölvorräte, soweit nötig. Über zwei Drehscheiben mit 23 Meter Durchmesser gelangten die Lokomotiven in die »Lokomotivschuppen«, wo auch Kontroll- und Wartungsarbeiten erledigt wurden. Das Betriebswerk Düsseldorf war gut ausgerüstet, so daß auch anspruchsvollere Ausbesserungs- und Reparaturarbeiten vorgenommen werden konnten. Es besaß eine Achssenke, einen schweren Laufkran und große Hebeböcke. Wie im Wagenbetriebswerk standen auch hier Spezialwerkstätten zur Verfügung; sogar eine Gießerei gehörte zur Ausrüstung. Schon von weitem war der Abstellbahnhof Wersten an dem großen Wasserturm und den drei hohen Schornsteinen zu erkennen. Zwei dienten dem Rauchabzug in den Lokomotivschuppen, einer dem Heizwerk, das die gesamten Anlagen mit Dampf versorgte. Das Kesselhaus besaß eine für die dreißiger Jahre moderne Wanderrostfeuerung. Im letzten Weltkrieg wurde auch eine Werkskantine eingerichtet. Für das Lokomotivpersonal gab es Übernachtungsräume – getrennt für Lokomotivführer und Heizer – und eine »Lokleitung«, wo sich das Personal zum Dienst melden mußte. Nachdem sich die Bahn das »Rauchen« abgewöhnt hat, sind in das ehemalige »Dampf-Bw« elektrische Triebfahrzeuge eingezogen.

Von der Dampflokomotive zum S-Bahn-Wendezug

»Beheimatung« nennt der Eisenbahner den Vorgang, wenn bestimmte Fahrzeuge dem Abstellbahnhof und Betriebswerk zugeteilt und dort gepflegt, gewartet und betreut werden. Der Abstellbahnhof Düsseldorf und sein Bw haben im Laufe ihrer Geschichte zahlreiche Fahrzeugtypen kommen und gehen sehen. Kurz vor Ausbruch des Zweiten Weltkriegs waren am 15. Mai 1939 62 Lokomotiven stationiert. Die Planlokomotiven wurden von 130 Lokomotivführern und gleichviel Heizern gefahren. An Lokomotivgattungen standen zur Verfügung die Reihen: 17^{2}, 38^{10-40}, 74^{4-13} und 62. Erstere waren Länderbaureihen mit der früheren Bezeichnung S 10, P 8 und T 12, letztere gehörte zu den Einheitslokomotiven der Deutschen Reichsbahn. Zum damaligen Zeitpunkt bestanden sieben Dienstpläne, um die planmäßigen Zugleistungen erfüllen zu können. Düsseldorfer Personal und Lokomotiven der Baureihe 17 fuhren unter anderem nach Dortmund, Köln, Koblenz, Betzdorf, Warburg, Paderborn, Hagen und Hamm. Die übrigen Baureihen übernahmen Leistungen im näheren Umkreis. Tenderlokomotiven der Baureihe 74 rangierten im Haupt- und Abstellbahnhof, wobei Reservelokomotivführer mit guten Streckenkenntnissen als Heizer eingesetzt wurden, die bei Bedarf sofort einspringen konnten, wenn ein Lokomotivführer oder Heizer im Streckendienst fehlte.

Im Regelfall wurden die Züge im Abstellbahnhof bespannt und in den Hauptbahnhof gezogen oder geschoben. Nach einem Plan vom 1. November 1938 bespannte das Bw Düsseldorf werktäglich 53 Regelzüge. Bei 25 Zügen, die innerhalb ihres Umlaufs im Abstellbahnhof keinen Zwischenaufenthalt nötig hatten, wechselte das Personal im Hauptbahnhof. Dort war auch eine Meldestelle für Lokomotivpersonal eingerichtet. Zur Bildung von Sonderzügen standen 150 Personenzugwagen zur Verfügung. Mit Düsseldorfer Lokomotiven fuhren sie bis Hannover, Kassel, Ludwigshafen oder Mannheim. Insgesamt besaß das Bw 1938 rund 520 Arbeitskräfte für verschiedene Aufgaben, darunter 260 Lokomotivführer und Heizer sowie 90 Betriebsarbeiter. Auch fremdes Personal kam mit seinen Triebfahrzeugen in das Bw Düsseldorf, bevor es eine neue Leistung auf der Rückfahrt übernahm. 62 »Wendelokomotiven« standen werktäglich auf den Gleisen. Sie waren in neun verschiedenen Betriebswerken rund um Düsseldorf beheimatet, darunter in Düren, Dortmund-Süd oder Essen. Im Winter 1944/45 tauchten die Baureihen 03 und 41 im Bw Düsseldorf auf, nachdem es die Baureihe 17 abgeben mußte. Unter den Wendelokomotiven waren mitunter einige schwere Schnellzuglokomotiven der Baureihe 01 zu sehen. Sogar die einzige deutsche Turbinenlokomotive 18001, gebaut von Krupp/Essen, zur Erprobung zwischen Berlin und dem Ruhrgebiet im Einsatz, soll sich zeitweise im Düsseldorfer Betriebswerk aufgehalten haben. Ein trauriger Tag war der 27. August 1939, denn an diesem Sonntag lief um 22.00 Uhr der reguläre Reisezugfahrplan wegen der bevorstehenden Mobilmachung aus. Dadurch endete zum Beispiel der FD 22 Berlin – Köln bereits um 21.52 Uhr in Düsseldorf. Vom nächsten Tag an wurde im zivilen Sektor nur der dringende Berufsverkehr abgewickelt. Der Dienstplan des Betriebswerks Düsseldorf sah hierfür noch 14 Dampflokomotiven mit 28 Lokomotivführern und gleichviel Heizern vor. Das übrige Lokomotivpersonal wurde für den Militärverkehr freigestellt.

Heute beherrschen die elektrischen Triebfahrzeuge, hauptsächlich die Baureihe 111, und die S-Bahn-Wendezüge das Bild im Abstellbahnhof und Betriebswerk. Neben 225 S-Bahn-Wagen und 78 Lokomotiven sind 1985 auch 200 sonstige Personenzugwagen beheimatet. Rund 600 Mitarbeiter beschäftigt das Bw 1. Davon reinigen 110 vorwiegend die Wagenparks, darunter auch die rund 50 S-Bahn-Züge, die täglich zwischen Dortmund und Köln auf den verschiedenen Linien verkehren. Für die Innen- und Außenreinigung der S-Bahn-Züge gibt die Dienststelle jährlich rund 2,3 Millionen DM aus, das sind fast 50000 DM je Zug. Wöchentlich einmal erhalten die S-Bahn-Züge eine Außenwäsche. Die Innenreinigung geschieht nach einem Vierstufenplan. Stufe 1 bedeutet tägliche Grundreinigung, Stufe 2 zusätzliche Reinigung von Innenscheiben und Polster je Woche, Stufe 3 zusätzliche Naßreinigung aller Innenwände im 16-Wochenabstand und Stufe 4 zusätzliche Naßreinigung der inneren Wagendecke nach 48 Wochen. Für mutwillige Beschädigungen und Zerstörungen an den Fahrzeugen mußte die Dienststelle jährlich rund 500000 DM an Reparaturkosten aufbringen. Bei Betriebsunfällen rückt der im Bw stationierte Gerätewagen aus. Dieser auffällig gelb aussehende, geräumige Güterwagen ist mit allen Hilfsmitteln ausgerüstet, um in technischer Hinsicht erste Hilfe zu leisten und beschädigte oder zerstörte Fahrzeuge zu bergen.

Als am 2. Februar 1979 im Rahmen einer kleinen Feierstunde mit dem S-Bahn-Wendezug »Rhein-Ruhr« eine Probefahrt stattfand, nannten ihn die Journalisten eine *»maßgeschneiderte Lösung«*. Er war das Produkt jahrelanger Überlegungen und Wirtschaftlichkeitsberechnungen. Als Merkmale zeichnen ihn unter anderem aus: Höchstgeschwindigkeit 140 Kilometer je Stunde, Leichtbauweise zur Einsparung von Traktionsenergie, niedriger Fußboden ohne Trittstufen für Bahnsteighöhen von 760 und 960 Millimeter, drei Türen je Wagenseite für schnellen Fahrgastwechsel, zentrale Tür-Schließeinrichtung, ansprechende Innenraumgestaltung mit ausgewogener Sitzanordnung, Gepäckablagen, Haltestangen und S-Bahn-typisches Design. Im Steuerwagen stehen zwei Toiletten zur Verfügung. Wagenübergänge, Energieversorgung aus der Zugsammelschiene (1000 Volt bei 16⅔ Hertz), Heizung mit ausreichender Leistung und Frischluftzuführung zur Durchlüftung des Wageninneren gehören ebenfalls zu seinen Eigenschaften. Die neuen Wendezüge besitzen Mittelwagen 2. Klasse (Bx), Mittelwagen 1./2. Klasse (ABx) und Steuerwagen 2. Klasse mit Führerstand (Bxf). Bis zu fünf Wagen einschließlich Steuerwagen bilden einen Zugverband. Im 2. Klasse-Wagen werden 80, im 1./2. Klasse-Wagen 32/48 und im Steuerwagen 62 Sitzplätze angeboten, so daß in einem Fünf-Wagenzug insgesamt 382 Reisende sitzen können. Wenn die Stehplätze mitgezählt werden, sind maximal 921 Plätze verfügbar. Bei einem Zugfolgeabstand von 10 Minuten, wie er zum Beispiel auf der Linie S 6 zwischen Ratingen Ost und Garath erreicht wird, befördert die S-Bahn rund 5500 Reisende in einer Stunde und Richtung. Als Triebfahrzeug des Wendezuges dient die elektrische Lokomotive der Baureihe 111 (E 111) mit einer Leistung von 3620 Kilowatt und 150 Kilometer Höchstgeschwindigkeit je Stunde. Äußerlich stimmt die Farbgebung von Lokomotive und Wagenzug überein; Dach, Seiten- und Stirnwände sind kieselgrau, Fensterband, Schürzen und Absetzstreifen weinorange gehalten. Die E 111 ist eine Schnellzuglokomotive, ausgerüstet mit vier Fahrmotoren. Sie bringt ein Reibungsgewicht von rund 83 Tonnen auf vier Radsätze und besitzt eine Anfahrbeschleunigung von 0,7 Meter je Sekunde im Quadrat. In dieser Hinsicht ist sie dem Triebwagenzug ET 420 unterlegen, der mit 1,0 Meter je Sekunde im Quadrat beschleunigen und dadurch kürzere Beförderungszeiten als ein S-Bahn-Wendezug erreichen kann. Der lokbespannte Zug hat inzwischen den in anderen S-Bahn-Netzen mit ihren dicht belegten Stammstrecken und steilen Tunnelrampen bewährten elektrischen Triebwagenzug der Baureihe ET 420 im polyzentrischen S-Bahn-Netz »Rhein-Ruhr« abgelöst.

II. Bahnübergänge werden beseitigt

Bahnübergänge im Stadtgebiet

Zu Beginn des Bahnbaus bestand kein Grund, die Fahrwege von Schiene und Straße an den kreuzenden Stellen in zwei Ebenen zu trennen. Das Automobil war noch nicht erfunden, und den Pferdefuhrwerken kam eine Verschnaufpause vor geschlossenen Schranken ganz gelegen. Die Menschen von damals hatten Zeit. Auf Schiene und Straße wurde mit weitaus geringerem Tempo gefahren als heute, die bewegten Massen waren geringer und die Bremswege demzufolge kürzer. Trotzdem atmeten die Düsseldorfer auf, als die Gleise südlich der Königsallee verschwanden und nicht mehr den heutigen Straßenzug Graf-Adolf-Straße – Haroldstraße belegten. Beim Bau des »Central Personen Bahnhofs« wurden die Gleisanlagen hochgelegt und die Zulaufstrecken auf Dämmen und Kunstbauwerken geführt, so daß keine Bahnübergänge mehr den Verkehrsfluß behinderten. Die damals entstandenen, teilweise zu engen Straßenunterführungen bestimmen an manchen Stellen heute noch in Breite und Höhe den Durchlaßquerschnitt unter der Eisenbahn. Bei der Verschmelzung der ehemaligen Privatbahnen zu einem einheitlichen Eisenbahnsystem entfielen im Stadtgebiet manche lästigen Kreuzungen durch Auflassen überflüssiger Streckenabschnitte. Auch die Vorbereitungen für den Ruhr-Schnellverkehr und den viergleisigen Ausbau der Strecke Duisburg – Düsseldorf – Köln hatten zur Folge, daß der Streckenabschnitt zwischen Duisburg und Garath bahnübergangsfrei wurde. Auf Düsseldorfer Stadtgebiet noch verbliebene Bahnübergänge zwischen Garath und Langenfeld (Rhld.) entfielen schließlich nach Eröffnung der S-Bahn. Heute sind – mit einer Ausnahme – alle Personenzugstrecken in Düsseldorf frei von Bahnübergängen, nachdem die besonders gefürchteten Bahnübergänge am Staufenplatz und an der Vennhauser Allee beseitigt werden konnten. Der letzte noch bestehende Bahnübergang »Eller Kirchstraße« an der S-Bahn-Strecke nach Hilden / Solingen-Ohligs wird bald der Vergangenheit angehören, denn dort ist eine Fußgängerüberführung in Bau. An den Güterzuggleisen gibt es weiterhin Bahnübergänge, besonders bei den zahlreichen Gleisanschlüssen im Stadtgebiet. Deren Beseitigung wäre unbezahlbar.

Am Staufenplatz und an der Vennhauser Allee keine Bahnübergänge mehr

In einer kritischen Bewertung aller Bahnübergänge der Deutschen Bundesbahn stand Anfang der achtziger Jahre der »Staufenplatz« vorn an.

Täglich benutzten mehr als 40000 Kraftfahrzeuge aller Art und mindestens 200 Güterzüge die höhengleiche Kreuzung von Schiene und Straße. 1874 nahm die Rheinische Bahngesellschaft die Strecke Troisdorf – Deutz – Düsseldorf – Mülheim – Speldorf in Betrieb. Sie kreuzte höhengleich am Staufenplatz die Bergische Landstraße. Diese Straße, die von Düsseldorf über Mettmann ins Tal der Wupper führte und heute Bestandteil der Bundesstraße 7 ist, hatte bereits damals große Bedeutung für den Gütertransport und Personenverkehr. Sie zählte in Preußen zu den am stärksten belasteten Landstraßen. Düsseldorfer Bürger gründeten 1904 den »Grafenberger Bürgerverein« und forderten die Beseitigung des Bahnüberganges. Bereits 1912 lag zum erstenmal ein unterschriftsreifer Vertrag zur Verlegung der Eisenbahnstrecke vor. Die Bahn sollte in einem Tunnel unter dem Grafenberger Wald verschwinden. Der Erste Weltkrieg verhinderte jedoch den Baubeginn. Die Besetzung des Rheinlandes, die Weltwirtschaftskrise, die Misere der späten zwanziger Jahre und schließlich die beginnenden Kriegsvorbereitungen im »Dritten Reich« ließen die Planungen nicht vorankommen. Nach dem Zweiten Weltkrieg begann die alte Diskussion um die Streckenverlegung aufs neue. Am 22. Januar 1962 rückte die Entschärfung des Nadelöhrs »Staufenplatz« in greifbare Nähe, als eine Vereinbarung zwischen der Stadt Düsseldorf und der damaligen Bundesbahndirektion Wuppertal zustande kam, wonach die Strecke auf einen Damm verlegt werden sollte. Mit 1000 Unterschriften protestierte eine Bürgerinitiative gegen den Dammbau. Eine Tunnellösung schien damals finanziell unerreichbar zu sein. Doch für die geplante Dammlage konnte im Planfeststellungsverfahren kein öffentliches Baurecht erlangt werden. Enttäuscht, aber nicht mutlos ging die Stadt Düsseldorf an neue Entwürfe für eine Tunnellösung heran. Nach langen, zähen Verhandlungen mit der Deutschen Bundesbahn schien eine Tunnellösung in Sicht zu sein, wenngleich der Kostenaufwand von rund 186 Millionen DM zunächst alle Hoffnungen zerstörte. Erst nachdem Bund und Land großzügige Hilfe aus Mitteln des »Gemeindeverkehrsfinanzierungsgesetzes« zugesagt hatten, war das Eis gebrochen und der Start zum Baubeginn nach über siebzigjährigen Bemühungen frei.

Mit dem »Ersten Spatenstich« wurde die Großbaustelle am 19. August 1978 am Staufenplatz eröffnet. Planung und Entwurf des Tunnels lagen in den Händen der Stadt Düsseldorf, die Baudurchführung bei einer Arbeitsgemeinschaft von vier großen Baufirmen. Die Deutsche Bundesbahn begleitete die Baumaßnahme in fachlicher Hinsicht und führte die eisenbahnspezifischen Arbeiten, wie Gleis- und Fahrleitungsbau, selbst aus. Interessiert schauten die Anwohner zu, wie ein rund 2000 Meter langer, zweigleisiger Tunnel mit dem lichten Querschnittsmaß 10,84 mal 6,69 Meter und einer gleichbleibenden Wanddicke von 1,05 Meter etwa 16 Meter weiter östlich parallel der alten Trasse um 40 Meter je Woche wuchs. Vor und hinter dem Bauwerk entstanden Rampen mit insgesamt 1300 Meter Länge. Der neue Tunnel liegt im Randbereich des rheinischen Urstromtales mit seinen quartären, sandigen und kiesigen Ablagerungen, unter denen dichtgelagerte tertiäre Feinsande anstehen. Die Fließrichtung des von Ost nach West strömenden Grundwassers ist senkrecht auf die in Nord-Süd-Richtung verlaufende Eisenbahnstrecke Rath – Eller gerichtet. Für den störungsfreien Grundwasserabfluß sorgt eine Filterschicht, die wie ein Düker um den Tunnel herum führt. Mit der Tieferlegung der Güterzugstrecke konnten auch die benachbarten Bahnübergänge an der Graf-Recke-Straße und am Mörsenbroicher Weg beseitigt werden.

Am 2. August 1982 feierten die Düsseldorfer den Abschluß der Tunnelbauarbeiten. Die Schranken hatten nach 108 Jahren endgültig ausgedient.

»Punkt 12.05 Uhr rollte der erste Güterzug durch den neuen Bundesbahntunnel am Staufenplatz. Es gab Grüngirlanden an einer Lokomotive und einige Hunderte von Zuschauern, die sich dieses Schauspiel auf keinen Fall entgehen lassen wollten«, hieß es in der Rheinischen Post. Seit 14. August 1982 war auch für die Rheinbahn der Staufenplatz *»kein Thema mehr«. »Vorbei sind auch die Wochen, in denen Rheinbahn-Benutzer vor der Riesenbaustelle aussteigen mußten, zu Fuß über den Platz zu gehen und auf der anderen Seite wieder einzusteigen hatten. Seit Samstag fährt die Straßenbahn gänzlich unbehindert durch das ehemalige Nadelöhr«,* schrieb die Rheinische Post. Für die nach Gerresheim führende Straßenbahnlinie 703 stand die Haltestelle Burgmüllerstraße wieder zur Verfügung, und die Linien 709 und 713 erhielten eine neue Gleisschleife zwischen Wittelsbach-, Hart- und Lüdenberger Straße. Verschwunden war auch die kunstvoll ausgeklügelte Oberleitungskreuzung am ehemaligen Bahnübergang »Staufenplatz«. Diese höchst selten anzutreffende Einrichtung überbrückte jeweils eine der beiden Oberleitungen, je nachdem, ob ein Güterzug bei 15000 Volt Wechselstrom oder eine Straßenbahn bei 600 Volt Gleichstrom den Fahrweg benutzte. Noch einmal versammelten sich die Düsseldorfer Bürger und Politiker am 28. August 1982 zu einem kleinen Volksfest, um mit dem Grafenberger Bürgerverein die endgültige Fertigstellung der Verkehrsanlagen am Staufenplatz zu feiern. Danach gingen die Landschaftsgestalter und Gärtner ans Werk und bescherten den Anwohnern einen etwa vier Kilometer langen Grünzug mit Rad- und Gehwegen, wo einst die Güterzüge »entlangdampften« oder nach dem Zweiten Weltkrieg von elektrischen Lokomotiven über die alte Strecke bewegt wurden.

Nicht so spektakulär wie am Staufenplatz war die Beseitigung des Bahnübergangs »Vennhauser Allee« am Bahnhof Eller. Dort drängte jedoch die Zeit mehr als am Staufenplatz, denn mit der

Tieferlegung der zweigleisigen Güterzugstrecke Rath – Eller im Bereich des Staufenplatzes; vorn: Bau der Tunnelblöcke, hinten: Ramme mit Schallschutzhaus

Inbetriebnahme der neuen Flughafen-S-Bahn nach Solingen-Ohligs am 28. September 1980 mußte der Bahnübergang an der vielbefahrenen Vennhauser Allee verschwunden sein, wo die zweigleisigen Strecken aus Richtung Hauptbahnhof und Rath sowie die eingleisige Strecke aus Richtung Lierenfeld zusammentreffen und heute rund 320 S-Bahn-, Personen- und Güterzüge täglich vorbeifahren. Um den kritischen Punkt im Verkehrsnetz zu beseitigen, entstand unmittelbar neben dem Bahnübergang eine Straßenunterführung. Ursprünglich sollte die Straße über die Gleise hinweggeführt werden, um Baukosten zu sparen. Die Höherlegung scheiterte am Widerstand der Anwohner. Heute gelangen die Fußgänger aus der Unterführung über Treppen auf den inselförmig zwischen die S-Bahn-Gleise gelegten Bahnsteig. Für Busse gibt es unter der Brücke Haltestellen, so daß Umsteigemöglichkei-

Brückenbaustelle im Bahnhof Eller zur Beseitigung des Bahnüberganges »Vennhauser Allee« 1980. Vorn rechts: Bahnübergang provisorisch erhöht, vorn links: Hilfsbrücken, hinten: nordöstliche Baugrube

ten bestehen. Ergänzt um eine Straßenüberführung für den Straßenzug Ellerkamp – Am Kleinenforst und eine weitere für eine Stichstraße präsentiert sich ein neuer Straßenabschnitt auf rund 250 Meter Länge von der Straßeneinmündung »Am Ellerforst« bis etwa in Höhe der »von-Krüger-Straße«.

Als die Brückenbauarbeiten im Mai 1979 begannen, mußten die Gleise im Bereich der künftigen Widerlager und Mittelpfeiler abgefangen und auf Hilfsbrücken gelagert werden. Während der Gründungsarbeiten im Schutze der Hilfsbrücken entstanden auf einer Verschubbahn neben den Gleisen zwei vorgespannte Stahlbetonplatten, maximal 70 Zentimeter dick und 17,50 bis 19,50 Meter breit. Nach Sperren der Gleise für zweimal 32 Stunden wurden die fertigen und schon mit Gleisschotter versehenen Brückenüberbauten mit Hilfe hydraulischer Pressen in ihre endgültige Lage geschoben und zusammengefügt. Anschließend räumten Bagger unter der neuen Brückenplatte, über die bereits Züge rollten, den noch anstehenden Erdkern aus. Am 29. Juli 1980 konnte die Straßenunterführung nach nur fünfzehnmonatiger Bauzeit dem Verkehr übergeben werden, zunächst nur mit einem Fahrstreifen. *»Um genau 11 Uhr und 27 Minuten schloß Bürgermeister Klaus Bungert gestern Morgen mit einem Knopfdruck die Schranken zum letztenmal«,* wie die Rheinische Post vom 30. Juli 1980 zu berichten wußte. Die Baukosten des Projekts beliefen sich auf rund 32 Millionen DM. *»Obwohl die Kosten eigentlich zu je einem Drittel von Bund, Bundesbahn und Stadt getragen werden sollten, kommt die Stadt mit nur vier Millionen Mark relativ billig davon. Bund und Land griffen ihr nämlich mit Zuschüssen noch einmal unter die Arme«,* wie die Düsseldorfer Nachrichten meldeten. Der Zeitungsbericht versäumte nicht anzufügen, daß 140 Bäume, 8300 Sträucher und 18000 Bodendecker am Rande des Brücken- und Tunnelbauwerks gepflanzt wurden.

12. Die »Hammer Eisenbahnbrücke« erzählt

Pläne für den Brückenbau

Für die Eisenbahn war der Rhein bei Düsseldorf anfangs unüberwindbar. Wie sollten die schweren Eisenbahnwagen von einem Ufer zum anderen gebracht werden? Nur Fähren und Schiffsbrücken boten sich an. Benachbarte Städte, wie Homberg, Rheinhausen und Bonn, richteten jeweils in den Jahren 1852, 1868 und 1870 Eisenbahnfährverbindungen ein. In Köln dachte man an eine Eisenbahnfähre oder eine Brücke, über die Eisenbahnwaggons von Pferden gezogen werden sollten. Dank der Fortschritte in der Eisen- und Stahltechnologie konnten Mitte des 19. Jahrhunderts auch Flußbrücken von großer Stützweite gebaut werden, die den hohen Gewichts- und Schwingbelastungen der Züge gewachsen waren. In England wurde die Britannia-Bridge über die Menai-Straße zwischen Nordwales und der Insel Anglesey in Form einer Blechtunnelbrücke mit drei Strompfeilern von Robert Stephenson und William Fairbairn als eine der ersten großen Flußbrücken zwischen 1845 und 1850 für den Eisenbahnverkehr gebaut. Ihr folgten bald weitere Bauwerke als Hänge-, Bogen- oder Fachwerkbrücken in aller Welt. Auch am Rhein brachten die Brückenbauer ihre Baustellen in Gang und errichteten 1859 bei Waldshut in Baden die erste Eisenbahnbrücke. Zwei Monate später fuhr am 3. Oktober der erste Zug über die neue Dombrücke zwischen Köln und Deutz. Diese erste große Rheinbrücke wäre ohne Hilfe des Preußischen Staates nicht so schnell zustande gekommen. Nichts war dem Staat zu teuer für den Brückenbau, für den er eigene Werkstätten auf beiden Ufern des Stroms errichten ließ. Ihm ging es neben wirtschaftlichen und militärischen Gründen auch um das Prestige der ersten durchgehenden Eisenbahnverbindung: Paris – Köln – Hannover – Berlin.

Solch eine Unterstützung durch die Preußische Regierung besaß die Königlich Preußische Direktion der Bergisch-Märkischen Eisenbahn in Elberfeld nicht, obgleich sie auf ältester Verkehrstradition an Rhein und Ruhr fußte. Jahrzehnte wehrten sich die preußischen Militärs der eigenen Sicherheit wegen gegen einen Brückenschlag am Niederrhein. Bereits im Jahre 1852 wurde über den Bau einer festen Brücke diskutiert, wie aus alten Akten hervorgeht. Die immer heftiger werdende Diskussion um eine Eisenbahnbrücke kreiste um die vier möglichen Rheinübergänge bei Grimlinghausen / Volmerswerth – etwa im Verlauf der heutigen »Fleher« Straßenbrücke –, bei Neuss / Hamm – am späteren Standort der »Hammer« Eisenbahnbrücke –, bei Oberkassel – in Verlängerung der »Aachen-Düsseldorfer Eisenbahn« Richtung Königsallee / Graf-Adolf-Platz –

und bei Golzheim / Derendorf. In Köln hätte man den Rheinübergang bei Grimlinghausen gern gesehen, in Neuss war man entschieden für die Hammer Lösung. Düsseldorf wollte lange Zeit eine Brücke unterhalb der Altstadt. Noch 1864 ließ die Handelskammer Neuss in ihrem Jahresbericht verlauten: *»Der Hauptgrund, warum Düsseldorf der Hammer Linie entgegentritt, dürfte wohl in dem Umstand zu suchen sein, daß alsdann die Brücke nicht angesichts der Stadt Düsseldorf sich erheben würde und somit ein monumentales Bauwerk von den Rheinwerften nicht sichtbar sein würde.«*
1862 wurde grundsätzlich der Bau einer Brücke von den Aktionären der Bergisch-Märkischen Eisenbahngesellschaft für sechs Millionen Taler beschlossen. Die Bergisch-Märkische Eisenbahngesellschaft hatte inzwischen die »Düsseldorf-Elberfelder« und die »Aachen-Düsseldorfer Eisenbahngesellschaft« übernommen und stand auf wirtschaftlich starken Beinen. Die Diskussion um den Standort endete erst 1867 durch eine Konzession des Preußenkönigs Wilhelm I. zum Bau einer festen Rheinbrücke an der alten Fährstelle bei Düsseldorf-Hamm. Es war eine schwere Entscheidung, weil der Streckenführung zwischen Düsseldorf und Neuss *»vom militärischen Standpunkt aus die größten Bedenken«* entgegenstanden, wie bereits 1842 der Stadt Neuss vom damaligen preußischen Finanzminister mitgeteilt wurde. Das linke Rheinufer war für das Militär mögliches Kampffeld in einem Krieg mit Frankreich. Seit den preußischen Siegen und Annexionen von 1864 und 1866 lag eine militärische Auseinandersetzung förmlich in der Luft. Bei der Konzessionierung wurde der Eisenbahngesellschaft auferlegt, in der linksrheinischen Vorlandbrücke eine Drehbrücke und in der rechtsrheinischen eine Klappbrücke einzubauen. Außerdem sollten auf linksrheinischem Gebiet ausgedehnte Befestigungsanlagen die Brückenzufahrt schützen.

Die Bauarbeiten beginnen

Im Jahre 1868 berichtete das »Neusser Kreis-, Handels- und Intelligenzblatt« über die Bauarbeiten an der »König Wilhelms Rhein-Eisenbahnbrücke«, wie die erste Brücke bei Hamm ursprünglich genannt wurde. *»Im Brückenbau sind jetzt auf beiden Ufern annähernd 300 größtenteils fremde Arbeiter beschäftigt. Trotz der intensiven, nun schon ein Vierteljahr andauernden Hitze ist der Gesundheitszustand dieser Leute ein ganz vortrefflicher und bis jetzt noch kein Fall ansteckender seuchenartiger Krankheit vorgekommen, welches hauptsächlich dem vernünftigen Verfahren der Beamten und Unternehmer zu danken ist, die streng darauf sehen, daß bei der Arbeit keine geistigen Getränke verabreicht werden. Der erste Strompfeiler wird mit Schluß des Monats September bis zur Wasseroberfläche vorgeschritten sein.«* An anderer Stelle hieß es *»Der Brückenbau erfordert doch manches Opfer; so ertrank am Dienstagabend ein Maurer, namens Waldmann aus dem Kreis Nordhausen in der Provinz Sachsen, welcher am Strompfeiler auf der Hammer Seite beschäftigt, bei der Dunkelheit durch ein unglückliches Versehen in den Strom stürzte und verschwand. Es sollen weder Nachen noch Seile oder sonstige Rettungswerkzeuge zur Hand gewesen sein, um dem Ertrinkenden, welcher jämmerlich nach Hülfe rief, beizuspringen.«*
Nach Vollendung der Dombrücke in Köln entstand von 1867 bis 1870 unter der Oberbauleitung von Geheimrat Weishaupt die Hammer Brücke als zweite große Eisenbahnbrücke über den Rhein. Ein außerordentlich kräftiges Rammgerüst mit drei Stockwerken diente zum Bau der Senkkästen für die Pfeilergründung im Strom. Auf dem untersten Stockwerk lagerten die Baustoffe, das mittlere trug die maschinelle Einrichtung für die Druckluftanlage und das Hebelwerk zum Absenken der Kästen, auf dem oberen lief ein Laufkran von sechs Tonnen Tragkraft. Zwei der insge-

Hammer Eisenbahnbrücke. Oben: Federzeichnung vom Einsturzunglück beim ersten Brückenschlag 1869, vorn: Fährstelle Hamm; unten: Neubau des zweiten südlichen Brückenzugs mit Baustelleneinrichtung bei Hochwasser am 23. 01. 1910

samt drei Strompfeiler wurden mit Hilfe von Druckluft gegründet, einer in 12,3 Meter, der andere in 14,5 Meter Tiefe unter dem mittleren Wasserstand des Rheins. Der Raum zwischen den beiden zylindrisch ausgeführten Senkkästen im Pfeiler wurde durch Spundwände von Tauchern unter Wasser geschlossen und dann ausbetoniert. Vier engmaschig vergitterte Halbparabelbögen von je 106,00 Meter Stützweite, erstellt von der Firma Harkort-Eisenbau in Haspe, bildeten die Brückenüberbauten. Auf Neusser Seite setzte sich die Brücke in Form gemauerter Bogenreihen über die Flutwiesen fort, so daß ein rund 830 Meter langer Brückenzug entstand.

Ende 1869 sollte die Brücke dem Eisenbahnverkehr übergeben werden, doch die Inbetriebnahme verzögerte sich durch einen bedauerlichen Unglücksfall, als am 20. November 1869 ein mit 70 Tonnen Eisenerz beladenes Schiff aus dem Ruder lief und gegen das hölzerne Gerüst stieß, auf dem der zweite rechtsrheinische Bogen montiert wurde. Nach einer Schilderung der »Illustrierten Zeitung« vom 18. Dezember 1869 hatten die Brückenbauer das Dampfboot »Delphin« bereitgehalten, um Schiffe bei hohem Wasserstand durch die verengten Durchlässe der Schutzgerüste zu bugsieren. Doch als sich das Unglücksschiff der Brücke näherte, hatte die »Delphin« ein Floß im Schlepp und konnte trotz Zurufe der Arbeiter dem mit Erz schwer beladenen Schiff nicht mehr zu Hilfe kommen. Der Steuermann warf in seiner Bedrängnis Anker und machte das Erzschiff ganz und gar manövrierunfähig. Es prallte gegen das Gerüst und barst auseinander. Dann stürzte nach Schilderung der »Illustrierten Zeitung« *»das kolossale Gerüst mit dem darauf über ein Viertel bereits fertiggestellten Stahlüberbau unter einem furchtbaren Gekrache zusammen..., und einen Augenblick später waren die Menschen mitsamt ihrer monatelangen Arbeit den reißenden Fluten des dort ungefähr 26 Fuß tiefen Rheins überantwortet«.* 14 Schwerverletzte wurden in die Krankenhäuser von Neuss und Düsseldorf eingeliefert. 18 Menschen kamen bei dem Einsturzunglück ums Leben. Das Unglück verzögerte die Fertigstellung der Brücke um mehrere Monate. Bei der späteren Probebelastung der zweigleisigen, für dreieinhalb Millionen Mark errichteten Brücke setzte sich eine dreiachsige Güterzuglokomotive mit einem Gewicht von 36 Tonnen in Bewegung. Am 24. Juli 1870 fuhr der erste Zug über die »Hammer Brücke«, wie sie von nun an genannt wurde. Ursprünglich sollte sie am 27. Juli feierlich in Betrieb genommen werden, doch dazu kam es nicht, denn der erste Zug transportierte Soldaten und militärische Ausrüstung nach Westen, nachdem sich Deutsche und Franzosen im Krieg befanden. Zur Erinnerung an die Eröffnung der ersten Eisenbahnbrücke zwischen Düsseldorf und Neuss schuf Leopold Wiener (1823–1891) eine Bronzemedaille, die im Clemens-Sels-Museum in Neuss zu sehen ist.

40 Jahre später war der zweigleisige Rheinübergang dem rasch ansteigenden Eisenbahnverkehr, insbesondere dem Güterverkehr, nicht mehr gewachsen, so daß in den Jahren von 1909 bis 1910 im Achsabstand von 32 Meter südlich der ersten Hammer Brücke ein weiterer Brückenzug entstand und der ältere ausschließlich dem Güterzugverkehr zur Verfügung gestellt wurde. Die neue Brücke erhielt vier Bogenfachwerkträger von je 107,20 Meter Stützweite, erstellt von den Firmen Hein, Lehmann & Co, Düsseldorf, und Gutehoffnungshütte Sterkrade. Auf Neusser Seite vervollständigten drei stählerne Fachwerküberbauten von je 40 Meter Stützweite, achtzehn gemauerte Bögen und ein Gewölbe über der Deichstraße den Brückenzug. Um den steigenden Lasten im Eisenbahnverkehr gewachsen zu sein, erhielt die ältere Brücke in den Jahren 1911 und 1912 dieselben Überbauten wie die jüngere. Der Brückenzwilling ermöglichte viele Jahre hindurch die schnellste Eisenbahnverbindung von West- nach Mittel- und Nordeuropa.

Großbaustelle der neuen, viergleisigen Eisenbahnbrücke zwischen Düsseldorf und Neuss. Vorn: Neusser Ufer mit Vorlandbrücken. Mitte: neuer Strompfeiler. Dahinter: Widerlager am Düsseldorfer Ufer und Montageplatz für den Stahlüberbau. Hinten: Rheinschleife mit Hafen

(Freig. RP Df 04 R 243, 1984)

Fotomontage der neuen, viergleisigen Eisenbahnbrücke zwischen Düsseldorf und Neuss

Ausrüsten des Hilfspfeilers für den Verschub des Versteifungsträgers der neuen Hammer Eisenbahnbrücke 1985. Links: alte, in Betrieb befindliche Brücke

Rechts außen:
Vorschieben des Versteifungsträgers über den Hilfspfeiler der Hammer Eisenbahnbrücke 1985

Bronzemedaille von Leopold Wiener für den Bau der ersten Eisenbahnbrücke über den Rhein zwischen Düsseldorf und Neuss

Arbeitsplätze, Stelltafel/Panoramawand (unten) und Oberleitungs-Speiseplan (oben) im neuen Bedienungsraum des Stellwerks »Df«

Gleislageplan des Hauptbahnhofs 1985

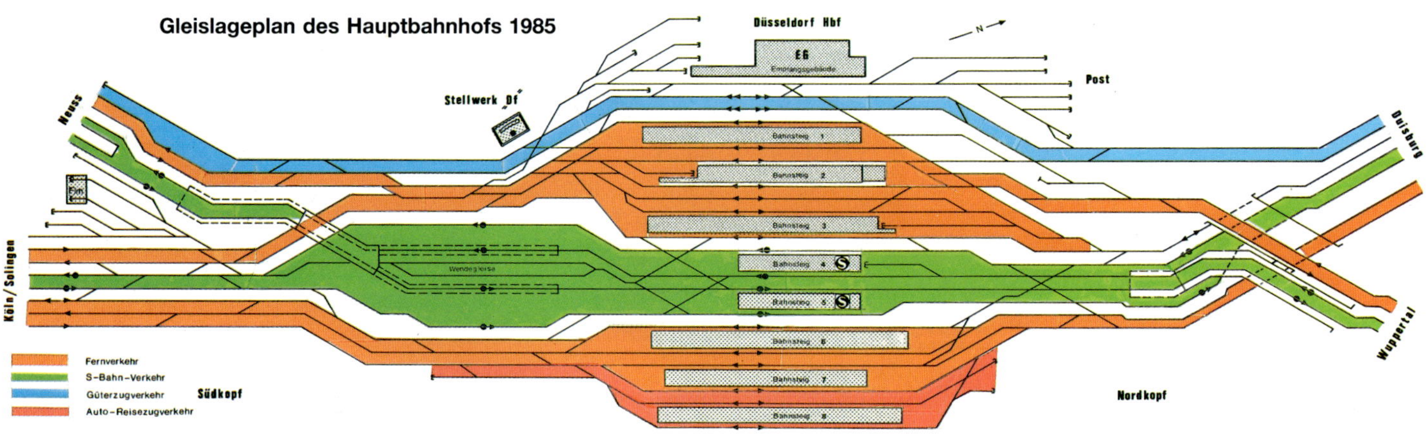

Hammer Eisenbahnbrücke. Oben: Bau eines zweiten Brückenzugs zwischen Düsseldorf und Neuss als Bogenbrücke 1911, im Hintergrund: erster Brückenzug von 1870 mit Halbparabel – Fachwerkbögen – Unten: Brückenzwilling um 1935 nach Auswechseln der Überbauten des ersten Brückenzugs von 1870 (hinten) und Angleichen an den zweiten von 1911

Ein Trümmerhaufen blieb übrig

Als am Ende des Zweiten Weltkriegs die 9. amerikanische Armee aus dem Raume Düren und der nördlichen Eifel zum Sturm an den Rhein ansetzte, stieß sie auf die noch intakten Rheinbrükken zwischen Neuss und Düsseldorf. Am 2. März 1945 gelangten amerikanische Truppen in das Vorfeld der Hammer Eisenbahnbrücke, die bisher schwersten Bombardements standgehalten hatte. Sie wurden durch heftigen Widerstand am Vordringen gehindert. Der nationalsozialistische Gauleiter Florian drohte dem Kommandeur des 6. Pionier-Bataillons der Deutschen Wehrmacht, dem die Eisenbahnbrücke unterstand, mit dem Tode, wenn er nicht umgehend den sogenannten »Führerbefehl« zur Sprengung der Brücke ausführen würde. Dem Wehrmachts-Hauptmann blieb nichts weiter übrig, als am Morgen des 3. März zu gehorchen. Die Sprengung gelang und richtete eine gründliche Zerstörung an. In den verkanteten und auseinander gerissenen Trägern der Fachwerkkonstruktion lagen noch die Waggons des Personenzugs Mönchengladbach – Düsseldorf, der von Tieffliegern zerschossen auf der Brücke liegengeblieben war. Über die Brükkenreste kletterten in den ersten Tagen nach der Sprengung Flüchtlinge, die zum jenseitigen Flußufer wollten. Erst als die amerikanischen Truppen das rechte Rheinufer erobert hatten, bauten sie am 18. April an der alten Fährstelle »Auf den Steinen« und »Auf der Böck« bei Hamm eine Pontonbrücke, um eine provisorische Verbindung über den Rhein herzustellen. Nach Kriegsende bildete der Rhein für den zivilen Verkehr zwischen Ost und West wieder eine natürliche Grenze, denn der Übergang zwischen dem links- und rechtsrheinischen Gebiet war durch die Zerstörung aller Rheinbrücken schier unmöglich. So grenzte die Mitteilung der »Rheinischen Post« fünfzehn Monate nach der Sprengung der Hammer Brücke fast an ein Wunder, daß *»als dritte*

Reparaturarbeiten an der Hammer Eisenbahnbrücke nach Bombentreffern im Zweiten Weltkrieg. Oben: auf der Vorlandbrücke, unten: an der Fahrbahn des Stahlüberbaus

Oben: Luftbild der amerikanischen Streitkräfte nach der Sprengung der Hammer Eisenbahnbrücke 1945

(Freig. Nr. 7003 vom 18. 06. 1945 US-Army)

Links unten: Luftaufklärung im Bereich der Eisenbahnbrücke zwischen Düsseldorf und Neuss durch britische Luftstreitkräfte 1941

(Freig. Nr. 404 at 06. 07. 1941 »British Crown Copyright reserved«)

Unten: Einschläge rund um die Hammer Eisenbahnbrücke nach schweren Luftangriffen, erfaßt von britischen Aufklärungsflugzeugen 1944

(Freig. Nr. 4145 at 19. 11. 1944 »British Crown Copyright reserved«)

Hammer Eisenbahnbrücke nach der Sprengung 1945 mit zerstörten Wagen eines Personenzuges. Oben: Beginn der Wiederaufbauarbeiten; unten: Bau einer Behelfsbrücke aus Pioniergerät des Zweiten Weltkriegs (SKR-Gerät)

Eisenbahnbrücke über den Rhein im August die früher ausschließlich dem Güterverkehr dienende Brücke Neuss – Düsseldorf ihren Betrieb wieder-aufnehmen wird«. Der Wiederaufbau gehörte zu den bemerkenswerten Ingenieurleistungen in der Nachkriegszeit vor der Währungsreform.

Bei der Brückensprengung waren die mittleren Stromüberbauten in den Fluß gestürzt, andere beschädigt. 4300 Tonnen Stahlkonstruktion, 150 Tonnen Schrott von Eisenbahnwaggons und 2200 Tonnen Pfeilermassen, also insgesamt 6650 Tonnen Trümmer, lagen im Flußbett. Obwohl die Wirtschaft völlig darniederlag, Kohleförderung, Stahlerzeugung und Verkehr lahmten, Unterkunft, Ernährung und Kleidung für eine Baustellenbelegschaft kaum zu beschaffen waren, bereitete die damalige Reichsbahndirektion Wuppertal in Zusammenarbeit mit einigen nicht entmutigten Tiefbau- und Stahlbaufirmen die Wiederherstellung der Brücke vor. Zunächst galt es, möglichst schnell einen behelfsmäßigen Überbau zu schaffen. Da die Strompfeiler der nördlichen Brücke noch am weitesten der Zerstörung standgehalten hatten, setzte der Wiederaufbau hier ein. Mit Hilfe noch vorhandener Konstruktionsteile eigens für Kriegszwecke hergestellter deutscher Pionierbrücken, sogenannter »SKR-Brücken« (Schaper-Krupp-Reichsbahnbrücken), oder nachgebauter Teile montierte die Firma Neusser Eisenbau, Bleichert KG, eine 108 Meter lange, eingleisig befahrbare Notbrücke über die zweite Brückenöffnung auf Neusser Seite. Die Arbeiten begannen Ende 1945 und sollten am 1. Juli 1946 abgeschlossen sein. Wegen der Schwierigkeiten bei der Verwendung beschädigter, aber noch brauchbarer Brückenteile wurde die Firma beauftragt, einen weiteren, 108 Meter langen SKR-Überbau herzustellen und im Freivorbau über die Trümmer hinweg in Strommitte einzubauen. Allen Schwierigkeiten zum Trotz konnte die Behelfsbrücke schließlich am 31. Juli 1946 dem Betrieb übergeben werden.

Zu diesem Ereignis kam der britische Staatsminister I. B. Hynd eigens von London nach Düsseldorf, um im Beisein hoher britischer Offiziere, der Oberbürgermeister Arnold aus Düsseldorf und Dr. med. Schmitz aus Neuss sowie des Reichsbahn-Direktionspräsidenten Jacobshagen aus Wuppertal den ersten Zug über die Behelfs-

Wiederaufbau der Hammer Eisenbahnbrücke nach dem Zweiten Weltkrieg. Oben: erste Zugfahrt 1946; unten: Brücke nach dem endgültigen Wiederaufbau des nördlichen Brükkenzuges und Abbruch der zerstörten Überbauten des ehemaligen südlichen Brückenzuges

brücke zu schicken. *»Mit großer Aufmerksamkeit folgten die Gäste der in deutscher Sprache gehaltenen Rede des Staatsministers J. B. Hynd, der eine politische Ansprache von grundsätzlicher Bedeutung hielt«,* wußten die Neusser Nachrichten zu berichten. Er schloß seine Rede mit den Worten: *»Die Brücke möge ein Symbol der Einigkeit der Völker sein, eines Zusammenklanges der für die ganze Welt unentbehrlich ist.«* Dann durchschnitt er das weiße Band an der Brückeneinfahrt und fuhr im Sonderzug, gezogen von einer Dampflok der Baureihe 38, mit seinen Gästen nach Neuss und zurück.

Die nächste Phase des Wiederaufbaus galt der endgültigen Wiederherstellung eines zweigleisigen Brückenzuges zwischen Düsseldorf und Neuss. Aus den Resten der zerstörten Zwillingsbrücke setzte die Stahlbaufirma Hein, Lehmann & Co, Düsseldorf, vier brauchbare Überbauten auf den alten Pfeilern und Widerlagern der nördlichen Brücke zusammen. Hierfür mußten Längs- und Querverschubbahnen auf einem provisorischen Pfahlrost erstellt werden, über die die ausgebesserten Brückenbögen von 900 Tonnen Einzelgewicht gleiten konnten. Mit dem Ausfahren des 216 Meter langen Behelfsüberbaues am 17. November 1947 um 10.00 Uhr und dem Einschieben zweier wiederhergestellter Brückenbögen in die mittleren Öffnungen begann der letzte Akt des Wiederaufbaus der Hammer Eisenbahnbrücke. Für dieses schwierige Manöver mußten der Eisenbahnverkehr von Freitag, 14. November 22 Uhr, bis Montag, 17. November 22 Uhr, zwischen Düsseldorf und Neuss unterbrochen und eine Reihe von Zügen umgeleitet werden, darunter DD 101/102 Koblenz – Hannover, L 11/12 Paris – Stockholm (für den deutschen Verkehr gesperrt), D 7/8 und D 39/40 Köln – Hannover, D 96/97 Köln – Hamburg und D 107/108 München – Dortmund. Bei dieser Gelegenheit kam die alte Strecke Neuss – Oberkassel für kurze Zeit wieder zu Ehren, denn an den Sperrtagen verkehrten dort täglich neun Zugpaare für den Personenverkehr. Der Brückenverschub war nicht nur ein risikoreiches Unternehmen, sondern eine *»technische Großtat«,* die dem 30 Jahre später durchgeführten Brückenverschub der Oberkasseler Straßenbrücke in Düsseldorf mindestens gleichzusetzen ist, wie Alfred Wilms sinngemäß 1983 im Almanach für den Kreis Neuss schrieb.

Der vierte Ansatz für eine Eisenbahnbrücke zwischen Düsseldorf und Neuss

Am 10. Oktober 1983 setzten Baukolonnen zum vierten Male an, um eine neue Eisenbahnbrücke zwischen Düsseldorf und Neuss zu bauen. Erste Überlegungen gingen davon aus, Teile der alten Pfeiler und Vorlandbrücken für den zusätzlichen Brückenzug der kommenden Ost-West-S-Bahn zu verwenden. Nur der Stahlüberbau sollte aus wirtschaftlichen Gründen als Durchlaufträger über vier Felder und nicht mehr in vier Einzelüberbauten ausgebildet werden. Bereits bei den ersten Gesprächen mit der Wasser- und Schifffahrtsdirektion West in Münster (Westf.) wurde deutlich, daß auf der internationalen Wasserstraße künftig eine größere Hauptschiffahrtsöffnung, ein Entfernen des rechtsrheinischen Strompfeilers aus der Hauptschiffahrtsrinne und ein Heranrücken des künftigen S-Bahn-Brückenzuges an die bestehende Brücke notwendig werden. Von 1970 bis 1980 weist die Statistik 34 Schiffsunfälle und -verkehrsunregelmäßigkeiten im Bereich der Hammer Brücke aus, davon zwölf Kollisionen bei Kreuzungsmanövern der Schiffe, zwanzig Grundberührungen und zwei Anprallvorgänge an den Brückenpfeilern. Bei den schwierigen Schiffsmanövern, die zum Ausweichen auf Linksverkehr unter der Brücke zwingen, sind solche Unregelmäßigkeiten verständlich.

Ab 1974 begann die Bundesbahndirektion Köln mit der Brückenplanung. Die ersten Planungsvarianten beruhten fast ausnahmslos auf einer getrennten Herstellung des neuen Brückenzuges für die S-Bahn-Gleise. Nur ein Vorschlag berücksichtigte die Möglichkeit einer kombinierten S- und Fernbahnbrücke. Damals wurde übrigens noch ohne durchgehendes Schotterbett geplant. Erst nach Abschluß eines Durchführungsvertrags für die Ost-West-S-Bahn wandte man sich 1978 erneut und intensiv der Planung für die Rheinüberquerung zu. Nunmehr war allen Vorschlägen ein durchgehendes Schotterbett zu eigen. Im Planungsstadium der letzten Jahre wurde die Kostentragung für den Brückenbau zum zentralen Problem. Auf der Suche nach einer wirtschaftlichen und technisch einwandfreien Lösung mußte der Bundesminister für Verkehr als Investor für S-Bahn-Anlagen der Deutschen Bundesbahn und Wasserstraßen des Bundes rechtzeitig eingeschaltet werden. Er entschied sich schließlich für den Bau einer viergleisigen Eisenbahnbrücke, die dem S-Bahn- und dem übrigen Eisenbahnverkehr gleichermaßen dienen und den bestehenden erneuerungsbedürftigen Brückenzug ersetzen sollte. Als entscheidend für die Minimierung der Baukosten erwies sich der Preis für den Stromüberbau in Stahl, der fast 70 vom Hundert der Gesamtkosten des viergleisigen Brückenzuges einnahm. Vor der Ausschreibung von Bauleistungen mußten die Träger öffentlicher Belange und die Kreuzungsbeteiligten für den Verwaltungsentwurf gewonnen werden. Der unter wirtschaftlichen Gesichtspunkten entstandene Entwurf sah ein durchlaufendes Dreigurtfachwerk über zwei Felder mit einer anschließenden Vorlandbrücke aus Einfeld-Spannbetonträgern vor, so daß ein neuer Brückenzug von insgesamt 812,50 Meter Länge entstehen konnte.

Die Erlangung des Baurechts in dem 20 Monate währenden Planfeststellungsverfahren erwies sich für die neue Brücke als eines der schwierigsten öffentlich-rechtlichen Verfahren im Raume Düsseldorf und Neuss. Vorbelastet durch die modernen Düsseldorfer Straßenbrücken über den Rhein, die sich zweifelsohne durch ihre Eleganz und Leichtigkeit auszeichnen, verlangten maßgebende Kreise die Bewahrung der Bogenform der alten Hammer Brücke als Erinnerung an die Vergangenheit und Kontrastlösung zu den modernen Straßenbrücken. Mit Spannung wurden die Angebotsabgabe und das Ergebnis der öffentlichen Ausschreibung für die neue Rheinbrücke erwartet. Nach Auswerten der Angebote entschied sich die Bundesbahn für den Sondervorschlag der Bietergemeinschaft Hein, Lehmann AG, Düs-

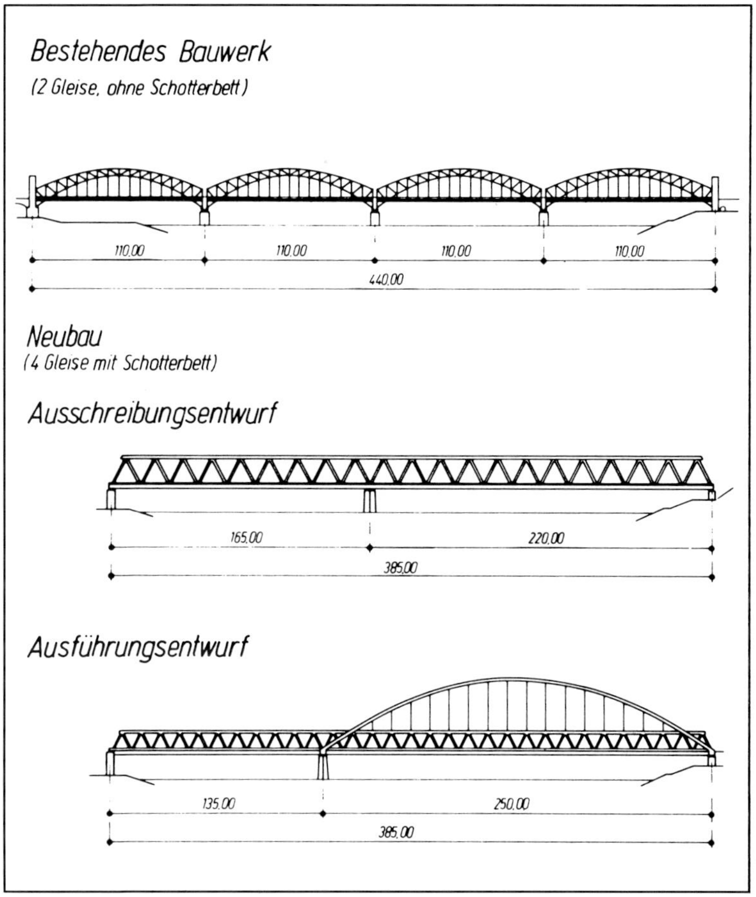

Vergleich der Brückenformen der Hammer Eisenbahnbrücke 1983: bestehendes Bauwerk, Ausschreibungsentwurf, Ausführungsentwurf

Bau der neuen Hammer Eisenbahnbrücke. Oben: Strompfeiler und Düsseldorfer Widerlager, unten: Montageplatz der Stromüberbauten hinter dem Düsseldorfer Widerlager

seldorf, und Krupp Industrietechnik GmbH, Duisburg, weil er technisch, wirtschaftlich und gestalterisch am annehmbarsten war. Der Sondervorschlag, später als »Düsseldorfer Lösung« bezeichnet, sah eine Bogenbrücke über der Hauptschiffahrtsöffnung von 250,00 Meter Stützweite mit einem durchlaufenden Fachwerkträger über beide Stromöffnungen vor, wodurch ein insgesamt 385,50 Meter langer Überbau entstehen sollte. Mit den Spannbeton-Hohlkastenträgern der Vorlandbrücke von neunmal 42,70 Meter und einmal 43,70 Meter Länge erreicht der gesamte Brückenzug eine Ausdehnung von 813,50 Meter. Für den Brückenquerschnitt sind eine Systembreite von maximal 27,05 Meter, für den Bogenstich eine Höhe von 47,50 Meter und für den fachwerkartigen Durchlaufträger eine Systemhöhe von 12,00 Meter vorgesehen. Die Wände der Bogenbrücke und des Fachwerkträgers sind gegeneinander geneigt. Für die stählernen Überbauten werden rund 9000 Tonnen Stahl benötigt. Unter den Eisenbahnbrücken im Lande besitzt die neue Hammer Brücke die größte Spannweite.

13. Stellwerk »Df« bei jeder Zugfahrt dabei

Vom Weichenstellbock zum elektrischen Stellwerk

Die ersten Weichen auf Düsseldorfs Bahnhöfen wurden vor Ort durch Umlegen eines schweren Gewichtshebels »gestellt«. Der Signalgebung dienten Fahnen, Lampen, Hörner und Pfeifen, später entlang der Strecken Körbe und Bälle an hohen Masten, letztere insbesondere den Bahnwärtern. Erst später tauchten die heute noch bekannten Flügel- und Scheibensignale auf. 1856 gelang es dem Engländer Saxby, eine mechanische Abhängigkeit zwischen Weichen- und Signalhebeln herzustellen, nachdem die Weichenzungen über Rohrgestänge, dann mittels Drahtzugleitungen über gewisse Entfernungen von einer zentral gelegenen Stelle aus bedient werden konnten.

Bevor in Düsseldorf Stellwerke entstanden, soll es im Bahnhof Elberfeld am Endpunkt der »Düsseldorf-Elberfelder-Bahn« eines der ersten mechanischen Stellwerke der Bauart »Rüppel-Büssing« gegeben haben. Einen großen Schritt nach vorn verzeichnete die Signaltechnik beim Bau des Hauptbahnhofs 1891, als im Gleisfeld me-

Signalbedienung. Oben: in einem mechanischen Stellwerk des Bahnhofs Reisholz mit Hebelbank und Fahrstraßenhebelwerk 1985, unten: im ersten Drucktastenstellwerk (Dr-Stellwerk) der Deutschen Bundesbahn im Bahnhof Derendorf 1948

chanische Stellwerke errichtet wurden. Zur Bedienung der Weichen und Signale entstand im Norden in Höhe der Kölner Straße das mechanische Stellwerk »Nwt/Not«. Die Stellwerksbeamten standen vor langen Hebelbänken in einem turmartigen, die Gleise überragenden Gebäude und bewegten über lange Drahtzugleitungen die einzelnen Weichen- und Signalantriebe. Im Süden waren Stellwerksbediener in einem langgestreckten Gebäude mit der Bezeichnung »Stm« südlich der Eller Straße für die Zug- und Rangierfahrten in und aus Richtung Köln, Hilden und Neuss tätig. Die über den Gleisen angeordneten langen Signalbrücken mit ihren zahlreichen Flügelsignalen gehörten zum damaligen Bahnhofsbild. Über das Gleisfeld verteilt gab es einfache Weichenstellbuden, in denen Weichenwärter ihren örtlichen Dienst versahen.
In den großen Stellwerken, die täglich viele Zugfahrten zu betreuen hatten, wuchsen die körperlichen Anstrengungen für die Wärter immer mehr an, so daß der Gedanke aufkam, Elektromotore als Weichenantrieb heranzuziehen. Erstmals wurde 1902 während der Düsseldorfer Gewerbeausstellung auf der Golzheimer Insel im Bahnhof des Ausstellungsgeländes ein »Kraftstellwerk« mit elektromotorischen Weichenantrieben gezeigt. Im Jahre 1900 baute die Firma Scheidt & Bachmann im Bahnhof Bilk ein Stellwerk, das als einziges reines Druckluftstellwerk je existierte. 1904 wurde es durch elektrische Steuereinrichtungen ergänzt. Auch Derendorf wurde für die Signaltechnik bedeutend, denn 1937 entstand im Zuge des Bahnhofsumbaus und der Vorbereitungen für den viergleisigen Streckenausbau zwischen Düsseldorf und Duisburg an der Grafenberger Allee das elektromechanische Vierreihenhebelstellwerk »De«, bei dem Weichen-, Fahrstraßen- und Signalhebel handlich ausgebildet in vier Reihen hintereinander auf engstem Raum angeordnet waren. Das Stellwerk war von der Straßenüberführung aus zugänglich. Vor dem Gebäude erstreckte sich quer über die Gleise eine lange Signalbrücke.
Als die große Umbauwelle in den dreißigerJahren im Hauptbahnhof anlief, konnte auf den Einbau elektromechanischer Stellwerke nicht mehr verzichtet werden. Die alten Einrichtungen wurden ersetzt oder ergänzt durch die neuen Stellwerke »Dn« und »Dno/Dnw« im Norden, »Dm« in der Mitte und »Ds« im Süden sowie »Dw« im Westen des Bahnhofs. Sie arbeiteten mit den Abzweigstellen »Dora« und »Dp« im Norden sowie »Berg« und »Emma« im Süden zusammen. Für »Dno/Dnw« entstand ein turmartiges Gebäude, für »Dm« ein pilzartig gestaltetes südlich der Bahnsteige mit einer Treppenverbindung von der Eller Straße aus, und für »Ds« ein Reiterstellwerk. In den sieben für den Hauptbahnhof maßgebenden Stellwerken – »De« an der Grafenberger Allee eingeschlossen – mußten 544 Hebel für den Zug- und Rangierbetrieb bedient werden. In den Bahnhof mündeten zehn Streckengleise aus Richtung Norden und elf aus Richtung Süden ein. Sämtliche Stellwerke wurden im Zweiten Weltkrieg zerstört oder schwer beschädigt. Nach Kriegsende begannen die Aufräumungsarbeiten in den Stellwerken und ihr Wiederaufbau. Behelfslösungen durch Aufstellen von Wagenkästen mit eingebauten Stellwerkseinrichtungen (MCi-Wagen) blieben nicht aus. Mit rund 3000 Kabelmuffen wurde das zerstörte Kabelnetz des Hauptbahnhofs zusammengeflickt.
Wiederum ging Derendorf in die Signalgeschichte ein, als am 12. Oktober 1948 das erste Drucktastenstellwerk Deutschlands (Dr-Stellwerk) mit der Typenbezeichnung »Dr I« im Bahnhof seinen Einzug hielt. Neu war der Ersatz elektromechanischer Verschlußeinrichtungen durch reine Relaiseinrichtungen und die Weichen- und Signalbedienung durch Drücken zweier Tasten auf einem Gleisbild-Stelltisch. Das erste Dr-Stellwerk war für die Signaltechnik in Deutschland so bedeutend gewesen, daß es heute einen Ehrenplatz im

Verkehrsmuseum Nürnberg einnimmt, nachdem es 1957 ausgebaut und gegen eine höherwertige und weiterentwickelte »DrS-Anlage« nach Vereinfachen des Gleisplans im Rahmen der Elektrifizierung ausgetauscht wurde.

Mit der Elektrifizierung des Streckenabschnittes Düsseldorf – Duisburg – Hamm (Westf.) standen umfangreiche Anpassungsmaßnahmen für die elektrotechnischen Signalanlagen ins Haus. Die vorhandenen Signaleinrichtungen hätten »erdfrei« geschaltet werden müssen, um sie vor den Triebrückströmen im Erdreich und Gleisnetz zu schützen. Bekanntlich bilden Oberleitung, Fahrzeugmotore und Schiene/Erde einen geschlossenen Stromkreis bei einer elektrisch betriebenen Wechselstrombahn. Um die Erdfreischaltung zu ersparen, die Signalanlagen zu modernisieren und zu rationalisieren, wurden Drucktasten-Stellwerke neuerer Bauform für den Hauptbahnhof konzipiert. Mittels Drucktasten sollten auf den ausgeleuchteten Stelltischen mit ihren schema-

Stellwerksgebäude im Hauptbahnhof. Oben: Reiterstellwerk »Ds« am Südkopf 1936, unten: Drucktastenstellwerk »Dhn« am Nordkopf 1979

tisch nachgebildeten Gleisabschnitten 235 Weichen und Gleissperren, 42 Hauptsignale, 11 Vorsignale, 120 Sperrsignale sowie mehrere Richtungs- und Zusatzanzeiger bedient werden. 176 Zugstraßen waren einzurichten und 230 Gleis- und Weichenstromkreise vorzusehen. Dem Stande der Technik entsprechend bot sich die Konzentration der Signalanlagen in einem zentralen Fahrdienstleiterstellwerk und zwei abhängigen Wärterstellwerken der Bauform »DrS« der Firma Siemens & Halske, Braunschweig, an. Unweit vom Mintrop-Platz an der Gustav-Poensgen-Straße im Südwesten des Hauptbahnhofs entstand das vereinigte Fahrdienstleiter- und Wärterstellwerk »Dhf« mit einer Befehlstafel und einem Wärterstelltisch und im Nordwesten am Rande des Postbahnhofs das befehlsabhängige Stellwerk »Dhn« mit einem Wärterstelltisch. Dem Stellwerk »Dhf« mußten ein alter Werkstattbau mit Schmiede und Schlosserei und ein Ladenlokal mit Nebenräumen, deren Entstehung und Alter unbekannt sind, weichen. Nach Abräumen der Altbauten entstand ein dreigeschossiger Neubau mit Anbauten für Fernmelde-, Sozial- und Nebenräume. Das Erdgeschoß bildete einen Abschluß zum höhergelegenen Bahnkörper. Im obersten Stockwerk wurden der Relais- und Bedienungsraum untergebracht. Für das rund 800 Meter entfernte Stellwerk »Dhn« entstand ein Neubau, der später in der Front des Paketpostamts eingegliedert wurde. Beide Stellwerke gingen im Mai 1957 rechtzeitig zur Elektrifizierung des Streckenabschnitts Hamm (Westf.) – Düsseldorf in Betrieb.

Als eine der ersten Strecken der Deutschen Reichsbahn erhielt die Strecke Duisburg – Düsseldorf – Köln bereits in den dreißiger Jahren die »Indusi«. Die **indu**ktive Zug**si**cherung übt eine wichtige Sicherheitsfunktion aus, denn sie bremst die Züge durch Einfluß eines Gleis- und Fahrzeugmagneten automatisch ab, wenn Triebfahrzeugführer die warnenden oder Halt gebietenden Signalbegriffe am Gleis mißachten. Aufschlußreich für die Signaltechnik im Raume Düsseldorf waren auch die Sicherungseinrichtungen auf der Gefällstrecke Hochdahl – Erkrath zwischen Wuppertal und Düsseldorf. Ab 1876 wurde die Geschwindigkeit der talwärts fahrenden Züge automatisch registriert und überwacht. Neben den Schienenköpfen befanden sich jeweils vier Radtaster, wodurch beim Überrollen durch den fahrenden Zug ein elektrischer Kontakt hergestellt wurde. Dieser Vorgang löste in Erkrath ein Signal aus und markierte automatisch einen Papierstreifen. Die Abstände der Markierungen ließen Rückschlüsse auf die Geschwindigkeit des registrierten Zuges zu. Leider war ein Einwirken auf die Zugbewegung mit dieser Einrichtung nicht möglich. Siemens & Halske ersetzte die mechanischen Taktgeber im Gleis 1891 durch einen biegsamen Kontakt mit Quecksilberfüllung, der beim Befahren der Schienen und deren Durchbiegung die Quecksilbersäule in Bewegung setzte und dann eine elektrische Verbindung in der Meldeleitung herstellte.

Zwei Fahrdienstleiter regeln die Zugfolge im Hauptbahnhof

Kleinere Umbauten aus Anlaß des Wiederaufbaus des dritten und vierten Streckengleises Düsseldorf – Duisburg 1958, der Verlängerung des Bahnsteigs 7 1959, der Gleisabsenkung unter der Ackerstraße 1960 und des Umbaus des Nordwestkopfs im Hauptbahnhof 1961 hatten die Drucktasten-Stellwerke »Dhf« und »Dhn« bereits hinter sich, als 1967 eine erste Erweiterung für die S-Bahn bevorstand. Um Raum zu gewinnen, wurde die vorhandene Bausubstanz bei »Dhf« durch einen Anbau für Werkstätten im Gleisgeschoß und für Relaisräume im ersten und zweiten Obergeschoß vergrößert. Vorher mußte ein 23

Erweitertes und umgebautes Zentralstellwerk »Df« im Hauptbahnhof 1980

Meter hoher Flakturm aus dem Zweiten Weltkrieg abgebrochen werden, dessen Fundamente der Gründung des Erweiterungsbaus dienten. Mit der Ergänzung der Signalanlagen hielt die neueste Signaltechnik der sechziger Jahre auch im Hauptbahnhof ihren Einzug, bekannt als »Spurplantechnik«, abgekürzt »SpDrS60-Technik«. Neu war im Relaisraum die Anordnung der spezifischen Schaltelemente, also der Relaisgruppen, und ihrer Verbindungskabel in der Spur- oder Gleisplanfolge des Bahnhofs. Bei Aufnahme des S-Bahn-Betriebs bis Garath und dann bis Langenfeld (Rhld.) mußten auch südlich des Hauptbahnhofs die mechanischen und elektromechanischen Anlagen umgebaut und ergänzt werden. Auf dem rund 18 Kilometer langen Abschnitt zwischen Hauptbahnhof und Langenfeld (Rhld.) entstanden für die Bahnhöfe Oberbilk, Reisholz und Langenfeld (Rhld.) Spurplan-Stellwerke sowie im Abstand von rund 1,2 Kilometer Blockabschnitte mit elektrisch bedienten Hauptsignalen. Die kurze Signalfolge ermöglichte nunmehr eine hohe Leistungsfähigkeit der Strecke mit dichtem Zugfolgeabstand. Da der gesamte Bahnhof Oberbilk im Fernstellbereich des 3,7 Kilometer entfernten Hauptbahnhofs liegt, konnten die Stellwerksanlagen für Oberbilk im Stellwerk »Dhf« eingebaut werden. Ähnliche Baumaßnahmen waren auch auf dem nördlichen Abschnitt zwischen Düsseldorf und Unterrath erforderlich, als die Flughafen-S-Bahn 1975 ihren Betrieb aufnahm und die Weichen und Signale der S-Bahn-Wendeanlagen Wehrhahn, der »Abzweigstelle Dp« am Nordende des Bahnhofs Derendorf und die zwischengelegenen Blocksignale der Fern-, Orts- und S-Bahn-Gleise an das Stellwerk »Dhf« angeschlossen werden mußten.

Fünf Jahre später ließ sich eine gründliche Erweiterung und Modernisierung der Signalanlagen nicht mehr umgehen, als der große Umbau des

Hauptbahnhofs begann. Es wäre unverantwortlich gewesen, die mehr als 30 Bauzustände über Jahre hinweg in alter Signaltechnik auf viel zu engem Raum ausführen zu wollen. Im Bedienungsraum des Stellwerks »Dhf« mit 49 Quadratmeter Grundfläche arbeiteten anfangs fünf Personen, später, nach Vermehrung der Aufgaben, zehn Personen zusammen. Zusätzliche Aufgaben, wie sie aus der Erhöhung der Zugzahlen durch den S-Bahn-Betrieb oder durch die Gleisvermehrung im Hauptbahnhof erwuchsen, durften dem Bedienungspersonal nicht mehr aufgebürdet werden. Die drängenden Probleme konnten nur durch Vereinheitlichung in moderner Signaltechnik und durch konsequente Zentralisierung in einem ausreichend bemessenen Stellwerk gelöst werden. Unter diesen Bedingungen begann am 1. September 1977 ein erneuter Um- und Ausbau des Stellwerksgebäudes an der Gustav-Poensgen-Straße mit Vorfinanzierung durch die Stadt Düsseldorf. Ohne sie wäre der drei Jahre später anberaumte Umbautermin der Bahnhofsanlagen gescheitert.

Zunächst wurde ein 86,00 Meter langer Rohrkanal aus dicken, begehbaren Betonringen von 1,50 Meter Durchmesser von der Vulkanstraße aus in Richtung Stellwerk unter den Gleisen hindurchgepreßt, um die zahlreichen Signal- und Fernmeldekabel zu bündeln und dem neuen Stellwerk, gewissermaßen der Nervenzentrale des Bahnhofs, zuzuführen. Ein Aufstocken des alten Stellwerksgebäudes im Huckepackverfahren kam nicht in Frage, denn die statische Belastbarkeit des alten Baukörpers war erschöpft. Der neue Bedienungsraum und ein weiterer Relaisraum für 130 Relaisgestelle mit einer Grundfläche von 135 Quadratmeter konnten als Obergeschoß nur auf das umschließende Mauerwerk des alten Gebäudes und auf die zu verstärkenden Eckpfeiler der auskragenden Bedienungskanzel aufgesetzt werden. Während der Abbruch- und Stemmarbeiten, die sich bei vollem Betrieb vollzogen, mußte sichergestellt sein, daß die staub- und erschütterungsempfindlichen Schalteinrichtungen nicht ausfielen. Trotz zahlreicher Schwierigkeiten konnten alle Bauarbeiten planmäßig und ohne Ausfälle der Signalanlagen durchgeführt werden. Auch die Montage der neuen Signalanlagen verlief reibungslos, so daß jener Nacht mit Zuversicht entgegengesehen wurde, in der der gesamte Zug- und Rangierverkehr im Hauptbahnhof zur Umschaltung von der alten auf die neue Technik kurzzeitig ruhen sollte. Die bis in alle Einzelheiten durchgeplanten Umschaltvorgänge liefen wie ein Uhrwerk ab, so daß am 2. November 1980 die neuen Signale rechtzeitig auf »Fahrt« gestellt werden konnten. Die Rheinische Presse schrieb am 30. Januar 1981: *»Die Zeiten, wo ein Fahrdienstleiter ›seinem‹ Lokführer aus der Höhe eines Reiterstellwerks quer über den Gleisen freundlich zuwinken konnte, lassen sich nur noch mit einer Modellbahn nachspielen. Die Stellwerksmannschaft in ›Df‹ sitzt mit dem Rücken nicht zur Wand, sondern – ganz anders als bisher – zu den stählernen Fahr- und Rangierstraßen des Hauptbahnhofs. Im Blickfeld steht eine mehrere Meter breite, mannhohe, leicht gebogene Wand, auf der alle Schienenstränge, aber auch die 192 Vor- und Hauptsignale, die 120 Rangiersignale und die 260 Weichen und Gleissperren schematisch eingezeichnet sind. Weiß ausgeleuchtet werden hier vorbereitete Rangier- und Fahrstraßen gekennzeichnet, rote Lichter zeigen besetzte oder befahrene Strecken an, weiß blinken die Signallampen der Weichensymbole, während unten auf dem eigentlichen Bahngelände die schweren Weichenzungen zur neuen Endlage umlaufen, bis sie an den Backenschienen anliegen. Jedes Signal zeigt seine Stellung (ob ›Halt‹, ›Fahrt‹ oder ›Langsamfahrt‹) dem Lokführer unten ebenso wie dem Fahrdienstleiter oben auf der Tafel. 8,6 Kilometer lang ist der Stellbereich von ›Df‹, er endet südlich bei Oberbilk/Volksgarten und nördlich bei Zoo/Derendorf.«*

Vor der großen Panoramatafel im neuen Bedienungsraum sitzen zwei Fahrdienstleiter – jeweils einer für den Nord- und Südbezirk – mit ihren beiden Helfern. Sie können von ihrem Arbeitsplatz aus die Signalanlagen des Hauptbahnhofs von Oberbilk bis Derendorf über vier Nummernstellpulte bedienen. In einer zweiten, hinter den Fahrdienstleitern etwas erhöhten Reihe arbeiten zwei Zugansager und zwei Zugmelder. Zahlreiche Betriebsabläufe sind automatisiert. Mit der Zugbewegung werden die Zugnummern selbsttätig angezeigt, fortgeschaltet und Fahrstraßen bei Zugannäherung eingestellt. Die Züge lenken sich selbst auf den richtigen Fahrweg, wie er durch die Bahnhofsfahrordnung vorgegeben ist. Über einen Rechner werden die Zuganzeiger auf den Bahnsteigen, die Bildschirmgeräte in der Fußgängerpassage und in den Betriebsräumen wie auch die große Zuganzeigetafel in der Eingangshalle gesteuert. Für überbezirkliche Aufgaben nimmt das Stellwerk Weisungen der Betriebsleitung in Köln entgegen, wo die Zugbewegungen des Düsseldorfer Bezirks rund um die Uhr kontrolliert und bildlich festgehalten werden.

14. Die Stadtbahn nähert sich dem Hauptbahnhof

Einst Pferdebahn, dann Straßenbahn, heute Stadtbahn

Am 6. Februar 1876 nahm die »Düsseldorfer Pferdeeisenbahn« als Privatgesellschaft des belgischen Unternehmers L. Boyaert aus Brüssel ihren Betrieb bei einer Netzlänge von 2650 Metern mit drei Linien auf. Vom Burgplatz führten zwei Linien zum Bergisch-Märkischen Bahnhof, die dritte zur alten Tonhalle. Bereits nach einem Jahr bediente das neue öffentliche Verkehrsmittel auf einem 11,1 Kilometer langen Netz mit neun Wagen fünf Linien, von denen vier den Bergisch-Märkischen Bahnhof anfuhren. Am 1. Juli 1892, fast ein Jahr nach Eröffnung des neuen »Central Personen Bahnhofs«, kündigte die Stadt der Pferdeeisenbahn-Gesellschaft den Vertrag und kaufte die Betriebsanlagen auf, nachdem die Investitionstätigkeit der Gesellschaft mit der Ausdehnung der Stadt nicht Schritt halten konnte. Die Stadt verpachtete die Betriebsanlagen an den damaligen Direktor der Koblenzer Pferdebahn, den Freiherrn von Tippelskirch.

Der neue Hauptbahnhof erhielt vom Corneliusplatz aus einen zweigleisigen Anschluß an die Pferdebahn über Blumen- und Bismarckstraße. Inzwischen wurden 120 Pferde und 72 Wagen auf einem Netz von 18701 Metern mit 51 festen Haltestellen eingesetzt. Damals entstand an der Erkrather Straße im Gleisdreieck der Eisenbahn

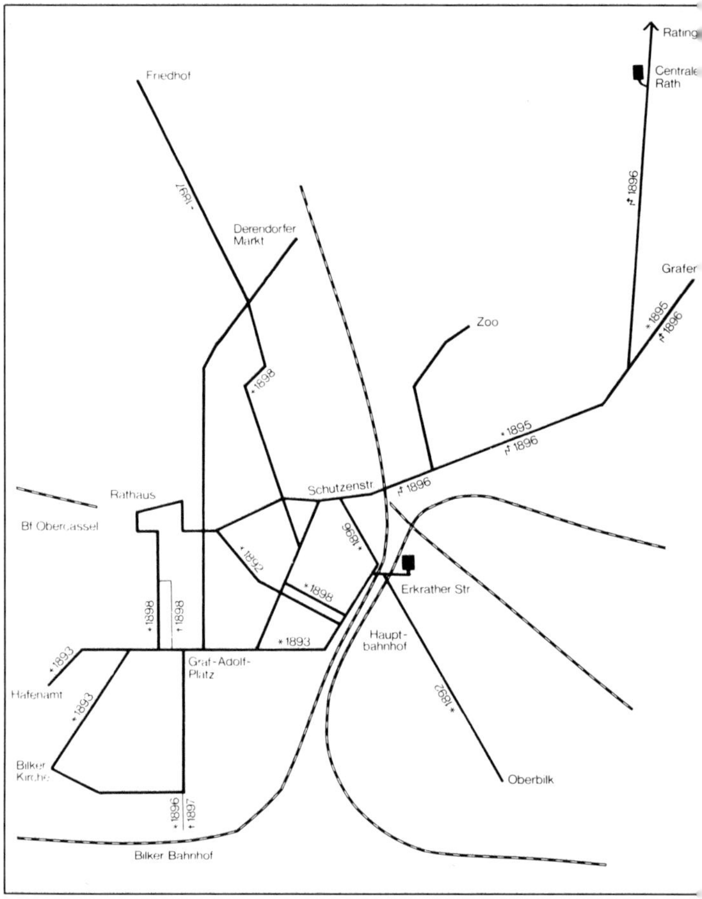

Streckennetz der städtischen Pferdebahn nach Eröffnung des Hauptbahnhofs 1891

(* = Betriebsbeginn, ↯ = Umstellung auf elektrischen Betrieb, + = Einstellung des Betriebs

Düsseldorfer Pferdeeisenbahn um 1876. Oben: Gesamtansicht, unten: Fahrscheine für Kurz- und Langstrecken, gedruckt in Belgien

ein großer Betriebshof, der später als Hauptwerkstatt für die Düsseldorfer Straßenbahnwagen ausgebaut wurde. Kurz vor der Jahrhundertwende zogen die Pferde ihre Wagen auch durch die Kaiser-Wilhelm-Straße (heutige Friedrich-Ebert-Straße) zum Hauptbahnhof auf einem Netz mit über 23700 Meter Betriebslänge. Trotz ständiger Netzausweitung reichte seine Kapazität nicht aus, denn die Stadt wuchs im Eiltempo, in den neunziger Jahren je Jahr um etwa 7200 Einwohner.

Als die Pferdebahn auf dem Höhepunkt ihres Einsatzes angekommen war, erprobte die Stadt ab 1896 eine elektrisch betriebene Straßenbahn, wie sie in anderen Städten schon erfolgreich eingesetzt wurde. Auch in Düsseldorf vollzog sich der Wandel zur »Trambahn« sehr rasch, so daß am 21. Juni 1900 der letzte Pferdebahnwagen unterwegs war. Schon monatelang zuvor setzte die »Düsseldorfer Straßenbahn« ihre elektrisch betriebenen Wagen auf dem ehemaligen Pferdebahnnetz ein. Die ersten Straßenbahngleise wur-

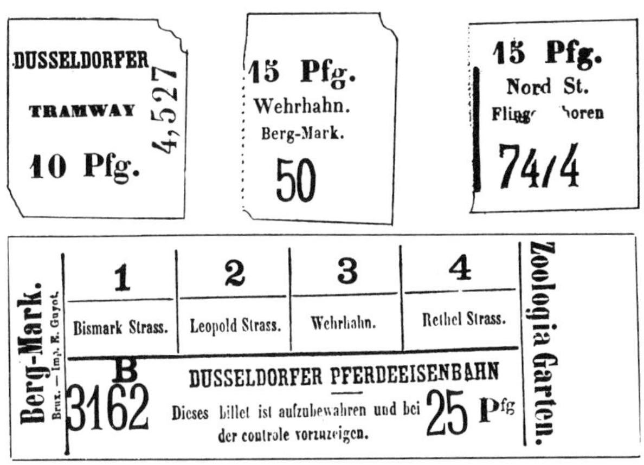

den 1894 von der Schützenstraße / Am Wehrhahn über die Grafenberger Chaussee bis zur Kreuzung der Staatsbahnstrecke Rath – Eller verlegt. Auf der ehemaligen Trasse der Unteren Ruhrtalbahn von Grafenberg nach Rath, die nach Verstaatlichung der Eisenbahnen aufgelassen wurde, baute Freiherr von Tippelskirch auf eigene Rechnung eine Straßenbahnstrecke, abzweigend

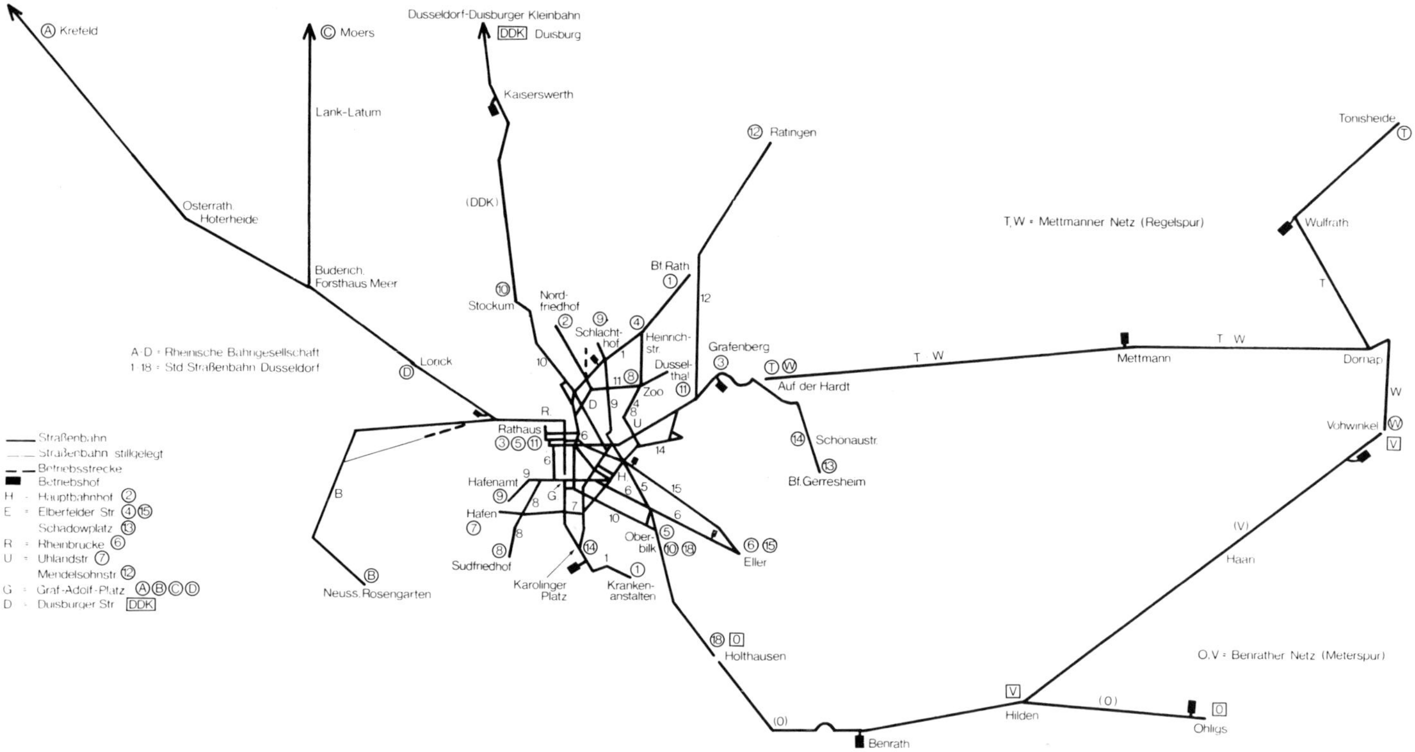

Straßenbahnen im Raume Düsseldorf. Oben: Streckennetz 1914, unten: Streckennetz 1981 mit der ersten Betriebsstufe der Stadtbahn im Tunnel

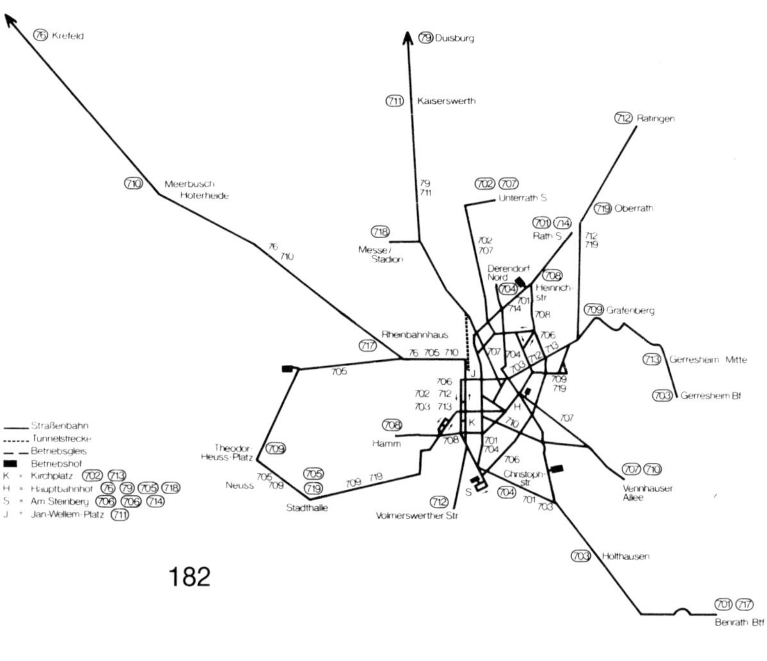

bei der Fabrik Haniel & Lueg, später weiterführend bis Ratingen. Die erste »Elektrische« fuhr am 27. Januar 1896 von der Schützenstraße bis zur Endstation in Grafenberg an der Bahnschranke. Erst am 28. Juli 1898 durften die Straßenbahnwagen die Staatsbahnstrecke Rath – Eller in Grafenberg überqueren und bis zum Jägerhaus am Fuße des Grafenbergs weiterfahren, nachdem sich die Stadt verpflichtet hatte, an der höhengleichen Kreuzung Bahnschranken, Signale und Entgleisungsweichen einzubauen.

Für die Erschließung der linken Rheinseite gingen Ende der neunziger Jahre wesentliche Impulse von der am 25. März 1896 gegründeten »Rheinischen Bahngesellschaft AG« aus, später kurz »Rheinbahn« genannt. Sie hatte sich zum Ziel gesetzt, eine direkte Eisenbahnverbindung zwischen Düsseldorf und Krefeld zu schaffen. Um dieses ehrgeizige Ziel zu erreichen, ließ sie auf

Erste Düsseldorfer Straßenbahn an der Endstation in Grafenberg um 1900. Hinten links: Schrankenbaum der Eisenbahnstrecke Rath – Eller

eigene Rechnung eine Straßenbrücke zwischen Düsseldorf und Oberkassel bauen. Nach Fertigstellung der Brücke eröffnete die Rheinbahn am 15. Dezember 1898 die rund 22 Kilometer lange Strecke nach Krefeld. Zeitungen berichteten darüber wie folgt: *»Die Eröffnung der ersten elektrischen Schnellzug-Kleinbahn in Europa, der Linie Düsseldorf – Krefeld, hat dieser Tage stattgefunden. Bemerkenswert bei dieser Bahn ist die hohe Fahrgeschwindigkeit, welche im Durchschnitt 40 Kilometer (je Stunde) beträgt und bei der Probefahrt auf 55–60 Kilometer gesteigert worden ist. Die Bahn dient zur Beförderung von Personen, Stückgütern und Bodenerzeugnissen. Es verkehren auf ihr stündlich sogenannte ›Schnellzüge‹, die nur zwischen Krefeld und Düsseldorf zwecks Kreuzung an einer Haltestelle halten. In der Zwischenzeit, und zwar ebenfalls alle Stunden, fahren alsdann noch Personenzüge, die auch an den Haltestellen der freien Strecke zwecks Aufnahme oder Absetzen von Fahrgästen anhalten.«* Mit Ende des Ersten Weltkriegs wurde der Schnellzugverkehr von Düsseldorf nach Krefeld unterbrochen. Erst 1924 stellte die Rheinbahn die Schnellzugverbindung wieder her. Sie lenkte die Aufmerksamkeit auf sich, als sie von 1924/25 an neuartige Schnellbahn-Beiwagen mit Restaurationsbetrieb auf der Linie »K« bis Krefeld einführte. Die Rheinbahn-Linie war bis 1958 als »nebenbahnähnliche Kleinbahn« konzessioniert.

Eine normalspurige Kleinbahn entstand auch zwischen Düsseldorf und Duisburg, die am 16. August 1900 entlang der Provinzialstraße über Wittlaer, Kesselsberg und Buchholz ihren eingleisigen Betrieb aufnahm. An Sonn- und Feiertagen herrschte auf der rund 24 Kilometer langen Strecke starker Ausflugsverkehr, so daß alle 10 Minuten ein Zug verkehrte. Später wurde die Strecke zweigleisig ausgebaut und am 1. Mai 1926 in erweiterter Form in Betrieb genommen. Die Anhebung der Höchstgeschwindigkeit von 25 auf 60 Kilometer je Stunde ließ 1930 eine attraktive »Überlandlinie« entstehen, die als Linie »D« den Düsseldorfern vertraut wurde. Ab 1936 gab es auch auf dieser Linie Speisewagen. Um die Jahrhundertwende vergrößerte sich das Netz der

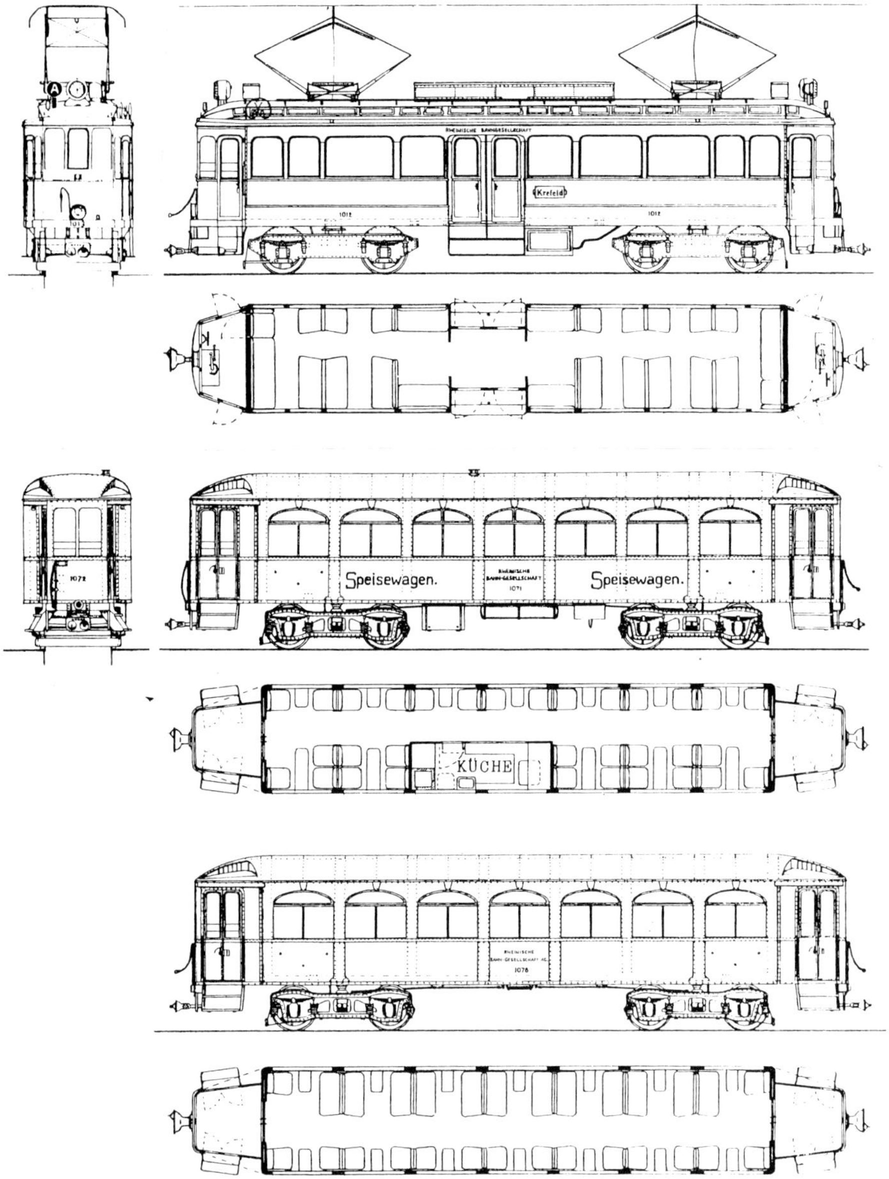

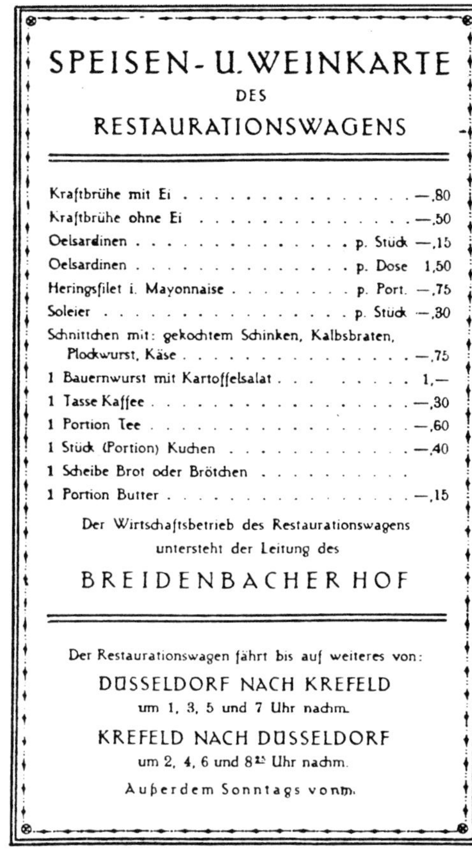

SPEISEN- U. WEINKARTE
DES
RESTAURATIONSWAGENS

Kraftbrühe mit Ei		—,80
Kraftbrühe ohne Ei		—,50
Oelsardinen	p. Stück	—,15
Oelsardinen	p. Dose	1,50
Heringsfilet i. Mayonnaise	p. Port.	—,75
Soleier	p. Stück	—,30
Schnittchen mit: gekochtem Schinken, Kalbsbraten, Plockwurst, Käse		—,75
1 Bauernwurst mit Kartoffelsalat		1,—
1 Tasse Kaffee		—,30
1 Portion Tee		—,60
1 Stück (Portion) Kuchen		—,40
1 Scheibe Brot oder Brötchen		
1 Portion Butter		—,15

Der Wirtschaftsbetrieb des Restaurationswagens untersteht der Leitung des

BREIDENBACHER HOF

Der Restaurationswagen fährt bis auf weiteres von:

DÜSSELDORF NACH KREFELD
um 1, 3, 5 und 7 Uhr nachm.

KREFELD NACH DÜSSELDORF
um 2, 4, 6 und 8[15] Uhr nachm.

Außerdem Sonntags vonm.

Restaurationsbetrieb der Kleinbahn zwischen Düsseldorf und Krefeld um 1924. Links oben: Triebwagen, darunter: Speisewagen, rechts: Angebote im Speisewagen

Rheinbahn durch Anschluß weiterer Kleinbahnen und Straßenbahnen. Bald konnte man von Düsseldorf aus mit der Straßenbahn auch nach Neuss, Moers oder Uerdingen fahren. Nach Eröffnung der Straßenbahnlinie bis Neuss am 21. Dezember 1901 wurde der Personenverkehr auf der Staatsbahnstrecke Neuss – Oberkassel hinfällig.

Im Stadtgebiet von Düsseldorf entwickelte sich bis zum Ersten Weltkrieg ein umfangreiches Straßenbahnnetz. 1913 umfaßte der Fuhrpark der Düsseldorfer Straßenbahn 501 Straßenbahnwagen. Der neue Hauptbahnhof war schon seit langem wichtiger Haltepunkt verschiedener Straßenbahnlinien geworden. Unter anderem richtete die Stadt eine Ringlinie zur Gewerbeausstellung

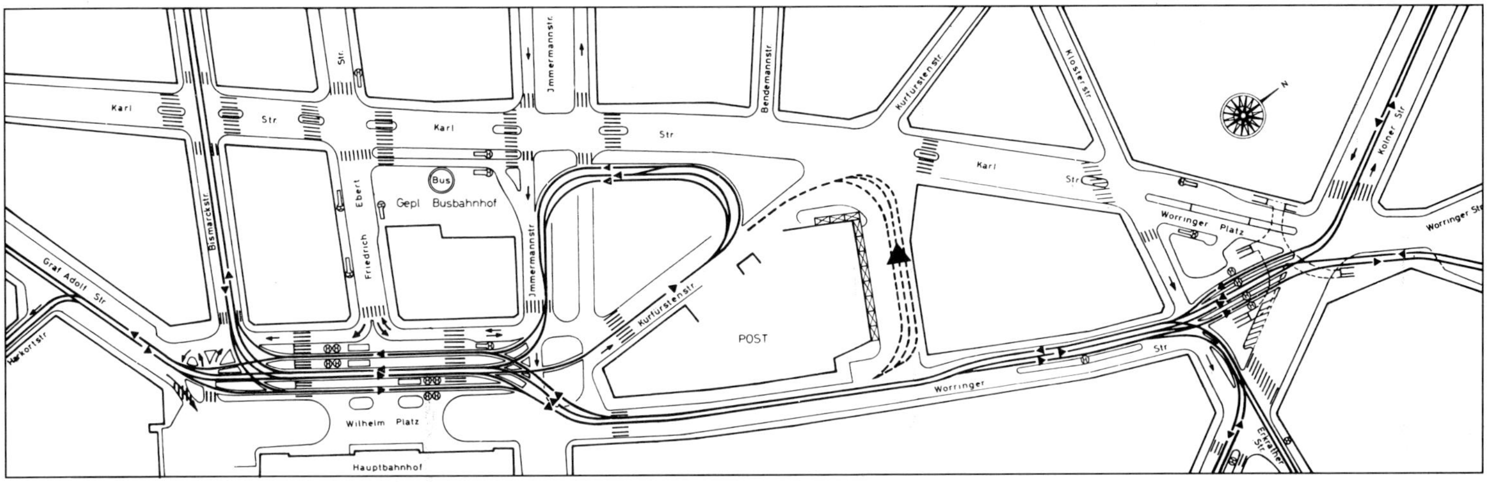

Linienführung der Straßenbahn am Hauptbahnhof und Worringer Platz um 1968

1902 über den Hauptbahnhof ein. Vor dem Hauptbahnhof hielten auch die Ringlinien nach Neuss, die als »rote« Linie 16 über die am 12. November 1929 eröffnete Südbrücke oder als »schwarze« Linie 16 über Oberkassel wie bisher fuhren. Seit 1926 benutzten mehrere am Hauptbahnhof endende Straßenbahnlinien die dreigleisig angelegte Wendeschleife Hauptbahnhof/Kurfürstenstraße. Bei der Neugestaltung des Bahnhofsvorplatzes und beim Umbau des Hauptbahnhofs in den dreißiger Jahren mußten die Grünanlagen weichen, um Platz für ein zweites Gleispaar zur Anbindung der Straßenbahnlinien nach Süden zu schaffen. Aus der Rheinbahn und der 1922 von ihr gepachteten Städtischen Düsseldorfer Straßenbahn entstand am 15. Dezember 1936 durch vollständige Fusion beider Unternehmen ein neuer Verkehrsbetrieb unter dem bereits geläufigen Namen »Rheinische Bahngesellschaft AG«. Das neu gegründete Unternehmen erreichte vor Ausbruch des Zweiten Weltkriegs mit 23 Orts- und neun Fernlinien einschließlich der Straßenbahnnetze Mettmann und Benrath auf 400 Kilometer Gleislänge seine bisher größte Ausdehnung. Am 8. März 1945 mußte der Straßenbahnbetrieb wegen der Kriegseinwirkungen vollständig eingestellt werden. Zuletzt fuhr die Linie 15 zwischen Hauptbahnhof und Eller.

Gleisschema der Stadtbahn im Zulauf zum Hauptbahnhof, Endausbau nach 1990

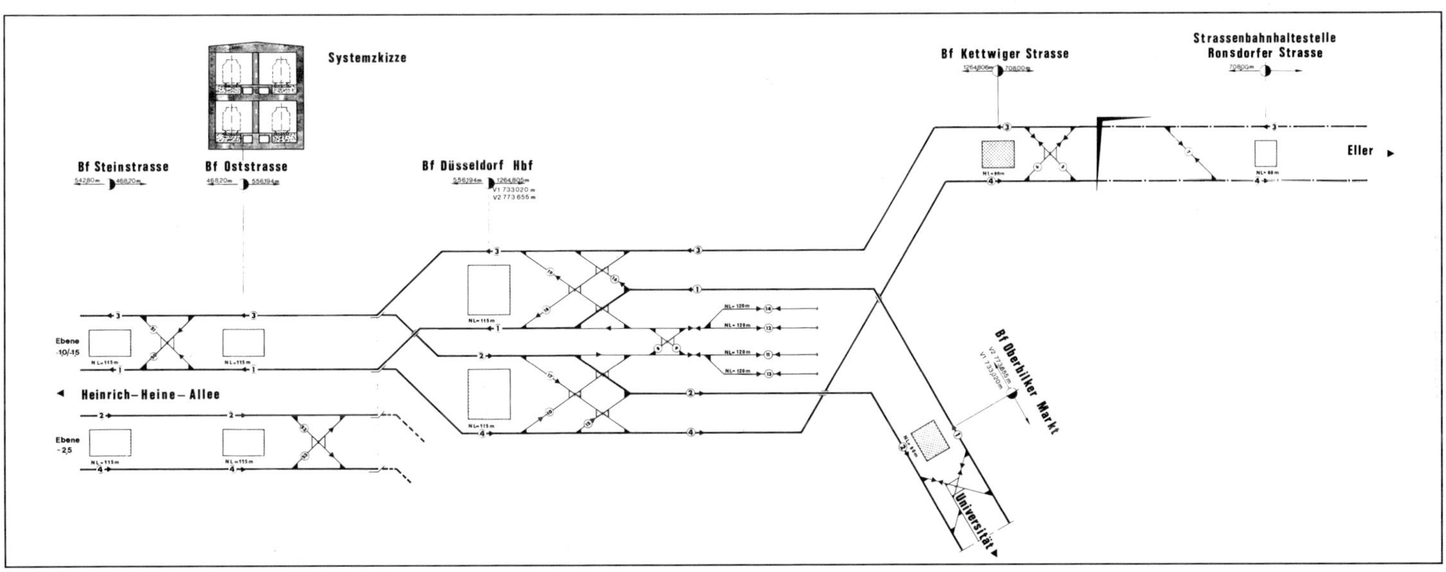

Nach Beendigung der Kampfhandlungen konnte die Rheinbahn am 8. Juni 1945 den Betrieb in bescheidenem Umfang wieder aufnehmen. Ende 1945 standen ihr 82 Triebwagen und 110 Beiwagen zur Verfügung. In den Nachkriegsjahren erschienen auch neue, großräumige Wagenzüge bei der Rheinischen Bahngesellschaft. Die Entlastung des Bahnhofsvorplatzes nach Verlagern des Kraftwagendurchgangsverkehrs in die Karlstraße nutzte die Rheinbahn aus, um ihren Betrieb störungsfreier und leistungsfähiger auszubauen. Bei der 1960 begonnenen vollständigen Neugestaltung der Bahnanlagen auf dem Bahnhofsvorplatz wurden vier Bahnsteiggleise für den Richtungsbetrieb mit 5 bis 6 Meter breiten und 72 Meter langen Bahnsteigen geschaffen. Gleichzeitig erhielt auch der Worringer Platz neue Gleisanlagen, und für die Buslinien entstanden in Bahnhofsnähe zahlreiche Haltestellen. Verbunden mit der Neuordnung im Bereich Wilhelm-Marx-Haus/ Graf-Adolf-Platz konnte zum Fahrplanwechsel am 30. Oktober 1962 eines der größten Bauprojekte in der Geschichte der Rheinbahn beendet werden. Nach Abschluß der Umbauarbeiten an den neuralgischen Punkten legten die Verantwortlichen der Rheinbahn ihre Hände nicht in den Schoß, sondern wollten nun durch den Bau einer Stadtbahn – in Düsseldorf auch »U-Bahn« genannt – den öffentlichen Personennahverkehr auf der Schiene weiter verbessern. Am 24. März 1973 wurde mit dem ersten Spatenstich in der Fischerstraße der U-Bahn-Bau in der Landeshauptstadt Düsseldorf in Gang gesetzt.

Mit der Kleinbahn von Düsseldorf-Benrath ins Bergische Land

Besondere Aufmerksamkeit verdienen in der Geschichte der Kleinbahnen rund um Düsseldorf die Überlandstraßenbahnen ins Bergische Land. Vorläufer dieser Verbindung war unter anderem die vierspännige Personenpost, die zweimal täglich von 1845 an zwischen Düsseldorf und Solingen über Hilden verkehrte. Mit Eröffnung der Köln-Mindener-Eisenbahn am 20. Dezember 1845 wurde auch Benrath Eisenbahnstation. Daraufhin entstand ein Postzubringerdienst zwischen Hilden und Benrath. Dreimal täglich fuhr ein viersitziger Postwagen zwischen diesen Orten hin und her. Hellhörig wurden die Bewohner im Süden von Düsseldorf, als 1856 von einer Eisenbahnstrecke zwischen Benrath und Solingen die Rede war, die in Benrath von der Köln-Mindener-Strecke abzweigen sollte. Statt dieser Strecke wurde 1894 eine Eisenbahnverbindung von Düsseldorf über Eller, Hilden und Ohligs nach Solingen geschaffen.

Benrath blieb als aufstrebende, damals noch selbständige Bürgermeisterei weiterhin im Blickpunkt des Bahnbaus. Seit 6. November 1895 lag dem Regierungspräsidenten von Düsseldorf ein »Antrag auf Freigabe einer einmeterspurigen Kleinbahn von Benrath über Holthausen und Wersten nach Düsseldorf« auf dem Tisch. Die »Continentale Gesellschaft für elektrische Unternehmungen Nürnberg« und die »Union Elektrizitäts-Gesellschaft Berlin« interessierten sich bereits für die Bauausführung. Letztere schlug vor, eine regelspurige Eisenbahn für Dampflokomotivbetrieb zu bauen und sie später auf elektrischen Betrieb umzurüsten. Den Auftrag erhielt die erstgenannte Gesellschaft, die übrigens auch die Wuppertaler Schwebebahn schuf. Die Gesellschaft schloß eine Reihe von Bauverträgen ab, unter anderem mit den Städten und Gemeinden Düsseldorf, Benrath, Itter-Holthausen und Himmelgeist-Wersten. Zusätzlich wurde mit den Gemeinden Vohwinkel, Haan, Hilden und Ohligs verhandelt und eine Trasse von Benrath nach Vohwinkel und – in Hilden abzweigend – nach Ohligs vereinbart. In Düsseldorf war der Anschluß an das dortige Straßenbahnnetz und in Vohwinkel an die Wuppertaler Schwebebahn vorgesehen.

Vierachsiger Triebwagen für das Benrather Kleinbahnnetz um 1906

So entstand im »Bergischen« eine eingleisig ausgebaute, schmalspurige Kleinbahn mit 16 Ausweichstellen. Die Züge durften innerorts mit maximal 12, außerorts mit 18 Kilometer je Stunde im 15 Minuten-Abstand fahren. An Sonn- und Feiertagen herrschte der stärkste Verkehr. Von Düsseldorf nach Vohwinkel betrug die Beförderungszeit 115 Minuten. Die elektrische Energie lieferten eine Kraftstation bei Benrath mit drei Dampf- und ebensovielen Dynamomaschinen und eine weitere bei Sonnborn mit Zwillingsmaschinen. Der Fahrstrom wurde mit 600 Volt Netzspannung abgegeben. Für den Fahrbetrieb standen 18 Motorwagen und acht Anhänger sowie vier Reservefahrzeuge zur Verfügung. Die Triebwagen waren mit je zwei Motoren von 15 und 20 Pferdestärken Leistung ausgestattet.

Der Verkehr entwickelte sich bald zur vollen Zufriedenheit der »Bergischen Kleinbahn Gesellschaft«. In den darauffolgenden Jahren erhielten die Linien nach Ohligs und Vohwinkel die Bezeichnung »O« und »V«. Westlich der Bahnstrecke Düsseldorf – Köln zweigte ein Anschlußgleis der Staatsbahn zu einem Umschlagplatz ab, wo Kohle in offene Güterwagen der Kleinbahn umgeladen wurde. Die Kleinbahn

Höhenfreie Kreuzung zwischen Eisenbahn und Kleinbahn am Bahnhof Benrath bis 1930, erlaubt nur für unbesetzte Kleinbahnzüge

übernahm auch Holztransporte von einem Umschlagplatz am Rhein zum Sägewerk der Firma Kolk & Wagemann und deren Niederlassung in Vohwinkel.

In den letzten Tagen des Zweiten Weltkriegs wurde der gesamte Kleinbahnbetrieb eingestellt, denn die Anlagen waren stark beschädigt. Am 8. Juni 1945 konnte der Betrieb zeitweise wieder aufgenommen werden, bis es im Juli 1945 gelang, wieder ganztägig im 40-Minuten-Takt zu fahren. Das Ende der traditionsreichen Straßenbahnlinien O und V war in den Folgejahren wegen zunehmender Konkurrenz durch den Kraftwagenverkehr nicht mehr aufzuhalten, so daß die Linie V am 7. Mai 1961 und die Linie O am 15. April 1962 auf Schienenersatzverkehr mit Bussen umgestellt wurde. Unter den Bläserklängen der Volksweise: »Muß i denn zum Städle hinaus« wurde die letzte Fahrt auf der Linie O zum Betriebsbahnhof in Benrath angetreten. Damit ging ein Stück Verkehrsgeschichte zu Ende, das *»63 Jahre, 3 Monate, 2 Tage, 12 Stunden und 10 Minuten gedauert hatte«,* wie in der Hildener Zeitung zu lesen war.

15. Der Verkehrsverbund vereint die Verkehrsbetriebe

Bereits am 23. Januar 1968 schrieben die Düsseldorfer Nachrichten: Ein *»Verkehrsverbund muß her!«* Ihre Forderungen waren bescheiden, denn sie wollten wenigstens einen Gemeinschaftstarif für alle öffentlichen Verkehrsmittel im Stadtgebiet von Düsseldorf. Die Landesregierung von Nordrhein-Westfalen dagegen strebte eine umfassende Lösung an, nämlich einen Verkehrsverbund an Rhein und Ruhr von Mönchengladbach bis Dortmund und von Haltern bis Solingen. Am 30. Oktober 1978 war es soweit: Nach achtjähriger intensiver Vorbereitung unterzeichneten in Düsseldorf der Bundesminister für Verkehr, der Minister für Wirtschaft, Mittelstand und Verkehr des Landes Nordrhein-Westfalen, die Vertreter von 16 kreisfreien Städten – darunter der Landeshauptstadt Düsseldorf – drei kreisangehörigen Städten und fünf Kreisen sowie Repräsentanten von 20 kommunalen Verkehrsunternehmen – darunter der Rheinischen Bahngesellschaft AG Düsseldorf –, der Deutschen Bundesbahn und der Deutschen Bundespost das umfangreiche Vertragswerk für den Verkehrsverbund Rhein-Ruhr (VRR). Am 1. Januar 1980 begann die große Bewährungsprobe des VRR. Von da an waren die Fahrpläne aufeinander abgestimmt, konkurrierende Betriebsleistungen weitgehend ausgeschaltet und die Führung der einzelnen Verkehrslinien einander angeglichen. Beim Übergang auf Verkehrsmittel anderer Gesellschaften entfiel der Kauf weiterer Fahrausweise.

Düsseldorf gehört zum größten Verkehrsverbund Europas. Das Verbundgebiet erfaßt auf einer Fläche von rund 5025 Quadratkilometern 7,1 Millionen Menschen, das bedeutet knapp die Hälfte der Bevölkerung des Landes Nordrhein-Westfalen. Im Verbundnetz mit 12000 Kilometer Linienlänge und 11000 Haltestellen nimmt Düsseldorf als eines von neun Oberzentren eine herausragende Stellung ein. Insgesamt 691 Linien weist der Verbundbericht 1984 im gesamten Netz aus, darunter fünf S-Bahn-Linien, 33 regionale Bundesbahn-Linien, 65 Linien der Verkehrsgemeinschaft Bahn/Bus (GBB) und 590 kommunale Linien. 298 Verknüpfungspunkte ermöglichen den Übergang zwischen der Deutschen Bundesbahn und den Linien der kommunalen Verkehrsbetriebe. Wer die Vorteile des öffentlichen Nahverkehrs nutzen möchte und keinen direkten Zugang zu den öffentlichen Verkehrsmitteln besitzt, kann einen der zahlreichen »Park- and Ride«-Plätze (P+R) am Rande der Großstädte mit seinem Personenkraftwagen anfahren und dort umsteigen.

Im Stadtgebiet von Düsseldorf wurden 1984 im ganzen 530 Haltestellen gezählt, und die Verkehrsleistung betrug bei einer Stadtbahnlinienlänge von 51,9 km rund 768 Zug- beziehungsweise 154 Millionen Platzkilometer, bei einer Straßenbahnlinienlänge von 212,6 km rund

10147 Zug- beziehungsweise 1862 Millionen Platzkilometer und bei einer Buslinienlänge von 455,2 km rund 13476 Bus- beziehungsweise 1094 Millionen Platzkilometer. Insgesamt beförderten alle Verkehrsmittel des VRR im gleichen Zeitraum 776,3 Millionen Fahrgäste bei einem Aufwanddeckungsgrad von 50,4 Prozent. Der Fehlbetrag für den VRR wurde von den kommunalen Gebietskörperschaften, dem Land Nordrhein-Westfalen und dem Bund finanziert.

Die Fahrgäste des VRR können zwischen Einzel-, Mehrfarten- oder sonstigen Fahrausweisen wählen. An Zeitfahrausweisen stehen ihnen Wochen- und Monatskarten zur Verfügung. Außerdem gibt es eine Reihe von Sonderangeboten. Von den gesamten Verkehrseinnahmen wurden 1984 rund 30 Prozent durch den Verkauf von Einzelfahrausweisen einschließlich Gruppenfahrausweisen, rund 27 Prozent von Mehrfahrtenausweisen, rund 24 Prozent von Zeitkarten und rund 19 Prozent von Schülermonatskarten erzielt. Der Verbundtarif ist ein Flächentarif. Die Fläche der Stadt Düsseldorf ist in die beiden Tarifgebiete 43 (Mitte/Nord) und 53 (Süd) aufgeteilt, diese wiederum in einzelne »Waben«. Dem Verbundfahrplan von 1984 zufolge gab es sechs Waben mit jeweils sechs bis sieben Kilometer Ausdehnung. Fahrausweise können in Vorverkaufsstellen, an Fahrausweisautomaten oder bei den Fahrern der Stadt-, Straßenbahnen und Busse bezogen werden. Die Automaten verzeichnen neben dem eigenen Standort ausgewählte Ziele innerhalb des Verbundraumes mit den dazugehörigen Preisstufen. Durch Betätigen der entsprechenden Preisstufentaste wird der zu entrichtende Fahrpreis angezeigt. Nach dem Münzeinwurf gibt der Automat den Fahrschein aus und gegebenenfalls Wechselgeld zurück.

Anfängliche Kritik am VRR wich später allgemeiner Zustimmung, wie folgende Schlagzeilen der Presse widerspiegeln: *»Neues Tarifsystem bietet Fahrgästen manche Vorteile.« »Waben und Entwerter schnell angenommen – Bilanz positiv – aber noch Fehler.« »Es läuft doch besser als erwartet – Kinder kommen am besten mit den Automaten zurecht.« »Ein Hoch auf den Verkehrsverbund.«*

16. Der Hauptbahnhof entsteht in neuem Gewand

Ein Knoten wird geknüpft

Vier Männer hielten am 20. September 1980, umringt von zahlreichen Düsseldorfer Bürgern, einen Knoten in der Hand, geknüpft aus einem grünen und blauen Hanfseil. Er symbolisierte den Baubeginn eines großen Gemeinschaftswerkes zwischen der Deutschen Bundesbahn und der Landeshauptstadt Düsseldorf. Grün ist die Farbe der S-Bahn, blau die der Stadtbahn- oder U-Bahn. Jene vier, nämlich der Bundesminister für Verkehr, Kurt Gscheidle, der Minister für Wirtschaft, Mittelstand und Verkehr des Landes Nordrhein-Westfalen, Professor Dr. Reimut Jochimsen, der Oberbürgermeister der Landeshauptstadt Düsseldorf, Josef Kürten und der Präsident der Bundesbahndirektion Köln, Dr. Hanns Beck, hatten als amtierende Repräsentanten der Politik und Verwaltung kurz vorher den ersten Rammschlag am Hauptbahnhof ausgelöst. Der Baubeginn wurde mit einem Volksfest gefeiert. Es war der dritte große Umbau, den der fast 100 Jahre alte Hauptbahnhof über sich ergehen lassen mußte. Der gewaltige Eingriff ergab sich durch die unterirdische Kreuzung der Stadtbahnstrecke Heinrich-Heine-Allee – Hauptbahnhof, die Ein- und Ausfädelung der neuen Ost-West-S-Bahn und die Verknüpfung der Verkehrsmittel untereinander.
Am 5. September 1979 unterzeichneten die Stadt Düsseldorf und die Bundesbahndirektion Köln eine Kreuzungsvereinbarung als Rechtsgrundlage der Baumaßnahme. Die Unterschriften unter dem Vertragswerk waren nach Meinung der Presse 650 Millionen DM wert. Die bereitgestellten Mittel flossen hauptsächlich aus Zuwendungen des Bundes und des Landes Nordrhein-Westfalen, außerdem aus finanziellen Leistungen der Stadt Düsseldorf und der Bundesbahn.
Aus dem Hauptbahnhof sollte ein turmartiger Verknüpfungspunkt mit drei Ebenen entstehen, dessen untere, die »Minus-1-Ebene«, der Stadtbahn vorbehalten ist, dessen obere, die »Plus-1-Ebene«, der S-Bahn und den Personenzügen des Nah-, Regional- und Fernverkehrs dient und dessen mittlere, die »Null-Ebene«, in Straßenhöhe die Fußgängerströme beherbergt. Für die Übergänge mußten kurze und übersichtliche Wege im Kreuzungsbauwerk vorgesehen werden.

Die Bauleute gehen ans Werk

»Der Umbau des Bahnhofs wird für alle Beteiligten eine harte Zeit«, erklärte Oberbürgermeister Josef Kürten zu Baubeginn. Er warb um Verständnis für das, was den Bürgern, den zahlreichen Berufspendlern und den Gästen in den kommenden Jahren zugemutet werden muß. Be-

Erster Rammschlag zum offiziellen Beginn des Bahnhofsumbaus am 20. September 1980 mit dem symbolisch niedergebrachten Verbauträger

reits Ende der siebziger Jahre entstand ein genauer Terminplan für die umfangreiche und schwierige Bauaufgabe. Gemeinsam setzten sich Fachleute namhafter Düsseldorfer Ingenieurbüros, der Stadtverwaltung und der Bundesbahn unter Federführung der Neubauabteilung der Bundesbahndirektion Köln an einen Tisch und entwarfen den Bauablauf unter Berücksichtigung der täglich 100000 ein- und aussteigenden Reisenden, der 1000 Zugfahrten und bis zu 800 Rangierbewegungen. Die Sicherheit der Fahrgäste und der Fahrplan der Bundesbahn galten von der ersten bis zur letzten Minute als baubestimmend. Verspätungen im Zugverkehr hätten katastrophale Auswirkungen auf den Eisenbahnbetrieb rund um Düsseldorf gehabt. Die Terminvorgaben erzwangen ein Zusammendrängen der Bautätigkeit mit äußerster Anstrengung beim Einsatz von Menschen, Maschinen und Material.

Mit der Zusammenfassung fast der gesamten Bauleistung in einem einzigen Ausschreibungsverfahren erregte der Bahnhofsumbau das erste Aufsehen. *»Die interessierten Unternehmen mußten mit Lieferwagen anfahren, um die umfangreichen Ausschreibungsunterlagen abzuholen. Jeder Interessent erhielt in 48 Ordnern und Paketen insgesamt 11000 Seiten Leistungsverzeichnisse und Pläne«,* wie es in der Zeitschrift »Die Bundesbahn«, Heft 11/1979, hieß. Vom 1. Oktober bis 21. Dezember 1979 hatten die Bieter Gelegenheit, sich der Ausschreibungsunterlagen anzunehmen. Zur Submission kurz vor Weihnachten lagen Angebote von fünf Bietergemeinschaften für die rund 15000 Positionen vor, darunter auch Teilangebote. Nur mit äußerster Anstrengung gelang es der Bundesbahndirektion Köln, bis 15. April 1980 die Unterlagen zu sichten, zu prüfen und zu werten, so daß einen Tag vor Ende der Angebotsfrist der Zuschlag erteilt werden konnte. Die Leistungen wurden unter technischer Federführung der Firma Dyckerhoff & Widmann AG, Düsseldorf, und kaufmännischer Federführung der Firma Strabag AG, Düsseldorf, von neun großen deutschen Baufirmen in der »Arbeitsgemeinschaft Knoten Düsseldorf Hbf« (Arge) ausgeführt.

Zum verabredeten Zeitpunkt rückten die Bauarbeiter an, ließen die Baustelleneinrichtungen entstehen und begannen auf der Ostseite des Hauptbahnhofs mit dem »Freimachen« des Baugeländes. Inzwischen hatte die Arge einen Stab

Blick auf die Inselbaustelle zwischen den Bahnsteiggleisen des Hauptbahnhofs 1981. Rechts: neue Bahnsteiganlage für die Gleise 19 und 20. Mitte: Niederbringen der Großbohrpfähle für das Bahnsteigtragwerk 7. Links: alte Hallen- und Bahnsteiganlagen

von fast 50 Ingenieuren, Technikern und Zeichnern mobilisiert, um die nötigen Ausführungszeichnungen herzustellen. Am 1. Juli 1980, noch vor dem offiziellen Spatenstich, konnte der erste Beton an der östlichen Stützmauer eingebracht werden. *»Der Umbau des Knotens Düsseldorf Hbf ist derzeit eine der größten Bauaufgaben in unserem Land«,* hieß es in einer Firmenzeitschrift. Pünktlich und planmäßig rollte am 30. November 1980 morgens der erste Zug auf dem neuen Gleis 20 in den Bahnhof ein. Die Neue Rhein-Zeitung Düsseldorf schrieb am 11. Dezember 1980: *»Hauptbahnhof: Auf der Superbaustelle läuft alles nach Plan. In fünf Monaten 60 Millionen verbaut.«* Das Baufeld wurde von Osten und – zeitlich etwas nacheilend – von Westen angefahren. Zuerst entstand im Osten der zusätzliche Bahnsteig 8 mit Gleis 20. Anschließend wurden der alte Bahnsteig 7 zur Hälfte abgebrochen und Gleis 18 für den Verkehr gesperrt. Dessen Aufgaben gingen auf Gleis 20 über. Dann ging es an den Bau der neuen Gleisbrücke für die Gleise 18 und 19. Nach deren Vollendung und nach Inbetriebnahme des Gleises 19 sowie Sperrung des Glei-

Abbrucharbeiten im Bereich des Hauptpersonentunnels 1983 für das neue Tragwerk der Gleise 3 und 4

ses 17 konnte der Bahnsteig 7 einem Neubau weichen. Taktweise bewegte sich die Inselbaustelle im drei- bis viermonatigen Rhythmus in einer Schneise von 120 Meter Breite nach Westen, wobei jeweils zwei Bahnsteiggleise und die zugehörigen Bahnsteigkanten außer Betrieb waren. Sie konnten entbehrt werden, weil anfangs der neue Bahnsteig 8 mit den Gleisen 19 und 20 hinzugekommen war.

»Das größte Problem ist der Zeitdruck« schrieb die Neue Rhein-Zeitung Düsseldorf am 26. Februar 1981. Bald war die Riesenbaustelle weit über die Grenzen des Landes hinaus bekannt, so daß zahlreiche Besucher erschienen. Hierzu berichtete die vorher genannte Zeitung am 25. April 1981: *»Die Großbaustelle Düsseldorf Hauptbahnhof ist zu einem Studien-Objekt geworden. Nahezu jede Woche melden sich neue Besuchergruppen an – unter ihnen auch Interessenten der Industrie- und Handelskammer, Ministerialbeamte, die Verkehrswacht und die Taxizentrale. Die Bauleitung hat sich inzwischen sogar ein Gästebuch angelegt, das eindrucksvoll demonstriert, daß eine Großbaustelle nicht nur Ärger, sondern auch wohlwollendes Interesse provoziert.«* Die Rheinische Presse Düsseldorf ergänzte drei Tage später mit der Meldung: *»Jede Woche führen wir durchschnittlich zwei Gruppen durch den künftigen Knotenpunkt für S-Bahnen, U-Bahnen und Fernzüge der Deutschen Bundesbahn, berichtet die Bauleitung. Für Baustellenkiebitze ist vor allem interessant, wie unter voller Beibehaltung des Schienenverkehrs die neuen Bahnsteige, das neue Dach des Hauptbahnhofs und die unterirdischen Arbeiten für die künftigen vier U-Bahn-Gleise entstehen.«* In den Wintermonaten von Oktober 1980 bis Januar 1981 entstand eine provisorische Fußgängerbrücke am Südende der Bahnsteige mit insgesamt 300 Meter Konstruktionslänge, um die Reisenden nach Sperrung und Abbruch des Hauptpersonentunnels über die Baustelle leiten zu können. Nur nachts zwischen 0.30 Uhr und 4.00 Uhr erlaubte der Eisenbahnbetrieb den Aufbau des rund 460 Tonnen schweren Stahlgerüsts. Über die Bedeutung des Provisoriums schrieb die Rheinische Post am 26. Februar 1981: *»Damit die rund 100000 Reisenden täglich während der noch mindestens sechs Jahre dauernden Umbauzeit des Hauptbahnhofs ihre Züge erreichen können, wurde eine zwischen sechs und acht Meter breite Fußgängerbrücke nahe dem Uhrenturm über alle Gleise geschlagen. Fünf Rolltreppen erleichtern den Aufstieg vom Bahnhofsvorplatz aus, immerhin sind hier mehr als 15 Meter Höhenunterschied zu überwinden. Die Kosten der Brücke tragen die Baufirmen.«* Der Nordtunnel blieb bis zur Inbetriebnahme der neuen Fußgängerpassage von Umbauten verschont und leistete für den Zu- und Abgang an den Bahnsteigen wertvolle Hilfe.

Im Schutze der insgesamt zehn Gleis- und acht Bahnsteigbrücken mit rund 74 oder 98 Meter Länge, ausgeführt als Spannbetonüberbauten, eilte der Tunnelbau für den viergleisigen Stadtbahnhof mit seinen zwei Bahnsteigen in der »Minus-1-Ebene« phasenverschoben dem Abbruch und Brückenneubau nach. Bei der Unterfahrung des Empfangsgebäudes von Westen her blieben

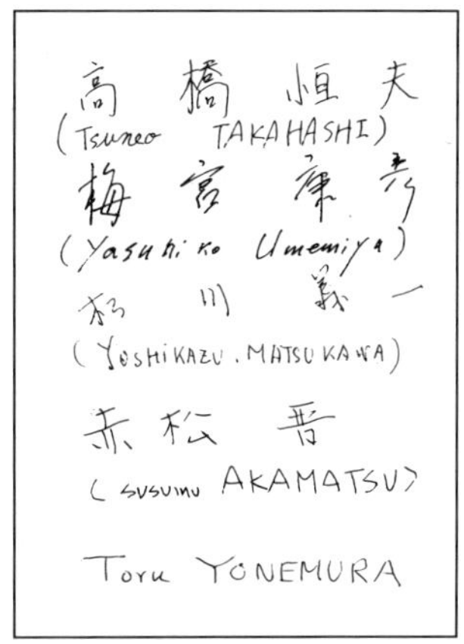

Auszug aus dem Gästebuch der Großbaustelle am Hauptbahnhof

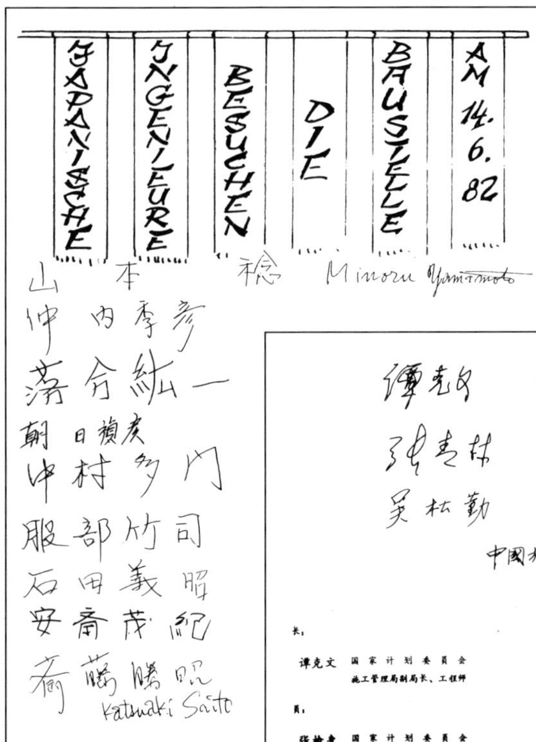

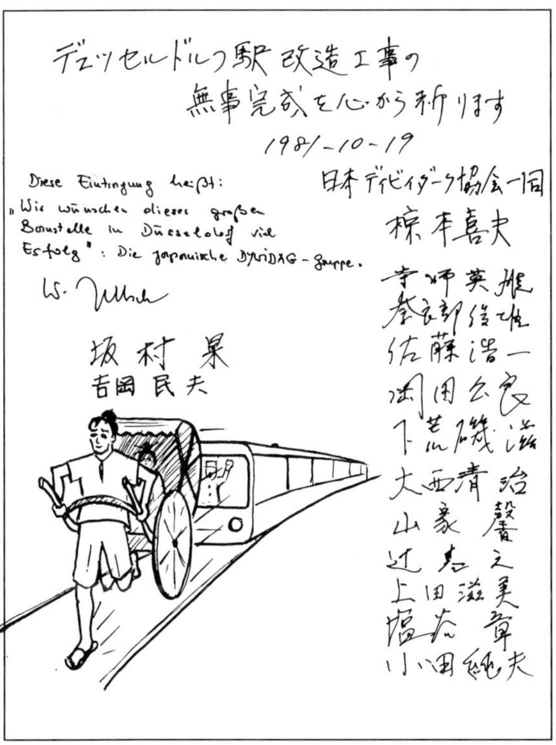

Blick in die Eingangshalle 1983, Abfangeträger für die Rückfront, Vordringen des Stadtbahn-Tunnels unter dem Empfangsgebäude

nur die Umfassungsmauern mit der Dachkonstruktion und die unter Denkmalschutz gestellte Fassade stehen. Die insgesamt 18 Brückenüberbauten erhielten 184 Stahlbetonstützen mit Durchmesser von 1,00 Meter oder 1,20 Meter, gegründet auf Großbohrpfählen mit Durchmesser 1,50 oder 2,00 Meter in der rund zehn Meter tiefliegenden Kiesschicht unter Geländeoberfläche. Beim Umbau des Hauptbahnhofs wurden Zeugen der Vergangenheit sichtbar, denn zahlreiche Fundamente und Kellergewölbe des ehemaligen Wartesaalgebäudes aus dem Jahre 1891 und ein kaum entwirrbares Kabel- und Rohrnetz stellten sich in den Weg. Um die Großbohrpfähle niederbringen zu können, mußten mitunter Hindernisse gesprengt werden oder Bauarbeiter mit einem Meißelhammer in die Bohrlöcher einfahren. Zeitweise wurde Tag und Nacht und an Sonn- und Feiertagen gearbeitet, denn die einzelnen Arbeitsgänge duldeten keinen Zeitverzug. Für die Bauarbeiter war die Inselbaustelle nicht unkritisch, denn sie mußten »unter dem rollenden Rad«, also bei vollem Eisenbahnbetrieb, abräumen, bohren, einschalen, bewehren, betonieren, vorspannen, montieren, Gleise umbauen, Kabel verlegen, Signale aufstellen und die Bahnsteige

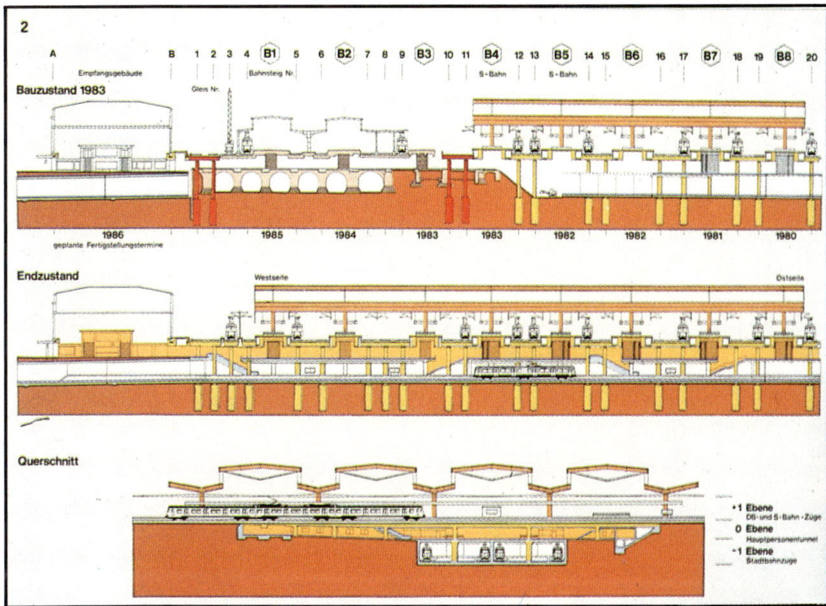

Längsschnitt des Hauptbahnhofs im Bauzustand 1983 (oben), im Endzustand 1985 (Mitte) und Querschnitt der drei Verkehrsebenen für Eisenbahn, Fußgänger, Stadtbahn

Großbaustelle Hauptbahnhof 1984. Vorn: Bahnhofsvorplatz mit provisorisch eingerichteten Servicebetrieben, Errichten des Bahnhofshotels »Ibis« im Nordflügel. Mitte: Bau neuer Bahnsteig- und Gleisanlagen, Montage des Hallendachs. Hinten: Bebauung Ostseite ▷

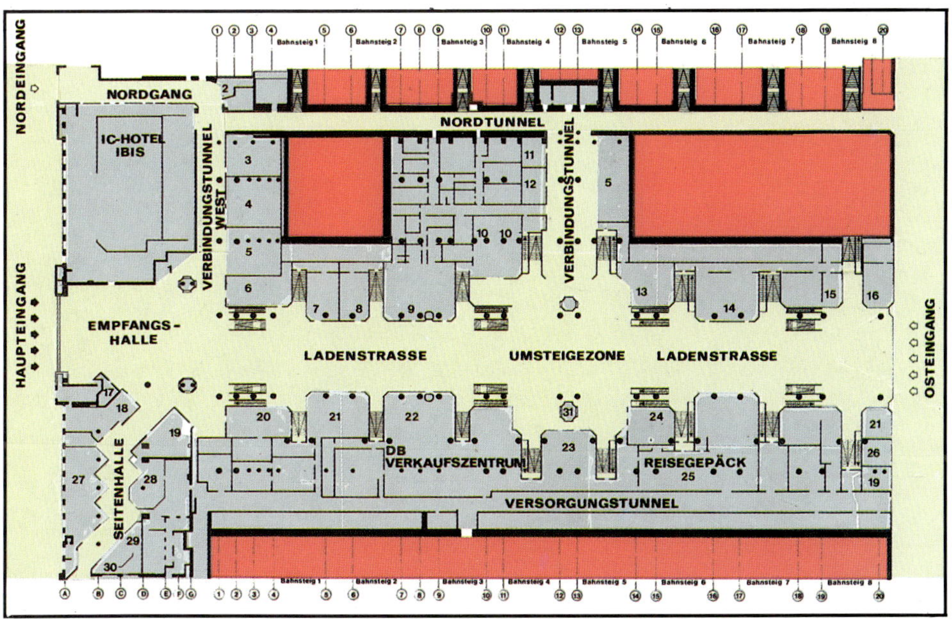

Raumaufteilung der neuen Fußgängerpassage im Hauptbahnhof:

1. Treffpunkt, 2. Tabak und Zeitungen, 3. Brasserie, 4. Gepäckaufbewahrung, 5. Schließfächer, 6. Apotheke, 7. Bank, 8. Souvenirs, 9. »leaf«-Restaurant, 10. Toiletten, 11. Bahnhofsmission, 12. Deutsches Rotes Kreuz, 13. »Expreß«-Schnellimbiß, 14. »Coupé«-Restaurant, 15. Autovermietung, 16. Postamt, 17. Confiserie, 18. Backhaus, 19. Tabak – Lotto, 20. Blumen, 21. Internationale Presse, 22. DB-Verkaufszentrum/Warteraum, 23. DB-Bus-Touristik/Telef. Reiseauskunft, 24. Parfümerie, 25. Reisegepäck, 26. »BIB«-Bistro, 27. Feinkost, 28. Metzgerei, 29. Obst und Gemüse, 30. »Käsebrett«, 31. Messepavillon

Ganz oben: Nächtliche Abbrucharbeiten an der alten Bahnsteighalle

Daneben: Sprengung des Schornsteins am ehemaligen Heizkraftwerk des Hauptbahnhofs an der Schlägelstraße

Unten: Abbrucharbeiten an Gewölbe- und Fundamentresten alter Bahnhofsanlagen und Vorbereiten neuer Gleis- und Bahnsteigtragwerke

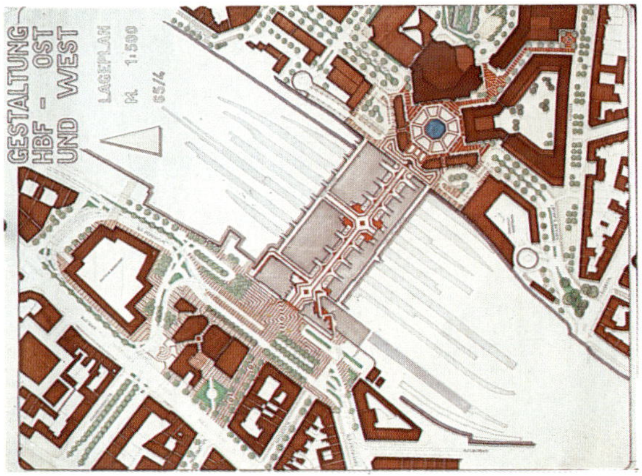

Linke Bildreihe (v. o. n. u.): Abfangen der Eingangshalle des Hauptbahnhofs für den Bau des Stadtbahn-Tunnels

Tunnelvortrieb unter den neuen, auf Stützen und Großbohrpfählen ruhenden Gleis- und Bahnsteigüberbauten des Hauptbahnhofs

Bebauungsplan der Bahnhofsumgebung

◁ Blick auf den Hauptbahnhof mit städtischer Bebauung. Oben: neues Kreuzungsbauwerk der Ost-West-S-Bahn. Mitte: Gebäude, Bahnsteige und Halle. Unten: Bau des tunnelartigen Kreuzungsbauwerkes zur Ausfädelung der Ost-West-S-Bahn und neuer Haltepunkt »Friedrichstadt«
(Freig. RP Df 04 S 100, 1985)

Rechte Bildreihe: Umbau der oberirdischen Bahnhofsanlagen mit inselförmig umschlossener Baustelle. Links: neue; rechts: alte Bahnhofsanlagen

Oberbaumaschinen im Einsatz beim Umbau des Hauptbahnhofs

Linke Reihe:
Blick in die neue Fußgängerpassage des Hauptbahnhofs (oben) und in das DB-Verkaufszentrum (darunter)
Unten: Blick in die neue Bahnsteighalle des Hauptbahnhofs

Tiefergelegte Eisenbahnstrecke im Bereich des Staufenplatzes zwischen Rath und Eller (Freig. RP Darmstadt 2042/84) ▷

Blick in die neue Bahnsteighalle 1982

schlüsselfertig ausrüsten. Glücklicherweise blieb die Baustelle von Störungen oder schlimmen Unfällen verschont. Als wieder eine Umbauphase planmäßig beendet wurde, schrieb die Neue Rhein-Zeitung Düsseldorf am 21. August 1982: *»Das 500-Millionen-Ding macht für jedermann Fortschritte.«* Und die Bild-Zeitung Düsseldorf bemerkte am 1. Juli 1983: *»Gestern war für die Leute vom Bau Halbzeit. Oberbürgermeister Josef Kürten begeistert: ›Mit diesem gewaltigen Bauwerk bekommt Düsseldorf eine Visitenkarte, die einer Landeshauptstadt würdig ist.‹«*
Im Verlauf der breiten Bauschneise mußte auch die Bahnsteighalle vollständig abgebrochen werden. Aus wirtschaftlichen Gründen sollten an ihre Stelle flache Einzeldächer zur Überdeckung der Bahnsteige treten. Ein Raunen und Murren ging durch die Reihen der Stadtväter, als sie davon hörten. Die Rheinische Post schrieb am 18. Mai 1979 zu diesem Thema: *»Flache Stahldächer für die einzelnen Bahnsteige, die den Reisenden Düsseldorf als etwas größere Provinzstadt vorstellen. Dagegen ist, quer durch alle Fraktionen und auch im Baudezernat, bereits heftig protestiert worden.«*
Die Stadt schlug eine Konstruktion vor, die alle acht Bahnsteige und sämtliche Bahnsteiggleise in einer Länge von 144 Meter überdecken und eine Fläche von rund 21 800 Quadratmeter über-

dachen könnte. Als die Stadt ihre Bereitschaft bekundete, die Mehrkosten der Halle gegenüber den Einzeldächern auszugleichen, entstand mit Hilfe eines namhaften Architekturbüros und eines bekannten Düsseldorfer Ingenieurbüros eine eigenwillige Lösung, bestehend aus vier Hoch- und fünf Tiefdächern, quergespannt rund 151 Meter über Gleise und Bahnsteige. Ergänzt durch seitliche, nach Bundesbahn-Norm errichtete und aus Mitteln der Bundesbahn finanzierte Flachdächer besitzt die Bahnsteighalle über den Bahnsteigen 6 bis 8 eine Überdachung von rund 282 Meter Länge, so daß zum Beispiel die Intercity-Züge mit 11 Wagen wettergeschützt betreten und verlassen werden können. Der nicht alltägliche Hallenbau, ausgeführt von Thyssen-Engineering GmbH, Dortmund, schritt mit der Bahnsteigherstellung taktweise in acht Abschnitten von Ost nach West voran.

Wenig beachtet, aber nicht ohne spannende Augenblicke verlief die Beseitigung des Heizkraftwerkes mit seinem langen Schornstein im nordöstlichen Teil des Bahnhofs. Hierzu schrieben die Düsseldorfer Nachrichten am 2. Oktober 1983: *»Punkt 10.05 Uhr war es soweit: Nachdem bereits lange vorher das in den dreißiger Jahren gebaute Heizkraftwerk am Nordkopf des Hauptbahnhofs mitsamt Kessel- und Nebengebäuden im Rahmen des Bahnhofsumbaus abgetragen worden war, wurde gestern nach zehntägiger Vorbereitungszeit der 70 Meter hohe und 500 Tonnen schwere Schornstein an der Ecke Schlägel- und Kölner Straße (der letzte in der City) gesprengt. Insgesamt 13 Kilo Sprengstoff waren nötig, um das Relikt aus alten Zeiten zu bezwingen. Das alte Heizkraftwerk, eines der modernsten der Reichsbahn in den dreißiger Jahren, mußte weichen, um dem Autoreisezugverkehr einen neuen Standort zu bieten. Seit Abbruch des bahneigenen Heizkraftwerks bezieht der Bahnhof Fernwärme aus dem städtischen Netz.«*

Während der Bauzeit entstanden auf dem westlichen Bahnhofsvorplatz mehrere hölzerne Flachbauten. Sie dienten der zwischenzeitlichen Auslagerung von Service-Betrieben aus dem ehemaligen Hauptpersonentunnel. Da es keine Alternative für ihren Standort gab, fanden sich die Düsseldorfer auch bald mit dieser Lösung ab, und die Pächter waren einverstanden, wenigstens noch einen gewissen Umsatz tätigen zu können. Bevor die provisorischen Bauten auf dem Bahnhofsvorplatz erschienen, wurde die Baugrube für den dortigen Stadtbahn-Tunnel vorbereitet. Wiederum kam der »Düsseldorfer Deckel«, also eine vorübergehende Decke aus Betonplatten, zur Anwendung, so daß der Weg über den Bahnhofsvorplatz aufrechterhalten werden konnte. Zur Vorbereitung des Stadtbahnbaus mußte auch der aus dem Zweiten Weltkrieg stammende Luftschutzbunker verkleinert werden, worüber die Neue Rhein-Zeitung Düsseldorf am 17. September 1980 wie folgt berichtete: *»Sprengtruppe am Werk. Wenn's am Vorplatz des Düsseldorfer Hauptbahnhofs nachts einen dumpfen Knall gibt, ist der rund 150 Meter lange Bunker an der U-Bahn-Baustelle schon wieder ein Stück kleiner geworden.«* Die restlichen sechs Meter unter dem Bahnhofsvorplatz gelegenen Schutzräume wurden während des Bahnhofsumbaus als Dienst-, Sozial- und Lagerräume verwendet.

Wiedereröffnung des umgebauten Bahnhofs

Der Besucher des Hauptbahnhofs betritt im Westen die große, hohe Eingangshalle. Ihre Grundmaße sind gegenüber früher unverändert. Unter der Decke erblickt er ein von Professor Dr. Adolf Luther gestaltetes und von Düsseldorfer Bürgern sowie Persönlichkeiten der Wirtschaft, Politik und Verwaltung gestiftetes Kunstwerk. Durch Lichteffekte wird der Betrachter in die Weite des Universums versetzt, gewissermaßen auf eine Reise in

Abbruch und Auskernen des Nordflügels des Empfangsgebäudes für den Neubau des Intercity-Hotels 1984, Abstützen der unter Denkmalschutz stehenden Fassade

die Ferne eingestimmt. Sein Augenmerk fällt auf das einheitlich gestaltete Informations- und Werbeband und auf die Zuganzeigetafel vor der Fußgängerpassage. Der 218 Meter lange, 18 Meter breite und fast 3 Meter hohe Durchgang von West nach Ost wird zu beiden Seiten von zahlreichen Servicebetrieben flankiert. Hier findet der Besucher alles, was er für die Reise oder einen angenehmen Aufenthalt im Bahnhofsbereich benötigt. In der Mitte der Passage, an einem 38 Meter breiten, betriebsamen Platz, breitet sich auf der südlichen Seite das Kundenzentrum aus, wo die Reisenden beraten werden und ihre Reisewünsche anbringen können. Hier macht der Besucher des Hauptbahnhofs Bekanntschaft mit der Nachfolgeeinrichtung der früheren Fahrkartenausgabe. Vorbei an den öffentlichen Toilettenräumen geht es durch eine Querspange in den Nordtunnel, der besonders im Berufsverkehr unentbehrlich ist. Von der Fußgängerpassage aus gelangen die Reisenden über Fahr- und Gehtreppen auf die jeweiligen Bahnsteige der Eisenbahn und U-Bahn. Zu den beiden U-Bahnsteigen führt je ein Personenaufzug, ebenso zu den beiden S-Bahnsteigen. Die übrigen Bahnsteige werden nach und nach mit Personenaufzügen ausgerüstet. Wer nach einer Eisenbahnfahrt schnell und bequem ein Hotelzimmer aufsuchen möchte, findet im Bahnhof das neue Intercity-Hotel »Ibis« vor, das sich im Nordflügel mit 166 Zimmern auf 3000 Quadratmeter Nettogeschoßfläche etabliert hat. Besondere Dienste, wie Mietwagen, Post oder Unfallhilfe, werden in der Fußgängerpassage, die zu den belebtesten Straßen Düsseldorfs mit bis zu 32000 Menschen im stündlichen Spitzenverkehr zählen wird, genau so angeboten wie die anderen Artikel von »A bis Z«. Der umgebaute und neu gestaltete Düsseldorfer Hauptbahnhof wird, wenn eines Tages alle geplanten öffentlichen Verkehrsmittel voll im Einsatz sind, nicht nur bis zu 300000 Menschen beherbergen – Reisende, Besucher, Fußgänger und Bedienstete mitgezählt –, sondern auch zu einem vielseitigen Dienstleistungszentrum höchster Qualität werden. Der Standortvorteil des Bahnhofs und die hervorragende City-Lage sind Kriterien für hohe Umsätze in den einzelnen Geschäftszweigen.

Besonders auffällig ist in den umgestalteten Bahnhofsanlagen die Präsenz der gastronomischen Einrichtungen. Eine muffige Wartesaal-Atmosphäre wird an keiner Stelle der neuen Fußgängerpassage aufkommen, denn die »Für-jeden-etwas-Gastronomie« ist, salopp ausgedrückt, die Antwort auf die vielseitigen Anforderungen an die neue Gastlichkeit. Die Palette gastronomischer Einrichtungen reicht vom Würstchenstand über den Schnellimbiß bis zum Café, von der gemütlichen Bier-Kneipe bis zum Speiseraum für gehobene Ansprüche. Für die Gastronomie und den Lebensmittelhandel konnte die schon früher im Hauptbahnhof tätige Firma Stockheim gewonnen werden. Durchschnittlich stehen je Einzelhandelsgeschäft rund 100 Quadratmeter Fläche zur Verfügung, und im ganzen gibt es in der »Null-Ebene« rund 3100 Quadratmeter Laden-, Gaststätten- und Lagerfläche, sowie 7600 Quadratmeter Verkehrs- und 3100 Quadratmeter Bahnbetriebsfläche.

Das visuelle Erscheinungsbild der Anlagen bleibt nicht ohne Einfluß auf die Attraktivität und Frequentierung der angebotenen Leistungen. Formgebung, Materialwahl und Farben bilden ein Ensemble und stellen prägnante Orientierungsmerkmale für die einzelnen Dienstleistungen dar. Alle publikumsintensiven Bereiche besitzen als Bodenbelag grauen Granit, in der Eingangshalle und Fußgängerpassage mit rosé-farbigen Leitstreifen bis hin zu den Treppenauf- und -abgängen. Die geschlossenen Wandflächen sind ebenfalls mit Granitplatten verkleidet, und alle im Verkehrsraum befindlichen Stützen, Wangen von Fahrtreppen und Handläufe sind mit nichtrostendem Stahlblech bedeckt. Alles, was unmittelbar mit der Reise zu tun hat, ist mit der Signalfarbe »Rot«, dem Synonym für Information, gekennzeichnet. Sie geleitet die Reisenden von der Eingangshalle vorbei an Vitrinen mit Abfahrtsplänen und Aushängen und vorbei an Bildschirmen hin zu den Zuganzeigern auf den Bahnsteigen, wo die Signalfarbe wiederum an allen Informationseinrichtungen anzutreffen ist.

Mit der Eröffnung des umgebauten Hauptbahnhofs begann am 16. Dezember 1985 vorläufig das letzte Kapitel in der Bahnhofsgeschichte der Landeshauptstadt Düsseldorf.

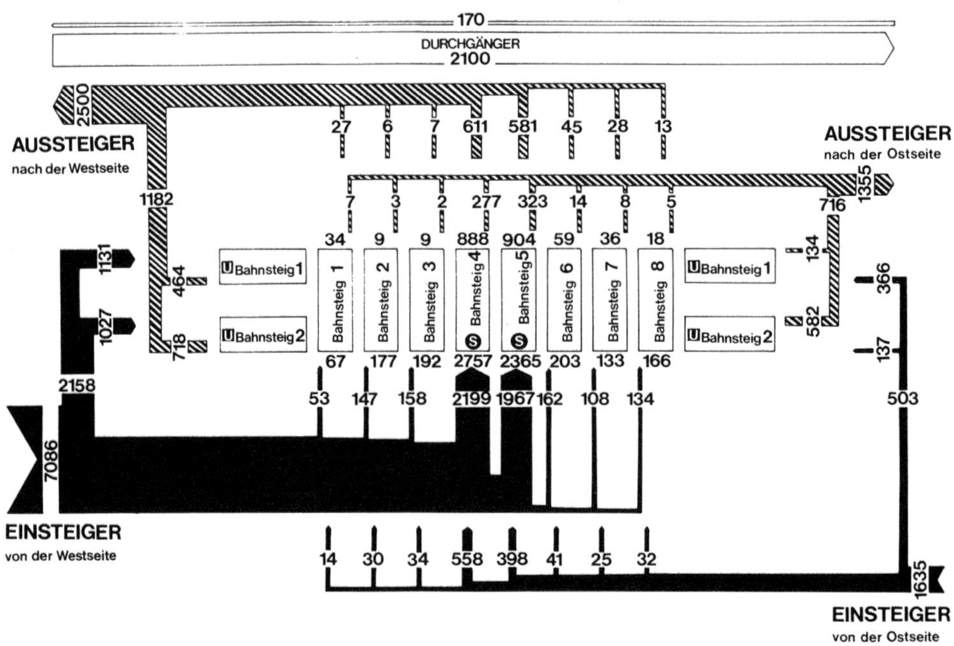

Künftige Verkehrsströme der Ein- und Aussteiger sowie Durchgänger (ohne Umsteiger) in den drei Verkehrsebenen des Hauptbahnhofs zwischen 17.00 Uhr und 18.00 Uhr

17. Die Bahnhofsumgebung verändert ihr Gesicht

Stadtentwicklung im Gefolge der Verkehrsbauten

Die großen Eingriffe, die das Bild einer Stadt nachhaltig verändern, sind selten. In einer außerordentlichen Kraftanstrengung wurde der Hauptbahnhof von 1980 bis 1986 zum dritten Male grundlegend umgebaut. Den Bahnhofsumbau nutzte die Stadt Düsseldorf zur Neuordnung der Bahnhofsumgebung. Ein Stück Innenstadtsanierung ist in vollem Gange. Die City wird erweitert, überspringt die Anlagen der Bahn, die seit Jahrzehnten als störende Barriere zwischen der alten, historisch gewachsenen Stadt und den Industrieanlagen und Arbeitervierteln der Gründerzeit liegt. Einmal mehr ist die Eisenbahn zum Hebel der Stadtentwicklung geworden.

Großinvestitionen, wie sie bisher für den öffentlichen Personennahverkehr vorgenommen wurden, verfügen über städtebauliche Qualität. Darauf wies die Rheinische Post am 17. November 1979 hin: *»Zum ersten Male seit fast hundert Jahren wird das Bild der Stadt Düsseldorf nachhaltig verändert... Über eine halbe Milliarde Mark wird das neue Doppelgesicht des Hauptbahnhofs kosten, nicht mitgerechnet die Millionensummen, die private Investoren und Staatsbetriebe, wie die Bundespost, im Bahnhofsumfeld investieren. Der Hauptbahnhof mit seinem breiten, von Süd nach Nord führenden Gleisstrang wächst aus der alten Randlage zum Zentrum eines hoffnungsvollen Entwicklungsgebietes.«* Die Großinvestitionen bewirken nicht nur eine Auflösung bisheriger Funktionszusammenhänge im Hauptbahnhof, sondern auch eine Neuorientierung im Gefüge der Stadt. Öffentlicher Personennahverkehr, Hauptbahnhof und Stadtumfeld sind drei unverkennbare Bestimmungsgrößen untereinander. Düsseldorf hat die Vorbereitungszeit bis zum Umbau des Hauptbahnhofs gut genutzt und zielstrebig auf das Entstehen eines neuen Stadtteils hingearbeitet. *»Bis zur Bundesgartenschau im Jahre 1987 will Düsseldorf ein neues Blatt Stadtgeschichte beschrieben haben, und zwar mit einem einzigen Projekt, der Neugestaltung des Hauptbahnhofbereiches«,* schrieben die Düsseldorfer Nachrichten am 24. April 1979. *»Eines der größten Bauvorhaben, das wir je auf die Gabel genommen haben, nannte Oberstadtdirektor Gerd Högener in einer Sitzung des Hauptausschusses die Entwicklung im Bahnhofsumfeld. Nach seiner Meinung muß der Hauptbahnhof wieder ein echter Mittelpunkt der Landeshauptstadt werden.«* Bereits in den fünfziger Jahren wurden die Weichen gestellt. Die großen Grundbesitzer am westlichen Bahnhofsvorplatz bereiteten sich auf Neubauten vor. Östlich der Bahnanlagen betrieb die Stadt die Aussiedelung der Stahl- und Röhrenwerke Reisholz GmbH. Schneller als erwartet siedelten die Industriewerke um, so daß die alten Werks-

hallen bereits 1980 und 1981 abgebrochen werden konnten.
In den sechziger Jahren war Düsseldorf nicht weit von dem Schicksal entfernt, sich durch eine autobahnartige Schnellstraße in zwei Teile trennen zu lassen, denn die breite Immermannstraße sollte unter dem Hauptbahnhof hindurch zur Osttangente geführt und auf der Ostseite an die Ausfallstraßen nach Köln und Wuppertal angeschlossen werden. Eine illustrierte Broschüre der Stadt legte im März 1963 den Bürgern die Verkehrsplanung nahe. Derartige gigantische Straßenbaupläne konnten verhindert werden, ohne der weiteren städtebaulichen Entwicklung Schaden zuzufügen. Stattdessen wurde der Ausbau des öffentlichen schienengebundenen Nahverkehrs in die Wege geleitet. Diese Weichenstellung kam zwar spät im Vergleich zu anderen deutschen Großstädten, aber noch nicht zu spät.
1974 wurden Gutachter aufgefordert, sich über eine zukunftsweisende Bauleitplanung rund um den Hauptbahnhof Gedanken zu machen und für die Bebauung ein Konzept zu entwickeln. 1978 entstand für die »neue Stadtmitte« ein Bebauungsplan mit dem Ziel, ein etwa 25 Hektar großes, trapezförmiges Plangebiet, begrenzt von der Karlstraße im Nordwesten, der Kölner Straße im Nordosten und der Ellerstraße sowie dem Oberbilker Markt als südöstlichen Eckpfeiler, neu zu ordnen und den Hauptbahnhof in das städtebauliche Konzept zu integrieren. Ganz besonders lag den Städtebauern am Herzen, die fast 100 Jahre währende Abriegelung der City gegenüber dem Stadtteil Oberbilk zu beseitigen. Hierzu bemerkte die Westdeutsche Zeitung am 11. Mai 1985: *»Unter den Düsseldorfer Quartieren war Oberbilk stets das Aschenputtel. Grau und häßlich vor allem im Dreieck zwischen Kölner Straße, Ellerstraße und Oberbilker Markt, von der Schokoladenseite der Stadt durch den nur von Westen her begehbaren Hauptbahnhof getrennt, fristete es ein Schattendasein. Doch auch im Leben einer Stadt geschieht manchmal Märchenhaftes. Dort, wo einst ein Stahlwerk graue Tristesse schuf, entsteht ein völlig neuer Stadtteil.«*

Großstädtische Gestaltung der Bahnhofsumgebung

Die Zauberformel zur Neuordnung des Verkehrs im Bahnhofsbereich lautet: Trennung und Entmischung der Verkehrsarten. Auf dem westlichen Bahnhofsvorplatz werden in Zukunft der Fußgängerverkehr und der öffentliche Personennahverkehr mit Straßenbahnen und Bussen dominieren. Dem Individualverkehr, also Personen- und Lastkraftwagenverkehr, wird der neue, östliche Bahnhofsvorplatz zugewiesen. Taxen stehen vorwiegend auf dem südlichen Teil des Bahnhofsvorplatzes, denn sie gehören auf die Seite des öffentlichen Nahverkehrs. Nach Aufnahme des unterirdischen Stadtbahnbetriebs zwischen Heinrich-Heine-Allee und Hauptbahnhof geht die Anzahl der Straßenbahnlinien zurück, so daß der Haltestellenbereich vor dem Hauptbahnhof um zwei Gleise verringert und die Haltestelle nach Norden verschoben werden kann. Die Verschiebung der Haltestelle ermöglicht den Fußgängern einen bequemen Zugang zur Bismarck- und Friedrich-Ebert-Straße, denn für sie wird der Bahnhofsvorplatz bis zur Randbebauung hin erweitert. Auch die Busse erhalten neue Standplätze. Linienbusse im Stadtverkehr sollen neben der Straßenbahnhaltestelle nordwestlich des Empfangsgebäudes an- und abfahren. Fernbusse, die in Zukunft durch den Ausbau des Stadtbahnnetzes an Bedeutung verlieren, werden vom Bahnhofsvorplatz zurückgedrängt und in die Nähe der neuen Postgebäude verwiesen.
Ohne bauliche Veränderung der Zubringerstraßen wäre eine Neuordnung des Verkehrs vor dem

Bahnhofsvorplatz nach Fertigstellung des Intercity-Hotels 1985

Empfangsgebäude nicht möglich. Die breit angelegte und leistungsfähig ausgebaute Immermannstraße nimmt künftig Straßenbahnlinien auf. Diese Linienführung vereinfacht die Gleisanlagen am Bahnhofsvorplatz, setzt aber einen Umbau der Immermannstraße zwischen Karlstraße und Worringer Straße voraus. Zur Innenstadt hin werden Baumreihen entlang der Straßenbahngleise den Fahrweg markieren. Die Bismarckstraße – dann von Straßenbahngleisen befreit – und die Friedrich-Ebert-Straße werden zwischen Karlstraße und Bahnhofsvorplatz zu Fußgängerzonen umgewandelt und mit einem kräftigen Baumschmuck versehen. Mit dem Pflanzen von Bäumen wird auch in andere Straßenzüge, wie Graf-Adolf-Straße oder Worringer Straße, Grün hineingetragen. Eine neue Straßenanbindung zwischen Karlstraße und Worringer Straße verbessert die Zufahrt zum Empfangsgebäude für den Anliegerverkehr. Schwerpunktmäßig rollt künftig der tangierende Kraftfahrzeugverkehr über die Karlstraße. Die Kurfürstenstraße endet vom Norden kommend an der Karlstraße, denn die Post belegt als Großgrundbesitzer am Bahnhofsvorplatz mit einem Neubau den letzten Abschnitt der Straßentrasse. Die Bundespost hat nach dem letzten

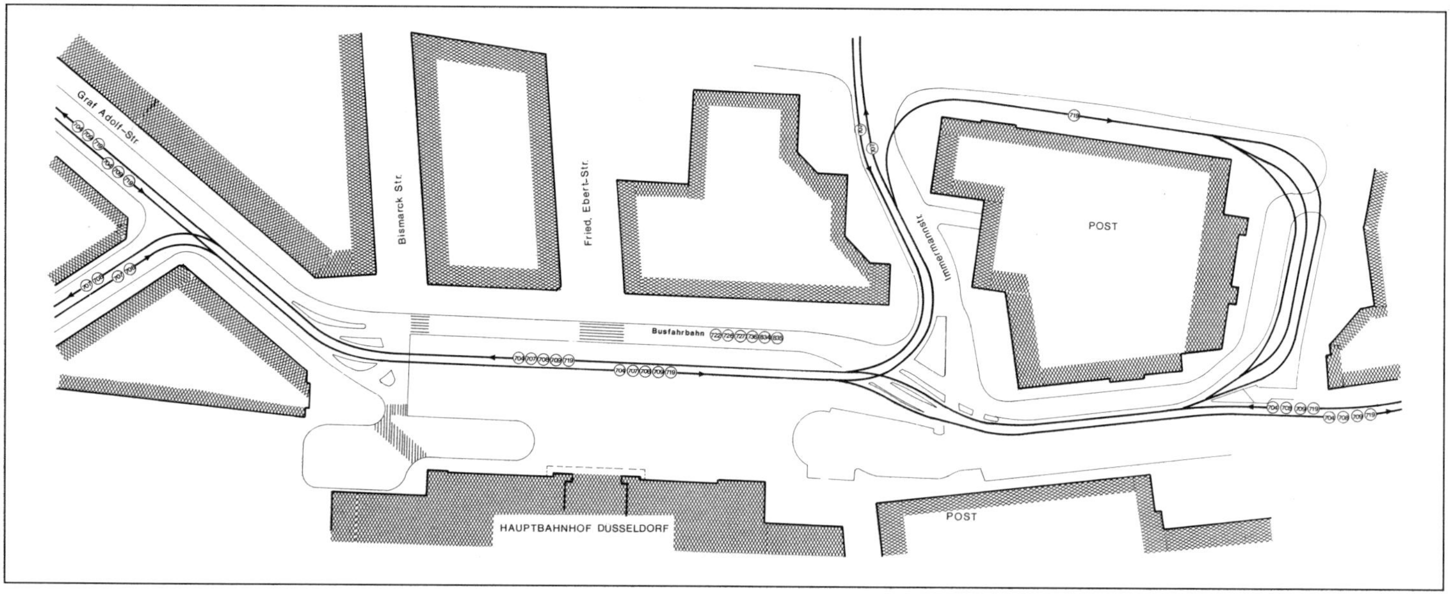

Spätere Führung der Straßenbahnen am Bahnhofsvorplatz nach Einrichten der Stadtbahn-Linien zwischen Heinrich-Heine-Allee und Hauptbahnhof

Weltkrieg in mehreren Bauabschnitten ihre zentralen Einrichtungen am nördlichen Ausgang des Bahnhofsvorplatzes ausgebaut. Ihr Standort dokumentiert die enge Verzahnung mit der Eisenbahn, wie sie von Anfang an bestand und seit Eröffnung des neuen »Central Personen Bahnhofs« in Düsseldorf gepflegt wurde. Insgesamt 5000 Mitarbeiter zählt die Post heute im Umkreis der Bahn. Der vierte Bauabschnitt wird als letzte kosmetische Operation des Konrad-Adenauer-Platzes ein hochtechnisiertes Gebäude für die zentrale Bearbeitung von mehr als zwei Millionen Briefsendungen täglich im Großraum Düsseldorf und Arbeitsplätze für rund 2000 Mitarbeiter hervorbringen. Damit die Umgebung von Lärm verschont bleibt, soll der Andienungsverkehr mit Kraftfahrzeugen vollständig im Gebäude abgewickelt werden. Ein Verbindungsgang über der Worringer Straße verknüpft den rund 200 Millionen DM teueren Neubau mit dem Paketumschlagamt westlich der Bahnanlagen.

Nicht mehr ansässig am Konrad-Adenauer-Platz vor dem Hauptbahnhof ist die Verwaltung der Rheinbahn AG. Seit 1971 arbeitet sie in einem Neubau jenseits des Rheins in Oberkassel. Das alte Rheinbahngebäude und das ehemalige Postamtsgebäude Ecke Worringer-/Kurfürsten-Straße, die beide im Krieg den Bombenhagel überstanden hatten, paßten nicht mehr in die neue Randbebauung des Bahnhofsvorplatzes, so daß sie in den siebziger Jahren abgebrochen wurden. Als neue Visitenkarte weist sich am Bahnhofsvorplatz der »Immermann-Hof«, jener von der Bayerischen Hausbau errichtete Gebäudekomplex, aus. Es handelt sich um ein modernes Bürohaus mit rund 18000 Quadratmetern Fläche, zu denen weitere 3000 Quadratmeter für Läden und Passagen im Erdgeschoß hinzukommen. Im Tiefgeschoß befinden sich zwei Parkebenen mit insgesamt 286 Einstellplätzen. Reizvoll sind die Passagen, in deren Mittelpunkt ein Hofraum mit Sitzgelegenheit zum Verweilen einlädt. Dieses 100 Millionen-Projekt mit 130000 Kubikmeter umbautem Raum besitzt Gebäudefassaden aus mattgeschliffenem Granit, Glas-Brüstungselemente und farbig gehaltene Aluminiumfenster.

Kaum weniger repräsentativ gestaltet sich der

neue Bahnhofsvorplatz auf der Ostseite. Auf der rund 22 Hektar großen Fläche wird in großstädtischen Dimensionen geplant. Um zu verhindern, daß diese wichtige Nahtstelle zwischen der City und dem Stadtteil Oberbilk abends verödet und dann an Anziehungskraft verliert, ist eine Mischbebauung aus öffentlich genutzten Baublöcken, Bürohäusern und Wohngebäuden vorgesehen. 30 000 Quadratmeter neue Wohnfläche sollen an der Eisenstraße entstehen. Zuzüglich der Flächen in den zahlreichen Büros und kulturellen Einrichtungen mit insgesamt 105 000 Quadratmetern ergeben sich Arbeits- und Lebensraum für etwa 5000 Menschen. Vier markante Gebäude, zu einem Viereck zusammengefügt, dominieren am Ende der Fußgängerpassage des Hauptbahnhofs am »Bertha-von-Suttner-Platz«, einem quadratisch geformten Innenhof mit rund 75 Meter Seitenlänge. Im Baukörper 1 befinden sich das Weiterbildungszentrum, Einrichtungen der Volkshochschule, ein Jugendzentrum, die städtische Zentralbibliothek und fünf Etagen zur Nutzung als Bürofläche. Im Baukörper 2 ist das gesamte Erdgeschoß als Handelsfläche ausgewiesen; die acht Obergeschosse sind als Büroflächen vorgesehen. Auch die restlichen Geschosse der Baukörper 3 und 4 sollen als Büroflächen genutzt werden. In den Erdgeschossen der Baukörper 2 bis 4 sind Ladenflächen konzipiert. Dem Individualverkehr stehen Zufahrten über die nördliche Stichstraße, die »Ludwig-Erhard-Allee«, und die südliche, die »Willi-Becker-Allee«, offen. Bereits Ende 1984 konnte die Westdeutsche Genossenschaftszentralbank ihren Neubau mit 600 Arbeitsplätzen an der Ludwig-Erhard-Allee beziehen. Über beide Stichstraßen ist auch Düsseldorfs größtes Parkhaus mit 350 Meter Länge und fast 1700 Einstellplätzen zu erreichen. Es schiebt sich wie ein Riegel vor die Ostseite des Bahnhofs. Das fünfgeschossige Parkhaus hält auch Plätze für Bahnreisende bereit, die im voraus reservierbar sind. Reisende können auch ein Mietauto bestellen, denn Düsseldorfs Hauptbahnhof ist zu einer Mietwagen-Kontaktstelle geworden. Entsprechende Piktogramme weisen im Bahnhof auf die Möglichkeiten von »Park & Rail« sowie »Rail & Road« hin. Im südlichen Teil des Parkhauses soll eines Tages die Gepäck- und Expreßgutabfertigung einziehen, denn nach den Vorstellungen der Stadt haben die Lastkraftwagen an den Abfertigungsbühnen auf dem westlichen Bahnhofsvorplatz keine Daseinsberechtigung mehr.
»Nahezu atemberaubend sind die Veränderungen, die sich hier (östlich des Düsseldorfer Hauptbahnhofs) vor allem in den letzten Wochen und Monaten vollzogen haben«, schrieb das Düsseldorfer Amtsblatt am 15. Dezember 1984. Mit 1,3 Milliarden DM entsteht an einem der interessantesten Standorte von Düsseldorf ein kaum vergleichbares Angebot aus komprimierter Infrastruktur. Stadt und Investoren sind davon überzeugt, daß die städtebauliche Neuordnung der Bahnhofsumgebung ein großer Erfolg wird. Wenn die Rechnung aufgeht, kann die Landeshauptstadt Düsseldorf zur Bundesgartenschau 1987 ihren Gästen ein »neues Stadtviertel« rund um den Hauptbahnhof vorweisen und einen Grünzug vom Rhein durch die Altstadt, die neuen Bahnanlagen über Oberbilk, durch den Volksgarten bis hin zum Rhein anbieten. Bahnbauten, das lehrt die Entwicklung, schreiben Stadtgeschichte und sind Investitionen für Jahrzehnte.

Literaturverzeichnis

Beck, H.: 100 Jahre Eisenbahndirektion in Köln. Die Bundesbahn 1981 H. 3

Beck, H.; Brockhof, E.: Der Verkehrsverbund Rhein-Ruhr vor dem Start. Die Bundesbahn 1979 H. 4

Bömmels, N.: König Wilhelms Rhein-Eisenbahnbrücke. Neusser Jahrbuch 1977, Hrsg. Clemens-Sels-Museum Neuss; Vreden & Rennefeld, Neuss

Börjes, H.: Bautechnische Planung und Ausführung der Nahschnellverkehrsstrecke Langenfeld – Düsseldorf – Ratingen Ost. Die Bundesbahn 1967 H. 19

Bommermann, H.: Das Benrather Schmalspurnetz, Selbstverlag, Langenfeld 1982

Brockhoff, E.; Wichmann, W.; Saxe, J.: Verkehrsverbund Rhein-Ruhr. Das Tarifsystem und Verkaufsregeln. Die Bundesbahn 1975 H. 12

Bühring, R.; Endmann, K.; Siemer, H.: Bodenverbesserung für Großbohrpfähle beim Umbau des Bahnhofs Düsseldorf Hauptbahnhof. Bautechnik 1985 H. 5

Bundesbahndirektion Köln: Entwicklung des Streckennetzes der Kölner Eisenbahn-Direktionsbezirke bis zum 31. 3. 1981. Hrsg. 35 B 76 1981

Bungeroth, R.: 50 Jahre Mannesmannröhren 1884/1934. VDI-Verlag GmbH Berlin 1934

Deutsche Bundesbahn: 125 Jahre Deutsche Eisenbahnen, Sonderheft Die Bundesbahn 1960 H. 21/22

Deutsche Reichsbahn: Mitteilungen; Die Reichsbahn auf der Reichsausstellung »Schaffendes Volk« in Düsseldorf. Die Reichsbahn 1937

Deutsche Reichsbahn: Mitteilungen; Die Geschwindigkeit der deutschen Schnellzüge im Fahrplanjahr 1936/37. Die Reichsbahn 1936 H. 40

Deutsche Reichsbahn: Deutsches Kursbuch, Sommer 1939

Deutsche Reichsbahn Gesellschaft: Kursbuch fürs Reich, Winter 1929/30

Domaß: Pioniere des westdeutschen Eisenbahnbaues. Eisenbahner Zeitung, Jubiläumsausgabe 100 Jahre Westdeutsche Eisenbahnen 1838–1938, 1938 Nr. 25

Düttmann, B.: Ein Planungsvorschlag für Düsseldorf. (Auszug aus Schriftenreihe um 1948)

Dywidag-Bericht: Umbau Knoten Düsseldorf Hauptbahnhof, Verkehrstiefbau Nr. 10

Dywidag: Ingenieure knüpfen einen komplizierten Knoten. beton 1982 H. 4

Eckhardt, K.-H.: Der Nahschnellverkehr im Raum der Bundesbahndirektion Wuppertal und der neueste Stand der S-Bahn Düsseldorf. Die Bundesbahn 1969 H. 21/22

Eisenbahndirektion Wuppertal: Hundert Jahre Eisenbahndirektion Wuppertal. Jubiläumsschrift, Wuppertal-Elberfeld 1950

Eisenbahn-Reise-Manual, Anzeiger der Fahrpläne, Hrsg. Allgemeine Dampf-Anzeigegesellschaft Frankfurt am Main/Arnheim/Leipzig, 4. Auflage, 1850

Eisermann, G.: Einfeldträger für die Vorlandbrücken der Rheinbrücke Düsseldorf – Neuss. Der Strompfeiler der Rheinbrücke Düsseldorf – Neuss. beton 1984 H. 11 und H. 12

Eisermann, G.: Neubau einer Eisenbahnbrücke über den Rhein zwischen Düsseldorf und Neuss. Die Bundesbahn 1985 H. 1

Endmann, K.: Anforderungen an einen modernen Bahnhof und seine Umgebung, Beispiel Düsseldorf Hauptbahnhof. Die Bundesbahn 1984, H. 6/7

Endmann, K.: Bahnhof Düsseldorf Hbf auf dem Weg zu einem modernen Eisenbahnverkehrs- und Kommunikationszentrum. Eisenbahntechnische Rundschau 1980 H. 4

Endmann, K.: Brückenbau über den Rhein im Verlauf der Ost-West-S-Bahn. Eisenbahntechnische Rundschau 1984 H. 5

Endmann, K.: Die Ost-West-S-Bahn, ein Großprojekt zur Verbesserung des öffentlichen Personennahverkehrs zwischen Hagen, Wuppertal, Düsseldorf, Neuss und Mönchengladbach. Die Bundesbahn 1978 H. 6

Endmann, K.: Die Umgestaltung des Düsseldorfer Hauptbahnhofs wirkt sich auf die städtische Umgebung aus. Stadt, Hrsg. Neue Heimat 1985 H. 2

Endmann, K.: Entwicklung des S-Bahn-Netzes im Raume Düsseldorf. Eisenbahntechnische Rundschau 1980 H. 1/2

Endmann, K.: Großbrückenbau über den Rhein zwischen Düsseldorf und Neuss. Tiefbau Berufsgenossenschaft 1985 H. 5

Endmann, K.: Neue Bahnsteighalle für den Bahnhof Düsseldorf Hbf. Bauingenieur 1982 H. 10

Endmann, K.: Partner auf der Großbaustelle Düsseldorf Hbf. Hrsg. Heitkamp Wanne-Eickel 1984

Endmann, K.: Planerische Vorbereitung von Großbauvorhaben am Beispiel des Umbaues Bf Düsseldorf Hbf. Eisenbahntechnische Rundschau 1983 H. 6

Endmann, K.: Spezielle Probleme der Projektsteuerung und Bauablaufplanung beim Umbau des Bahnhofs Düsseldorf Hbf. Der Eisenbahningenieur 1982 H. 11

Endmann, K.: U-Bahn-Bau im Bereich des Bahnhofs Düsseldorf Hauptbahnhof unter schwierigen eisenbahnbetrieblichen Bedingungen. Forschung + Praxis, Studiengesellschaft für unterirdische Verkehrsanlagen STUVA, H. 27

Endmann, K.: Umbau des Bahnhofes Düsseldorf Hbf. Bauindustriereport 1980, H. 4

Endmann, K.: Umbau des Düsseldorfer Hauptbahnhofs zu einem optimalen Verknüpfungspunkt von S- und Stadt-Bahn. Verkehrsverbund Rhein – Ruhr, Länderdienst-Verlag München 1983.

Endmann, K.: Umbau Düsseldorf Hauptbahnhof. Hochtief Nachrichten 1981 H. 1

Endmann, K.: Umgestaltung des Bahnhofs Düsseldorf Hbf. Die Bundesbahn 1980, H. 8

Ernst, W.: Die Signalanlagen der Düsseldorfer S-Bahn. Signal und Draht 1968 H. 7

Forst, H.; Siemer, H.: Pfahlgründung und Versuche an Großbohrpfählen im Zuge des Umbaues Düsseldorf Hbf. Die Bautechnik 1982 H. 3

Frenzel, I.; Kaster, L.: Düsseldorf. Belser-Verlag Stuttgart und Zürich, 1978

Grandrath, F.: Gleisbildstellwerke in Düsseldorf Hbf und viergleisiger Ausbau Düsseldorf – Duisburg. Signal und Draht 1958 H. 8

Grosche, K.-W.: 10 Jahre S-Bahn im Ruhrgebiet. nahverkehrs-praxis, Sonderheft 1984

Grüttefien, E.: Vergleichender Überblick über die neueren Umgestaltungen der größeren preußischen Bahnhöfe. Centralblatt der Bauverwaltung 1888

Hansen, E., Schüssler, W., Spiekermann, G.: Die Unterfahrung der Eisenbahnanlagen im Bahnhof Düsseldorf Hbf durch die Stadtbahn. Eisenbahntechnische Rundschau 1980 H. 4

Hansen, E.: Planung eines viergleisigen Eisenbahnbrückenzuges bei Düsseldorf-Hamm für die Ost-West-S-Bahn. Der Stahlbau 1980 H. 9

Happel, O.: Die S-Bahn Düsseldorf – Ausgangspunkt für ein S-Bahn-System an Rhein, Ruhr und Wupper. Die Bundesbahn 1967 H. 19

Helmrich, W.: Düsseldorf vor neuen Aufgaben. Düttmann, B.: Ein Planungsvorschlag für Düsseldorf. beide: Die Neue Stadt, Zeitschrift für die Gestaltung von Stadt und Land; Verlag Die Neue Stadt Frankfurt am Main, II. Jahrgang, Heft 5/6, 1948

Henning: Düsseldorf und seine Wirtschaft – zur Geschichte einer Region, von 1860 bis zur Gegenwart, Bd. II. Hrsg. IHK Düsseldorf, Droste Verlag 1981

Hensel, W.: 75 Jahre Vermessungsamt der Stadt Düsseldorf, Hrsg. Stadtvermessungsamt Düsseldorf, 1960

Hilger, W.: Verkehrsgeschichtliche Schriftenreihe, Band 1: Kind-Hilger, Die Eisenbahnen im Rhein-Ruhr-Gebiet 1838–1881, G. Menden, Bonn, 1978

Jähnichen, W.: Stadtbahnplanung in Düsseldorf. nahverkehrs-praxis 1978 H. 7

Klauka, K.: Eisenbahn-Knotenpunkt Düsseldorf 1945 – Erinnerungen an die Zeit nach Stunde Null. Unveröffentlichte Aufzeichnungen, Düsseldorf 1984

Koch, H.: 75 Jahre Mannesmann, Geschichte einer Erfindung und eines Unternehmens. Mannesmann AG, Düsseldorf 1965

Kohlhase, J.: Anwendung moderner Architektur und Raumgestaltung beim Umbau des Bahnhofs Düsseldorf Hbf. Eisenbahntechnische Rundschau 1980 H. 4

Kohlhase, J.; van Nes, E.: Der neue S-Bahnhof Düsseldorf Flughafen. Die Bundesbahn 1976 H. 9

Kohlhase, J.; Haupts, H.-P.: Stellwerksumbau in Düsseldorf Hbf. Eisenbahningenieur 1979 H. 5

Kohlhase, J.: Umbau der Personenverkehrsanlagen im Bahnhof Düsseldorf Hbf. Bauverwaltung 1981 H. 6

Kracke, R.: Funktionsanalyse der Bundesbahnanlagen in großstädtischen Ballungsräumen – dargestellt am Beispiel Düsseldorf –. Institut für Verkehrswesen, Eisenbahnbau und -betrieb, Universität Hannover 1980

Kraft, E.: Entstehung des S-Bahn-Verkehrs an der Ruhr. Die Bundesbahn 1984 H. 5

Kubinszky, M.: Bahnhöfe Europas. Franckh'sche Verlagshandlung Stuttgart 1969

Laemmerhold, F.: Der Generalverkehrsplan des Landes Nordrhein-Westfalen und der Personennahverkehr der Bundesbahn. Die Bundesbahn 1966 H. 10

Landeshauptstadt Düsseldorf – Presseamt und Bundesbahndirektion Köln – Neubauabteilung: Düsseldorf Hbf. Broschüre 1982

Lau, F.: Geschichte der Stadt Düsseldorf, II. Band: Von 1815 bis zur Einführung der Rhein. Städteordnung (1856) von Otto Most; U. Bagel AG Düsseldorf 1921

Lay: Das neue Empfangsgebäude Düsseldorf – Derendorf. Die Reichsbahn 1938 H. 4

Michels, G.; Reul, H. J.: Schornsteinsprengung Düsseldorf Hbf. Eisenbahningenieur 1984 H. 11

Münther, J.: Die neuen S-Bahn-Wendezugwagen der Deutschen Bundesbahn. Glasers Annalen 1979 H. 4

Neisser, J.-H.: IDR-Neun Jahrzehnte Stadtentwicklung. Hrsg. Industrieterrains Düsseldorf-Reisholz AG, Düsseldorf 1984

Ostendorf, R.: Die Geschichte der Eisenbahndirektion Essen. Motorbuch Verlag Stuttgart 1983

Ostendorf, R.: Schnell durchs Revier. eisenbahn magazin 1981 H. 12

Pichier: Die Verbindungsbahn zwischen Düsseldorf und Neuss mit Überbrückung des Rheinstromes oberhalb Düsseldorf. Zeitschrift für Bauwesen 1872

Platt, W.: Die Staatseisenbahn – Anlagen. Düsseldorf und seine Bauten. Hrsg. Architekten- und Ingenieur-Verein zu Düsseldorf. Selbstverlag, Druck L. Schwann Düsseldorf 1904
Presseamt Düsseldorf: Sechs Phasen bis zur S-Bahn. Regional Report 1982 Nr. 3
Püttner, G.: Die Stadtbahn im Verdichtungsraum Düsseldorf. Elektrische Bahnen 1984 H. 12
Recknagel, R.: Der Umbau des Hauptbahnhofes Düsseldorf – Eine Großinvestition des öffentlichen Personennahverkehrs. Verkehr und Technik 1982 H. 12
Recknagel, R.: Städtebauliche Neuordnung in der Umgebung des Hauptbahnhofs Düsseldorf. Eisenbahntechnische Rundschau 1980 H. 4
Recknagel, R.: Städtebauliche Neuordnung in der Umgebung des Hauptbahnhofs Düsseldorf. Stadt, Hrsg. Neue Heimat 1985 H. 2
Reichsverkehrsministerium: Hundert Jahre deutsche Eisenbahnen, Jubiläumsschrift; Verkehrswissensch. Lehrmittelgesellschaft mbH Leipzig 1938
Reimann-Frenz: Die Rheinisch-Westfälische Schnellbahn. Die Bahnen des RWE, Energiewirtschaft und Technik-Verlagsgesellschaft mbH Gräfelfing 1975
Rheinbahn-Magazin: das rad. 1981 H. 3
Rheinische Bahngesellschaft AG Düsseldorf: 75 Jahre Rheinische Bahngesellschaft AG Düsseldorf. Sonderausgabe der Werkzeitung das rad 1971 H. 2/3
Rheinische Bahngesellschaft AG Düsseldorf: 100 Jahre öffentlicher Schienennahverkehr in Düsseldorf. Hrsg. Vorstand und Betriebsrat der Rheinischen Bahngesellschaft AG Düsseldorf, Rhein.-Berg. Druckerei und Verl. Gesellschaft Düsseldorf 1976
Röhr, G.: Fahrplan Winter 1913/1914 Düsseldorfer General-Anzeiger, Sammlung Masseour Krefeld 1976, Bestell Nr. 20.29
Röttcher, H.: Hochbauten der Deutschen Reichsbahn, Empfangsgebäude der Personenbahnhöfe. Verlag der Verkehrswissenschaftlichen Lehrmittelgesellschaft mbH bei der Deutschen Reichsbahn, Berlin 1933
Sasse, W.: Streifzug durch die Geschichte der deutschen Signaltechnik. Signal und Draht 1958 H. 11/12
Siegel, K.: Die Flughafen-S-Bahn Düsseldorf. Die Bundesbahn 1980 H. 8
Siemens & Halske AG: Vom Dr1 zum SpDrS. Hausmitteilung Werk Braunschweig
Sieverts, Th.: Zwischen Bahnhof und Stadt. Stadtbauwelt 1983
Sinzig, W.: Die Sprengung der Eisenbahnbrücken (zwischen Düsseldorf und Neuss). Almanach für den Kreis Neuss 1981
Scheucken, H.: Das Schnellbahnnetz im Raum Düsseldorf. Verkehr und Technik 1971, Sonderheft »Zweite Ebene«
Schieb, A.: Der neue S-Bahn-Wendezug Rhein-Ruhr. Internationales Verkehrswesen 1979 H. 2
Schild, A.; Waltking, D.: Die Rheinbahn, Alba Buchverlag GmbH & Co KG Düsseldorf, 1981
Schlegel, H. W.: Die Düsseldorfer S-Bahn und ihre technische Gestaltung. Eisenbahntechnische Rundschau 1968 H. 3
Schlegel, H. W.: 100 Jahre Druckluftgründung im Brückenbau. Der Eisenbahnbau 1951 H. 10 und H. 11
Schmaus, W.; Kaiser, H.: Projektablaufplanung – gegliedert in drei Ebenen. Eisenbahntechnische Rundschau 1980 H. 4
Schöne, M.: Stammwerk Henkel – 80 Jahre in Düsseldorf-Holthausen. Schriften des Werksarchiv der Henkel KGaA Düsseldorf, 1981
Spröggel, R.: Hochbauten der Eisenbahn. Springer-Verlag Berlin/Göttingen/Heidelberg 1954
Stadt Düsseldorf: Der Leitplan der Stadt Düsseldorf 1957, Erläuterungen. Hrsg. Der Oberstadtdirektor der Stadt Düsseldorf 1957
Stadt Düsseldorf: Eisenbahnprobleme in Düsseldorf. Hrsg. Der Oberstadtdirektor der Stadt Düsseldorf, Planungsamt, Prof. F. Tamms, Stadtplaner, Okt. 1952
Stadt Düsseldorf: Untersuchungen für einen Generalverkehrsplan der Stadt Düsseldorf. Hrsg. Oberstadtdirektor der Landeshauptstadt Düsseldorf 1960
Steffens, B.: Ein Bahnhof im Wandel der Zeiten, eisenbahn magazin 1978 H. 9
Steffens, B.: Mit der S-Bahn bis nach Dortmund. eisenbahn magazin 1983 H. 10
Steffens, B.: Rationalisierung der Reisezugförderung im rheinisch-westfälischen Industriegebiet, »technik schafft muße«, Bund-Verlag GmbH Köln-Deutz 1957
Steffens, B.: Zug 2950 Dortmund Hbf ab 17.37. Unterwegs im Ruhrschnellverkehr des Jahres 1935. eisenbahn magazin 1983 H. 4
Steitz, W.: Die Entstehung der Köln-Mindener Eisenbahngesellschaft. Schriften zur Rheinisch-Westfälischen Wirtschaftsgeschichte, Band 27, Selbstverlag Rheinisch-Westfälisches Wirtschaftsarchiv zu Köln e.V., Köln 1974
Stevens, U.: Zur Neuss-Düsseldorfer Eisenbahnbrücke. Almanach für den Kreis Neuss 1981
Stoffers, G.: Die Industrie- und Gewerbe-Ausstellung Düsseldorf 1902 (Hrsg.). Düsseldorf 1903
Vollrath, F.: Das Gleisfeld des Düsseldorfer Hauptbahnhofs in neuen Funktionen und Formen. Eisenbahntechnische Rundschau 1980 H. 4
Weidenhaupt, H.: Kleine Geschichte der Stadt Düsseldorf, Hrsg. Kulturamt der Stadt Düsseldorf, Triltsch Druck und Verlag GmbH & Co KG Düsseldorf 1979
Werbe- und Wirtschaftsförderungsamt: Welthandelsplatz Düsseldorf. 1982
Wintgen, E.: Die Bundesbahndirektion Wuppertal. Die Bundesbahn 1956 H. 23
Wolter, K.: Handbuch der Eisenbahnbautechnik, Band I: Eisenbahnbau. Otto Elsner Verlagsgesellschaft, Berlin 1943

Bildquellenverzeichnis

Die Nummern entsprechen der Reihenfolge der Bilder.

1. Farbbilder:

Arge Knoten Düsseldorf Hbf 8, 9, 10, 11, 15, 16, 17, 25, 29, 30, 31, 32;
Arge Knoten Düsseldorf Hbf / Foto Oberdorfer, Witten-Stockum 34;
Arge Knoten Düsseldorf Hbf / Wim Cox-Fotowerkstatt Köln 27;
Bresgen 14, 19;
Firma Hunter Douglas GmbH, Düsseldorf 37;
Deutscher Verein für Vermessungswesen e.V. 1;
Firma Hein, Lehmann AG, Düsseldorf 18;
Firma Heitkamp, Herne 35;
Firma Siemens AG, Braunschweig 22;
Ingenieurbüro Schüssler, Düsseldorf 23, 26;
Ingenieurbüro Vössing, Düsseldorf 24, 28, 33;
Schröder 20, 21;
Säuberlich 3, 4, 5, 6, 12;
Vermessungsamt der Stadt Düsseldorf 2;
Werkfoto Philipp Holzmann AG, Düsseldorf 38;
Wylezalek 36;

2. Schwarz/Weiß-Bilder:

Arge Knoten Düsseldorf Hbf 128, 132;
Arge Knoten Düsseldorf Hbf / Wim Cox-Fotowerkstatt Köln 89, 127, 130;
Bellingrodt (Sammlung) 46b;
Brandt 6, 25;
Bresgen 14, 77, 82, 88, 101u, 114o, 129, 131;
Düsseldorfer General-Anzeiger 35;
Gloris 104u;
Horstkamp, Meerbusch / Stadtarchiv Düsseldorf 105o;
Industrieterrains Düsseldorf-Reisholz AG 79, 80;
Ingenieurbüro Schlegel – Dr.-Ing. Spiekermann, Düsseldorf, und Flughafen GmbH Düsseldorf 95, 133;
Ingenieurbüro Vössing, Düsseldorf 123;
Ingenieurbüro Schüssler, Düsseldorf 21, 24, 26, 48, 54, 76, 83, 85, 87, 98, 135;
Klever 114u;
Landesbildstelle Rheinland, Düsseldorf 7, 22;
Reinshagen 37o;
Rheinbahn AG Düsseldorf / Schild / Waltking 117, 118, 119, 120, 121, 122, 124, 125;
Röhr / Sammlung Masseour Krefeld 4, 31, 34;
Säuberlich 8u, 41o, 45o, 46o, 50, 51, 53, 55, 56, 57, 58, 59, 61u, 68, 71, 92, 93u, 99o, 100, 115o, 126;
Schmölz, Fotowerkstatt Köln / DB-Betriebsamt Düsseldorf 43, 66o;
Schröder 104o, 113;
Stadt Düsseldorf 75;
Steffens 27, 52, 99;
Vermessungsamt der Stadt Düsseldorf 11, 12, 16, 17, 20;
Walter Moog Luftbild, Kettwig 69;
Weidenhaupt / Stadt Düsseldorf 2, 18, 19o, 30;
Werkfoto Henkel, Düsseldorf 81;
Werkfoto Philipp Holzmann AG, Düsseldorf 102;
Wylezalek 9, 70, 84, 86, 97u, 134.

Alle übrigen Fotos entstammen DB-Archiven. Repros sind nicht besonders gekennzeichnet.

Deutsche Eisenbahn-Geschichte

Die alten Bayerischen

Bilder aus der frühen Dampflokzeit

Von Robert Zintl

Die alten und ältesten Lokomotiven Bayerns in einer reizvollen Sammlung vereint. Mit allem Wissenswerten bis ins Detail: die Entstehung des bayerischen Eisenbahnwesens ebenso wie die wichtigsten Stationen der bayerischen Dampfloks.

Die dokumentarisch wertvollen Bilder entsprechen den damals gegebenen Möglichkeiten der Fotografie; sie werden zum Teil in diesem Buch erstmals veröffentlicht.

216 Seiten, 278 Abbildungen, Großformat, gebunden, DM 42,–

Die letzten Dampfloks zwischen Harz und Weser

Von Ellrich nach Ottbergen

Von Wolfgang Hecht

Die berühmten deutschen Güterzug-Dampfloks der Baureihen 44 und 50 kommen hier noch einmal ins Bild.

Die letzten und die schönsten Dampfloks sowie den Dampfbetrieb zwischen Harz und Weserbergland hat der Autor im Zeitraum von 1973 bis 1976 fotografiert und minuziös notiert.

Ab Herbst 1986 in Neuauflage wieder lieferbar.

204 Seiten, 203 Abbildungen, z. T. farbig, gebunden, DM 46,–

Reichsbahn-Album

500 Bilder der deutschen Eisenbahn zwischen 1920 und 1940

Von Alfred B. Gottwaldt

In diesem Bestseller dokumentiert der bekannte Fachautor die große Epoche der deutschen Eisenbahn zwischen 1920 und 1940. 500 einzigartige, stimmungsvolle Bilder zeigen, wie es damals wirklich auf den Bahnhöfen und an den Strecken in Deutschland zuging.

Alles Typische ist hier vertreten: die Läutewerke, das Telegrafenhaus, die Bahnhöfe, die Reisenden und das Personal der Deutschen Reichsbahn.

426 Seiten mit über 500 Abbildungen, Großformat, gebunden, DM 56,–

Bundesbahn-Album 1945 bis 1960

500 Bilder von der Deutschen Bundesbahn

Von Alfred B. Gottwaldt

Die »Jugendjahre« der Deutschen Bundesbahn – zwischen 1945 und 1960. 500 eindrucksvolle Bilder zeigen lebendig die damalige Zeit: die Hamsterjahre, den Wiederaufbau, das Wirtschaftswunder und vieles andere aus den Anfangsjahren der Bundesrepublik.

Alles Typische ist hier vertreten: das F-Zugnetz, die ersten großen Dieselmaschinen und der Rückzug des Dampfbetriebes.

376 Seiten, 500 Abbildungen, gebunden, DM 56,–

Die Geschichte der Eisenbahndirektion Essen

Fahrzeuge und Betriebsführung 1895 bis heute

Von Rolf Ostendorf

Erstmalig in dieser Form! Die Chronik einer deutschen Eisenbahndirektion: Entwicklung und Betriebsführung. Mit lückenloser Übersicht der Lokomotiven und Wagen – von der Frühzeit der Eisenbahnen im Ruhrgebiet, über das Ende der Länderbahnzeit bis in unsere heutige Zeit.

Ein interessanter, kenntnisreicher Beitrag zur Geschichte der Bahn in Deutschland.

254 Seiten, 330 Abbildungen, Großformat, gebunden, DM 54,–

Die Eisenbahn in Baden-Württemberg

Geschichte der Bahnen in Baden + Württemberg 1840 bis heute

Von Werner Walz

Bahnhöfe, Brücken und Tunnels werden ebenso beschrieben wie die eingesetzten Lokomotiven, Wagen und technischen Meisterleistungen: z. B. der Bau der Schwarzwaldbahn und der Geislinger Steige. Maßgebliche Persönlichkeiten, entscheidende Verträge und Verhandlungen werden lebendig in Erinnerung gerufen.

198 Seiten, 110 Abbildungen, Großformat, gebunden, DM 39,–

Deutschlands Eisenbahn 1835–1985

Lokomotiven und Wagen · Geschichte und Organisation · Kritik und Hoffnung

Von Werner Walz

Der inzwischen weit beachtete Beitrag des MOTORBUCH-VERLAGES zum 150jährigen Eisenbahn-Jubiläum in Deutschland.

Diese große Chronik der deutschen Bahn seit 1835 zeigt alle Aspekte ihrer jetzt 150jährigen Geschichte auf: Von den Anfängen über Organisation und Technik, den Lokomotiv- und Wagenpark, bis hin zu wirtschaftlichen, politischen und sozialen Belangen, zu Kritik und Hoffnung für die Zukunft.

312 Seiten, 304 Abbildungen, davon 41 farbig, Großformat, gebunden, DM 56,–

Dampflokomotiven – die letzten in Deutschland

Von J. Michael Mehltretter

Dampflokomotiven gehören zweifellos zu den ausdruckskräftigsten Vertretern der Technik! Beherrschten noch bis vor 30 Jahren diese schwarzen Ungetüme fast unbeschränkt das Bild der Bahn, brachte der fortschreitende Strukturwandel der Traktionsmittel Mitte der 50er Jahre die entscheidende Wende – die Dampflokomotive wurde nach und nach verdrängt.

Eine der erfolgreichsten Dokumentationen über die Dampflok!

236 Seiten, 170 Abbildungen, gebunden, DM 48,–

Der Verlag für Eisenbahn-Bücher

Postfach 1370 · 7000 Stuttgart 1

Motor buch Verlag

ARNHEM
Zevenaar
Doetinchem
Winterswijk
Ruurlo
IJssel
Emmerich
Kleve
Rhein
Goch
Xanten
Kevelaer
Geldern
Venlo
Blerick
Kempen (Niederrh)
Kaldenkirchen
Maas
Viersen
Dülken
MÖNCHEN-GLADBACH Hbf
Rheydt
Dalheim
Erkelenz
Hochneukirch
Lindern
Jülich
Herzogenr.
Düren
Eschwlr
Stolberg (Rheinl)
A.-Rothe Erde
Welkenraedt
HOHES VENN
Heimbach (Eifel)
Zülpich
Euskirchen
Mechernich
Kall
Blankenheim (Wald)
Jünkerath
Gerolstein
Bitburg-Erdorf
Wittlich
Wengerohr
Bernkastel-Kues
Traben-Trarbach (DB)
Bullay (DB)
Mosel
Ehrang
Diekirch
Daun
Cochem (Mosel)
Kaisersesch
Mayen Ost
KOBLENZ
Neuwied
Andernach
Brohl
Remagen
Sinzig (Rhein)
Bad Neuenahr
Kreuzberg (Ahr)
Adenau
Bad Münstereifel
Rheinbach
BONN
Bonn-Beuel
B.-Bad Godesbg
B.-Mehlem
Königswinter
Bad Honnef (Rh)
Linz (Rh)
Siegburg
Troisdorf
Hennef (Sieg)
KÖLN
Deutz
Porz (Rh)
Rösrath
Overath
Hoffnungsthal
Brühl
Liblar
Horrem
Kalscheuren
LEVERK.
Opladen
BERGISCH GLADBACH
Engelsk.
Dieringhausen
Gummersbach
Marienheide
Meinerzhagen
Olpe
Lüdensch.
Brügge (Westf)
Altena (Westf)
Letmathe
Iserlohn
Neuenrade
Menden (Sauerl)
Fröndenberg
Schwerte (R)
HAGEN
Schwelm
WUPPERTAL
REMSCHEID
SOLINGEN
Ohligs
Gruiten
DÜSSELDF
NEUSS
Grevenbroich
Rommerskirchen
Bedburg (E)
Elsdorf (Rhl)
KREF.
Rhsn
DUISBURG
Moers
OBERHSN
BOTTROP
Gladbeck
Dinslaken
Wesel
Bocholt
Borken (Westf)
Dorsten
Haltern (Westf)
Marl Mitte
RECKLINGHAUSEN
GELSENK.
Wanne-Eickel
Castr.-R.
HERNE
DORTMUND
BOCHUM
ESSEN
MÜLHM
Kettwig
Ratingen
Hattingen
WITTEN
Unna
Holzw.
Lünen
Werne a.d.L.
Bockum-Hövel
Lüdinghsn.
Dülmen
Coesfeld (Westf)
Lutum
Ahaus
Burgsteinfurt
MÜNSTER (Westf)
Ems
Lengerich (Westf)
Bad Laer
Dissen-Bad Rothenfelde
Melle
Kirchlengern
Löhne (Westf)
Bad Oeynhsn
Porta Westfalica
Rinteln
Vlotho
Herford
Bad Salzuflen
BIELEFELD
Brackwede
Gütersloh
Warendorf
Ahlen (Westf)
Neubeckum
Rheda-Wiedenbrück
Hövelhof
HAMM (Westf)
Lippstadt
Soest
Geseke
PADERBORN
Altenbeken
Detmold
Lage (Lippe)
Lemgo
Barntrup
Bad Pyrmont
Himmighausen
Bad Driburg (Westf)
Ottbergen
Willebadessen
Scherfede
Warburg (Westf)
Marsberg
Brilon Wald
Bestwig
Meschede
Arnsberg (Westf)
Neheim-Hüsten
TEUTOBURGER WALD
EGGEGEB
SAUERLAND
ROTHAARGEB.
BERGISCHES LAND
WESTERWALD
TAUNUS
EIFEL
HUNSRÜCK
VOGELSBERG
Finnentrop
Altenhundem
Erndtebrück
Kreuztal
Siegen-Weidenau
SIEGEN
Betzdorf (Sieg)
Kirchen
Au (Sieg)
Herdorf
Daaden
Haiger
Dillenburg
Herborn (Dillkr)
Ewersbach
Laasphe
Bad Berleburg
Winterberg (Westf)
Wallau (Lahn)
Biedenkopf
Allendorf (Eder)
Frankenberg (Eder)
Korbach
Volkmarsen
Arolsen
Wolfhagen
Waldeck
Bad Wildungen
Treysa
Kirchhain (Bz Kassel)
Cölbe
Marburg (Lahn)
Sarnau
Stadtallendorf
Niederwalgern
Lollar
Gießen
Wetzlar
Albshausen
Weilburg
Weilmünster
Grävenwiesbach
Usingen
Butzbach
Bad Nauheim
Friedberg (Hess)
Münzenberg
Hungen
Grünberg (Oberhess)
Nidda
Stockheim (Oberhess)
Heldenbgn-W.
Gelnhausen
Beienheim
Alsfeld (Oberhess)
Burg- u Nieder-Gemünden
Altenkirchen (Westerw)
Erbach (Westerw)
Dierdorf (Bz Kobl)
Westerburg
Siershahn
Montabaur
Engers
K.-Ehrenbreitstein
Niederlahnstn
Bad Ems
Lahn
Diez
Limburg (Lahn)
Staffel
Eschhofen
Boppard
St. Goar
St Goarshsn
Emmelshausen
Simmern
Bingerbrück
Bingen (Rh)
Rüdeshm (Rh)
Langenlonsheim
Bad Kreuznach
Staudernheim
Gau Algesheim
Ingelheim
Gensingen-Horrweiler
MAINZ
Bodenheim
Oppenheim
WIESBADEN
Niedernhausen (Ts)
Bad Schwalbach
Königst. (Ts)
Kronberg (Ts)
Bad Soden (Ts)
Friedrichsdorf (Ts)
Bad Homburg
Bad Vilbel
FRANKFURT
OFFENBACH (M)
Hanau Hbf
Kahl (M)
Aschaffenburg
Schöllkrippen
Rüsselshm
Gr Gerau
Groß-Gerau Dornbg
Ober Roden
Dieburg
DARMSTADT
Babenhsn (Hess)
Wiebelsb.-
Main